MILAN RÁČEK · DIE NICHT ZU ERDE WURDEN . . .

Milan Ráček

Die nicht zu Erde wurden . . .

Kulturgeschichte der konservierenden Bestattungsformen

Unter Mitarbeit von Hans Biedermann
und Winfried Petzwinkler

1985
HERMANN BÖHLAUS NACHF. WIEN · KÖLN · GRAZ

Gedruckt mit Unterstützung durch das Amt der Niederösterreichischen Landesregierung.

CIP-Kurztitelaufnahme der Deutschen Bibliothek

Ráček, Milan:
Die nicht zu Erde wurden . . . : Kulturgeschichte d. konservierenden Bestattungsformen / Milan Ráček. Unter Mitarb. von Hans Biedermann u. Winfried Petzwinkler. – Wien ; Köln ; Graz : Böhlau, 1985.
ISBN 3-205-07244-8

Die Abbildung auf dem Schutzumschlag zeigt die Mumie eines Eskimobabys aus Qilakitsoq, Grönland *(Foto: John Lee, Nationalmuseum Kopenhagen).*

ISBN 3-205-07244-8

Gesamtherstellung: Druckhaus Nonntal, Salzburg

Inhalt

EINLEITUNG

„Bedenke, o Mensch, daß du Staub bist und wieder zum Staub zurückkehren wirst . . .“ Diese Worte sind für uns nicht nur eine Mahnung hinsichtlich der Vergänglichkeit des Lebens, sondern formulieren gleichsam ein Naturgesetz. Und dennoch sträubt sich alles in uns, wenn wir uns nur als hinfällig, auflösbar, flüchtig und schattenhaft einschätzen sollen; es ist unser Bestreben, „dem Augenblick Dauer zu verleihen“ und bleibende Spuren zu hinterlassen.

Seit der ersten Morgenröte des Geisteslebens war der Mensch mit dem Phänomen des Todes konfrontiert, wenn er erlebte, daß seine Eltern und Brüder reglos wurden, ihre Lebensfarbe verloren, erkalteten und sich ihre Körper schließlich in einem Zerfallsprozeß auflösten. Die Furcht vor diesem Geschehen ist auch für uns Heutige nachfühlbar, obwohl wir den Tod verstandesmäßig verarbeiten können und müssen. Zahllose alte Mythen beschäftigen sich mit der Frage, wie der Tod in die Welt kam, und Todesdämonen und Totengötter nehmen in den sagenumwobenen Traditionen der alten Völker einen breiten Raum ein.

Zwei Grundhaltungen bildeten sich heraus – einerseits ein Verdrängen und Sichabwenden von diesem dunklen Aspekt der Existenz, was zur möglichst raschen und konsequenten Beseitigung entseelter Menschenkörper führte, zur Leichenverbrennung (für die es dann freilich auch andere Motivationen gab); andererseits kam es aber auch zu dem Bestreben, die „Dahingegangenen“ irgendwie festzuhalten, an den Bereich der Lebenden zu binden, sie zu einem Weiterwirken im Dienste der Nachkommen zu veranlassen. Die Verstorbenen sollten verewigt werden, ihre Lebensfarbe zurückerhalten, in unvergänglichen Totenhäusern wohnen und, soweit es ging, auch ihr Erscheinungsbild bewahren.

Diese beiden Einstellungen begleiteten den Weg der Menschheit von den Anfängen an. Wenn wir von rasch beseitigten und verbrannten Körpern naturgemäß kaum Reste auffinden können, so läßt sich andererseits feststellen, daß bereits der *Neandertaler* – früher als primitiver Urmensch angesehen, heute als eine Form des Homo sapiens anerkannt – seine Toten sorgfältig und mit Beigaben bestattete und mit rötlichem Ocker, der Lebensfarbe, bestreute. Gelegentlich wurden später Skelette, besonders Knochenschädel, exhumiert und mit Ocker rot gefärbt.

Bereits um 7000 v. Chr. gab es in den ältesten Schichten der Stadt *Jericho* stadtähnliche Anlagen mit Steinmauern, wenn auch noch keine Tongefäße. Ton wurde jedoch bereits zum Modellieren verwendet, und zwar im Dienste des Bestrebens, die Antlitze verstorbener Menschen nicht als Staub, der vom Wind verweht wird, erleben zu müssen. Sieben Menschenschädel wurden ausgegraben, deren Gesichter mit Gips und Ton übermodelliert waren, fein geformt und individuell gestaltet. In einem Fall ist auch eine rötliche Einfärbung in Spuren erhalten geblieben. Die Augen wurden aus je zwei Muschelschalen mit einem vertikalen Spalt zwischen ihnen, in einem Fall mittels einer Kaurischnecke mit quergestelltem Schlitz, nachgebildet. „Der besterhaltene Kopf wirkt mit den langgeschlitzten Lidern unter hohen, zart gewölbten Augenbögen, der edel geformten Wangenlinie, schlanken Nase und der eigenartig ausgezogenen Form des naturbelassenen Hinterhauptes wie ein naturalistisches Porträt und gemahnt an frühe ägyptische Skulpturen", schreibt *Sibylle von Cles-Reden* über diesen Versuch, „die Verstorbenen in ihrem wichtigsten Teil wiedererstehen und weiterleben zu lassen", als Individuen, die nicht mehr wehrlos dem Gesetz des Vergehens unterworfen sein sollten. „Von nun an sollte diese Rebellion der Lebenden weitergehen und die Toten immer realer, immer wichtiger werden lassen."

Im orientalischen Raum kulminierte der Wunsch, Menschen nach dem Tod als weiterlebend zu empfinden, in den Königsgräbern von Ur des Königs *A-bar-gi* und der Königin *Schub-ad* mit der mitbestatteten Hofgesellschaft der altsumerischen Residenz der Zeit um 3000 v. Chr.; die den König begleitenden Gefolgsleute müssen, dem Grabungsbefund zufolge, ohne Kampf und Verzweiflung in das Jenseitsland gegangen sein, auf eine Fortexistenz hoffend. In Alteuropa entstanden noch früher gewaltige steinerne Totenhäuser aus noch unbehauenen Steinblöcken, die *Dolmen* Portugals, Spaniens und der Bretagne sowie der Britischen Inseln, die in Form der *Hünengräber* und *Dyssen* des nördlichen Mitteleuropa bis in die Bronzezeit hinein errichtet wurden. Dieser Wunsch nach dauerhaften steinernen Totenhäusern ist auch an weit entfernten Punkten der Erde nachweisbar – in Japan, im olmekischen Mexiko, in Südindien. In Altägypten schließlich wurde die Verewigung des Menschen, der nicht zu Staub werden wollte, am konsequentesten realisiert – dort bildete sich die Technik der Mumifizierung heraus, die später in Altchina ihren Höhepunkt im archäologischen Bereich erfahren sollte.

Offenbar war wiederholt beobachtet worden, daß die Leiber der Verstorbenen infolge günstiger Umweltbedingungen gelegentlich nicht zwangsläufig zu Staub wurden. „Überall haben, wo außergewöhnliche Umstände stumme Zwiesprache mit einer geschichtlichen Gestalt ermöglichten, solche Begegnungen einen tiefen, fortdauernden Eindruck hinterlassen", schreibt der Ägyptologe *K. Lange.*

Heinrich Schliemann, der im Gräberrund des archaischen *Mykenä* die Reste der Residenz des *Agamemnon* entdeckt zu haben glaubte, stieß im fünften Fürstengrab auf drei Bestattungen mit Goldmasken. Das Antlitz des dritten Bestatteten war auf wunderbare Weise erhalten geblieben, das Gesicht wirkte noch voll, die Augen waren sichtbar, ebenso der wie in Todesnot geöffnete Mund mit kräftigen Zähnen, konnte aber natürlich nicht konserviert werden. Schliemann telegrafierte an den griechischen König: „Ich habe Agamemnon ins Antlitz geschaut!"

Ähnliche Erlebnisse mag es immer wieder gegeben haben. Die Chronik des Klosters Novalese bei Turin beschreibt um 1030, wie Kaiser *Otto III.* das Grab des im Jahr 800 gekrönten *Karls des Großen* hatte öffnen lassen:

„Wir gingen also zu Karl hinein. Er lag nicht, wie sonst die Toten, sondern saß, als lebte er, auf einem Stuhl. Er hatte eine goldene Krone auf dem Haupt und hielt in seinen Händen, die in Handschuhen steckten, ein Zepter . . . Übrigens hatte Kaiser Karl noch keines seiner Glieder eingebüßt. Einzig die Nasenspitze hatte er verloren. Kaiser Otto ersetzte sie mit Gold, zog einen Zahn [als Reliquie] aus Karls Mund, vermauerte den Zugang zu dem Gemach aufs neue und entfernte sich." Geschichtslegende oder Wahrheit – ?

Der Perserkönig *Kambyses* soll im ägyptischen Memphis die Mumien der Pharaonen betrachtet haben, *Octavianus* (der bald darauf „Augustus" wurde) in Alexandria den balsamierten Leichnam von *Alexander dem Großen.* Der Wunsch, Menschen vergangener Epochen von Angesicht zu Angesicht gegenüberzutreten, war zu allen Zeiten nicht nur von

Neugierde, sondern auch von Ehrfurcht vor dem Mysterium des Todes und der Zeit getragen. Oft wurde das Streben nach „Verewigung“ in religiöse Systeme mit bestimmten Seelen- und Jenseitsvorstellungen einbezogen und führte zu den verschiedenartigsten Versuchen, verstorbene Menschen nicht zu Staub werden zu lassen.

Ein seltsam berührendes Beispiel einer Begegnung mit einem viele Jahrhunderte hindurch konserviert gewesenen Toten beschreibt der italienische Antiquar und Kunsthändler *Augusto Jandolo,* der einst, als „die Gesetze, welche die Ausgrabungen regelten, noch lange nicht so streng waren wie heutzutage“, als Kind mit seinem Vater an einer illegalen Grabung beteiligt gewesen war. Sie galt einem Etruskergrab nahe Corneto, im Gebiet der etruskischen Stadt Tarquinia. Obwohl es sich eindeutig um eine Raubgrabung handelte, können wir dem Berichterstatter ein Gefühl für die Majestät des Todes nicht absprechen. Jandolo schildert zunächst, wie von den Antiquitätenjägern der große steinerne Sarkophag, mit Blei versiegelt, mit Hilfe von Brechstangen von seiner dachförmigen Deckplatte befreit wurde . . .

„Es war kein leichtes Unternehmen, den Deckel zu bewegen; endlich aber hob er sich, stand senkrecht und fiel dann schwer an der anderen Seite nieder. Und da geschah, was ich nie mehr vergaß und bis zum Tode vor Augen haben werde.

Ich sah, im Innern des Sarkophages ruhend, den Leib eines jungen Kriegers in voller Kriegsrüstung – Helm, Speer, Schild und Beinschienen. Wohlgemerkt: ich sah nicht ein Skelett, ich sah einen Körper, formvollendet in allen seinen Gliedern, steif ausgestreckt, als hätte man ihn eben erst in sein Grab gelegt.

Es war die Erscheinung eines Augenblicks. Dann schien alles sich im Scheine der Fackel aufzulösen. Der Helm rollte nach rechts, der runde Schild verflachte auf dem eingesunkenen Bruststück der Rüstung, die Beinschienen nahmen flach ihren Platz am Grunde ein, die eine rechts, die andere links.

Bei Berührung mit der Luft war der seit Jahrhunderten unangetastete Leib plötzlich zu Staub zerfallen. In der Luft aber und um die Fackeln schien ein goldener Staub zu schweben . . .“

Es ist leicht möglich, daß es ähnlich erschütternde Konfrontationen mit den Körpern von Menschen aus vergangenen Epochen auch schon in früheren Zeiten gegeben hat. Erlebnisse dieser Art mögen dazu beigetragen haben, Spekulationen um Tod, Vergänglichkeit und Erhaltung der Körperlichkeit einzuleiten und zu Versuchen zu führen, Tote nicht zu Staub zerfallen zu lassen. Diese mannigfachen Bemühungen sind Gegenstand dieses Buches.

Es soll versucht werden, die bedeutsamsten Fälle von natürlicher und künstlicher Mumifizierung aufzuzeigen, und es soll darüber hinaus unternommen werden, den geistigen Hintergrund konservierender Bestattungsformen zu rekonstruieren. Die Grenzen werden dabei nicht ganz eng gesteckt; in manchen Fällen werden auch für uns fremdartige Geisteswelten mit ausgeprägten Jenseitsvorstellungen und das Leben tiefgreifend beeinflussenden Ansichten über das „Leben nach dem Tod“ zur Sprache gebracht. Dadurch soll erreicht werden, daß der Leser nicht mit einer gruseligen Kuriositätenschau konfrontiert wird, sondern mit den vielfältigen Versuchen des Menschen, das bedrängende Mysterium des Todes zu bewältigen. Alte Originaltexte sollen zeigen, auf welche Weise dies geschah, und ebenso, wie in früheren Jahrhunderten die unverwesten fremden Gäste aus vergangenen Epochen aufgenommen wurden.

So will dieses Werk das Thema der Menschen, die nicht zu Staub wurden, möglichst weltweit und umfassend darstellen, wenn dies auch aus verständlichen Gründen nicht auf völlig lückenlose Weise realisiert werden konnte. Der Blick in die Tiefen der alten und fremden Kulturen soll es uns ermöglichen, Antworten auf existentielle Fragen zu erhalten, die seit Anbeginn der Menschheit nichts an Aktualität eingebüßt haben.

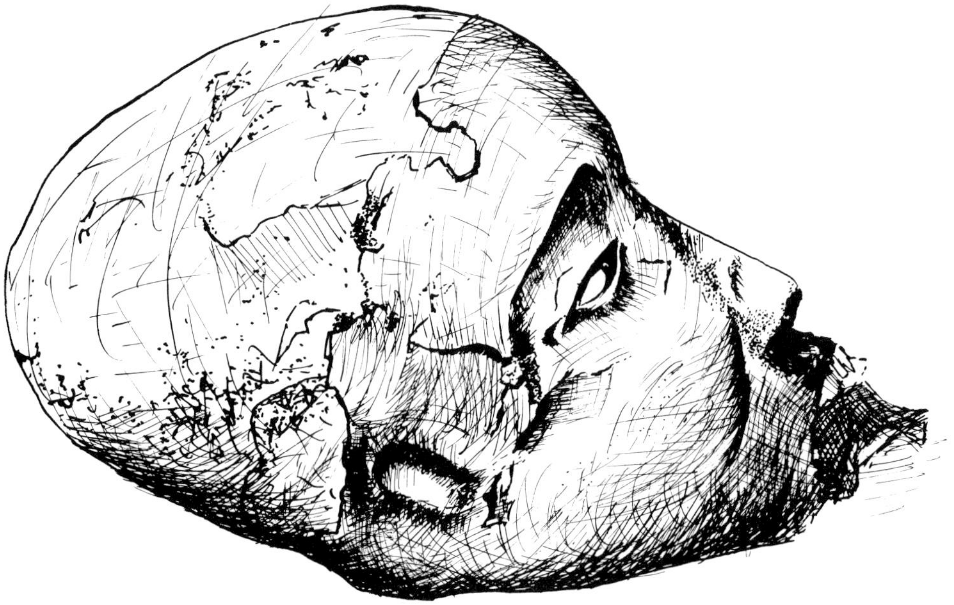

Einer der mit Ton übermodellierten Knochenschädel aus den ältesten Fundschichten der Stadt Jericho – ein Versuch, die Leiblichkeit Verstorbener wiederzubeleben *(Archiv Biedermann).*

1. EUROPA

Die Baumsärge Nordeuropas

Bereits in der Einleitung wurden die monumentalen steinernen Totenhäuser des „Megalithikums", der Epoche des Bauens mit großen Steinen, erwähnt. Die Dolmen und Hünengräber sind wohl die frühesten Versuche auf europäischem Boden, die Leiber der Verstorbenen nicht durch den Druck des Erdreiches zerbrechen und zerfallen zu lassen, sondern sie möglichst lange unversehrt zu erhalten. Da es jedoch, soweit wir wissen, keine Balsamierung und keinen Luftabschluß gab, blieben in den Megalithgräbern keine Leiber aus der Jungsteinzeit und Bronzezeit erhalten.

Im nördlichen Europa, in Schleswig und Jütland, erwiesen sich in der Bronzezeit andersartige Begräbnisse in dieser Hinsicht als viel wirksamer. In der Epoche zwischen etwa 1500 und 500 v. Chr. wurden Verstorbene vielfach in *Baumsärgen* bestattet, so daß die Toten zwar nicht als wohlerhaltene Mumien, aber vielfach doch „mit Haut und Haaren" und in ihrer Kleidung ausgegraben werden konnten. Die für diese Särge verwendeten Eichenstämme waren 1,70 bis 3 Meter lang und hatten einen Durchmesser von 0,70 bis 1,30 Meter. Sie wurden in der Höhe von zwei Dritteln ihres Querschnitts mit Beilen der Länge nach gespalten und sorgfältig ausgehöhlt. Das abgespaltene Drittel diente in der Regel als Deckel, doch sind auch Fälle bekannt, in denen dafür ein zweiter ausgehöhlter Stamm verwendet wurde.

Die Konservierung des Grabinhaltes ist von mehreren Faktoren abhängig. Einer der wichtigsten ist die geographische Lage: die meisten und am besten erhaltenen Gräber mit Baumsarg-Bestattungen finden sich, wie erwähnt, in Nordeuropa. Auch die Beschaffenheit des Bodens spielt eine wesentliche Rolle.

Der Sarg wurde auf den Boden gesetzt und mit großen Steinen fixiert. Darüber wurde der Grabhügel aufgeschüttet, dessen Rand ebenfalls mit Steinen abgestützt wurde. Der Umfang dieser Hügel ist verschieden; er erreicht 20 bis 40 Meter Durchmesser und 5 bis 8 Meter in der Höhe. Für den Bau dieser Hügel wurde nicht Sand, sondern feste Gras- oder Heidesoden (ausgestochene Schollen) verwendet. Nur dadurch war die Konservierung ihres Inhalts möglich. Während man früher über die Ursache des guten Erhaltungszustandes rätselte und verschiedenste Deutungsversuche gelten ließ, hat man heute dafür folgende Erklärung gefunden:

Das eindringende Regenwasser schwemmte aus den obenliegenden Soden die Humussäuren aus, welche zu Boden sickerten und dort, auf dem

Baumsärge aus Dänemark (Jütland) aus der nordischen Bronzezeit *(nach K. Lange)*.

härteren Untergrund, eine wasserundurchlässige Schicht bildeten. Gegen den Rand des Hügels hin verband sich diese Schicht mit den dort liegenden Steinen zu einer harten Kruste, die allmählich wannenartig am Rand emporwuchs und in sich das nachsickernde Regenwasser aufnahm, so daß die Särge mit humussäurereichem Wasser gefüllt und von ihm umgeben waren. Die an der Oberfläche und wenig darunterliegenden Soden wurden allmählich völlig ausgewaschen, während in einer Tiefe von etwa zwei Metern unterhalb des Hügelkopfes die Humussäuren eine derartige Konzentration erreichten, daß sie mit den Eisen- und Kalksubstanzen des Erdreichs chemisch reagierten und eine gelartige Schicht bildeten, welche den darunterliegenden Raum abdeckte und praktisch luftdicht verschloß. Sie härtete ebenfalls aus und wird als *Ortssteinschicht* bezeichnet.

Daß die Grabinhalte dennoch von unterschiedlichem Erhaltungszustand sind, ist darauf zurückzuführen, daß die Ortssteinschicht sich oft erst dann bildete, wenn Sarg und Leichnam bereits völlig oder teilweise zersetzt waren und die konservierende Wirkung nicht mehr zur Geltung kommen konnte. So sind oft nur mehr die Knochen erhalten oder die natürlich gegerbte Haut. Ähnlich verhält es sich mit den Grabbeigaben. In vielen Fällen jedoch ist der Inhalt der Gräber einschließlich der Beigaben (Kleidung, Gefäße und Schmuckstücke) so erstaunlich gut konserviert, daß er uns interessante Einblicke in das Leben in Nordeuropa vor mehr als dreitausend Jahren gewährt. Die Ausfertigung der Kleidung beweist hohes handwerkliches Können, und es verblüfft, daß gerade diese so vergänglich scheinenden Materialien oft vollständig erhalten geblieben sind.

Als ein berühmtes Beispiel dafür soll das „Mädchen von Egtved“ erwähnt werden, ein Fund aus einem Eichensarg im Egtved-Moor in Jütland, 1922 ausgegraben. Es handelt sich um die Leiche einer etwa 20jährigen jungen Frau und eines mitbestatteten Säuglings, also offenbar einer im Kindbett verstorbenen Nordgermanin. Der Fund wurde durch die wohlerhaltene Kleidung bekannt, die als „kokett und wenig sittsam“ bezeichnet wurde. Die junge Frau trug eine kurzärmelige Bluse, einen Gürtel mit bronzener Zierscheibe, dazu aber ein „Mini-Fransenröckchen“ aus Schnüren, das weit oberhalb des Knies endete. Es scheint, als wäre im heutigen Dänemark eine Frauenmode mitgemacht worden, die aus weiter südlich gelegenen Gebieten stammt.

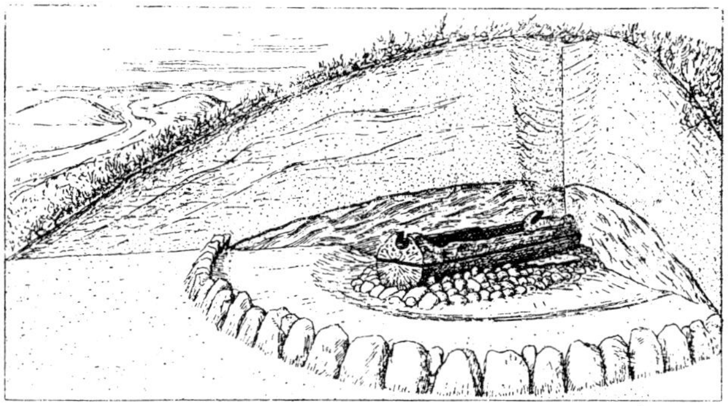

Halb ausgegrabenes älterbronzezeitliches Baumsarggrab *(Archiv Ráček)*.

Allerdings finden sich keine Anhaltspunkte dafür, daß die Menschen jener Zeit mit diesen Konservierungsprozessen gerechnet oder sie gar beabsichtigt haben – es handelt sich demnach um zufällige Erscheinungen, durch welche die Baumsärge, wie der Prähistoriker *Gustav Schwantes* dies ausdrückte, durch steinhart gewordene Erdschichten allseits eingekapselt wurden wie in einer Konservenbüchse.

Menschliche Moorfunde – versunkene Schicksale

Wir kennen aber auch andere, oft noch besser erhaltene Leichenfunde in Europa: die Hominiden-Moorfunde (in der Fachliteratur mit HMF abgekürzt), welche im nichtwissenschaftlichen Sprachgebrauch als *Moorleichen, Moormumien, Torfleichen, Moor-* oder *Torfschädel* usw. bezeichnet werden. Ihre Entstehung erstreckte sich oft über große Zeiträume.

Einer der bedeutendsten Moorleichen-Forscher, der deutsche Archäologe *Alfred Dieck*, definiert diese Objekte folgendermaßen: „Moorleichen sind tierische oder menschliche Körperreste, die im Moor und Anmoor gefunden werden. Die tierischen Körperreste, Hominiden-Moorfunde, können überall dort zutage kommen, wo Moore mit entsprechenden konservierenden Eigenschaften vorhanden sind. Die bisherigen Funde stammen aus fast allen Teilen Europas. Der Erhaltungszustand der Hominiden-Moorfunde ist verschieden: in dem einen Fall ist das Skelett erhalten und die Weichteile sind aufgelöst, in einem anderen wurden gerade die Weichteile konserviert, und das Skelett ist vergangen, und in wieder anderen Fällen sind sowohl Haut und Fleisch als auch die Knochen erhalten. Es kann auch sein, daß sich die Leiche völlig oder teilweise in Leichenwachs (Adipocire) verwandelt hat. Viele Hominiden-Moorfunde werden als Ganzfunde, manche als Teilfunde (nur der Kopf oder nur der Rumpf oder ein einzelnes Bein oder ein Arm) geborgen. Zeitlich gehören sie dem Zeitraum seit Beginn der postglazialen Moorbildung im Mesolithikum bis heute an. Die Hominiden-Moorfunde sind im wesentlichen eine durch die Natur und nicht als Auswirkung der Kultur entstandene Sondergruppe innerhalb der Bodenfunde. Infolge der außergewöhnlich günstigen, vieles sonst Vergangene erhaltenden Bodenverhältnisse bieten manche Funde jedoch einmalige Aufklärung über Kulturzustände und Somatika vergangener Zeiten."

Die erste Beschreibung, aus der hervorgeht, wie ein Mensch im Moor versunken und umgekommen ist, ist uns aus der „Germania" des *Publius Cornelius Tacitus* überliefert; zur ersten Bergung einer derartigen Leiche kam es 1640 im heutigen Schleswig-Holstein. Von da ab wurden in Europa – vor allem aber in Nordeuropa – immer wieder derartige Funde gemacht. Bis heute sind über 700 Moorfunde bekannt, die jedoch sehr unterschiedliche Erhaltungszustände aufweisen. Interessant sind auch die verschiedenen schriftlichen Dokumente, welche die Entstehung von Moorleichen erklären wollen. So entdeckten im Jahre 1450 Bauern in der Lüneburger Heide einen Mann, der bis zum Hals im Moor steckte. Am nächsten Tag war er ganz verschwunden. Darüber schrieb der Pfarrer von Hermannsburg ins Kirchenbuch:

„Und die Bauermeister fragten nun an, ob sie den Toten auf dem Kirchhof begraben sollen oder was sonst. Ich habe ihnen anbefohlen, sie sollten ihn stecken lassen. Die Elben, die ihn hineingebracht hätten, können ihn auch behalten und würden ihn auch bald ganz hineinziehen, daß nichts mehr von ihm zu sehen wäre. Auf dem Friedhof können nur Christen begraben werden. Der aber im Butterberg, wo die Elben butterten, gestorben ist, den hat sicherlich der Teufel gefaßt."

Eine spätere schriftliche Überlieferung vom Schalkholzer Moor ist schon wesentlich sachlicher und nicht so stark vom Aberglauben gefärbt: „Im

Frühjahr des Jahres 1640 sind die Gebeine eines toten Menschen ausgegraben worden. Er war vermutlich ermordet und dort begraben worden.“

Schon sehr früh lieferten die Moorleichen Stoff zu allerlei mystischen Spekulationen, da ihr manchmal erstaunlich guter Erhaltungszustand die Menschen verblüffte und deren Phantasie beflügelte. Auch die sich entfaltende Naturwissenschaft sah in ihnen willkommene Forschungsobjekte. Im englischen Derbyshire grub man zum Beispiel im Jahre 1703 an einer Stelle nach, an der dreißig Jahre zuvor ein Bauer gemeinsam mit seiner Magd im Schneesturm ums Leben gekommen war, nur um festzustellen, ob die Leichen so gut erhalten wären wie die aus anderen bekannten Fundstellen. – Übrigens wurden die beiden Leichen zwanzig Jahre lang ausgestellt und angestaunt, bevor es den Verwandten gelang, eine normale Bestattung durchzusetzen . . .

Der erste international bekanntgewordene Fund stammt aus dem Bareler Moor bei Oldenburg (1791); von dort aus wurden verschiedene Körperteile nicht nur nach Oldenburg selbst gebracht, sondern auch nach Hamburg, Kopenhagen, St. Petersburg, Göttingen und Clausthal als Kuriositäten verschenkt. Es liegen auch Beschreibungen davon vor, doch sind bis auf die in Oldenburg verwahrten Objekte keine bis heute erhalten geblieben.

Aus dem Jahr dieses Fundes datiert auch eine Schrift von *Friedrich Casimir Medicus* „Über die Notwendigkeit der Erforschung des Moores, das die Konservierung ermöglicht hat“. In ihr tritt eine wissenschaftliche Einstellung zutage, wie sie damals leider nur selten anzutreffen war. Sonst nämlich wären nützliche, zweifellos bekannte Informationen nicht verlorengegangen.

Auch zu Beginn des 19. Jahrhunderts wurden verschiedene Funde gemacht; auch sie blieben nur in seltenen Fällen bis zum heutigen Tag erhalten. Publizität erlangten nur jene, die eine interessante „Story“ lieferten, wie etwa eine Leiche um 1800 in Schleswig, die in eine Kuhhaut eingewickelt war. Ebenfalls in einen Sack aus Kuhhaut gehüllt fand man 1803 eine Leiche, deren Beine und Unterleib völlig verkohlt waren. 1804 wurde in Thüringen eine Leiche mit um einen abgebrochenen Baumstamm gewickelten Gedärmen gefunden. Hier handelt es sich zweifelsohne um einen Fall von „Evisceratio“ (= Entdärmung), wie ihn das germanische Recht als Gottesurteil kannte. Überstand der Beschuldigte nämlich diese Prozedur, und gelang es ihm, seine Gedärme wieder an Ort und Stelle zu bringen, so war seine Unschuld erwiesen.

Weitere aufsehenerregende Funde unter mysteriösen Todesumständen waren: Plaggenburg (1842) – eine Leiche in einem Faß; Lensahn (1844) – Mann und Frau Rücken an Rücken zusammengebunden; Vehnemoor (1847) – Mann mit um den Hals gebundenem Skalp; Burlage (1853) – zwei Köpfe in einem Sack; Brüssel (1853) – zwei künstlich skelettierte Menschen; Hamburg (1867) – Mann mit Kleinkind, Hund, Katze und Schlange in einem Ledersack; Diepholz (1876) – geköpfte, auf einen Schemel gebundene Leiche; Ter Harsterveen (1897) – Mann und Frau an einem Strick erhängt; Tobolsk (1916) – zwei Männer, die einander an der Kehle gepackt hielten . . . Die Aufzählung dieser Funde ließe sich beliebig fortsetzen und stellt eine anschauliche Dokumentation der Geschichte von Gewalt, Verbrechen und Sühne dar.

Fast noch interessanter als nur den Zeitpunkt der Auffindung festzustellen, wäre es freilich – zur Rekonstruktion der „Sittengeschichte“ unseres Lebensraumes –, die Umstände des „Zustandekommens“ dieser Objekte zu rekonstruieren. Die Wissenschaft des vorigen Jahrhunderts war jedoch nicht in der Lage, diese auch nur annähernd zu ermitteln.

Die ursprüngliche Meinung ging dahin, daß die ältesten Funde aus den ersten Jahrhunderten unserer Zeitrechnung stammten. Spätere Forschungen haben aber gezeigt, daß die meisten von ihnen mit der Entstehung des Moores zusammenfielen. Von den heute erhaltenen Moorleichen stammen nach den Angaben von *A. Dieck:* „7 aus prähistorischer Zeit, 7 aus der mittleren Steinzeit, 22 aus der Jungsteinzeit, 39 aus der Bronzezeit, 21 aus der vorchristlichen Eisenzeit, 37 aus der Vor- und Frühgeschichte, 20 aus den Jahrhunderten um Christi Geburt, 3 aus der Römerzeit, 65 aus der Zeit bis 800 n. Chr., 35 aus dem Mittelalter und 44 aus der Neuzeit". Der letzte von Dieck erfaßte Fund wurde im Schwarzen Moor, an der Grenze zwischen Hessen, Thüringen und Bayern, gemacht: es handelt sich um die vollständig erhaltene Leiche eines Wehrmachtssoldaten, der etwa 1945 ums Leben gekommen war und 1955 gefunden wurde.

Die geographische Verbreitung der Funde ist nicht auf die allgemein bekannten Moorgegenden Nordwestdeutschlands und Dänemarks beschränkt, sondern erstreckt sich in einzelnen Fällen über mehrere Länder Europas. Die meisten Funde wurden jedoch in Deutschland gemacht (309), dann in Dänemark (166), auf den Britischen Inseln (90), in den Niederlanden (48), in Finnland (36) und in Schweden (16) (nach A. Dieck).

Über die Todesursachen liegt ebenfalls interessantes Zahlenmaterial vor, wobei nur diejenigen Fälle aufgenommen wurden, die mit Sicherheit oder größtmöglicher Wahrscheinlichkeit zu bestimmen waren (ungeklärte Fälle wurden nicht berücksichtigt). Auf diese Weise ergeben sich folgende Zahlen: gewöhnliche Bestattung: 84; Unfall: 58; Gewalt (Ermordung, Kampftötung und Rechtstötung): 118. Die hohe Anzahl von Bestattungen widerspricht der früheren Auffassung, derzufolge diese im Moor nicht üblich waren, da Moorleichen – ähnlich wie Wasserleichen – an die Oberfläche stiegen und damit der Verwesung preisgegeben worden wären. Der Leichnam konnte sich aber entweder im Moor verfangen oder, selbst wenn er später in vertikale Lage gelangte, noch unter der Oberfläche bleiben.

Auffallend ist die Anzahl der sogenannten *Mehrfachfunde.* Dabei handelt es sich meist um gemeinsame Bestattungen der Opfer von Unglücksfällen, die mehrere Personen betroffen hatten, von Kampfhandlungen, von Massenhinrichtungen oder – mit einiger Wahrscheinlichkeit – um hingerichtete Mörder, die gemeinsam mit ihren Opfern begraben wurden.

Die Frage, ob die Toten bekleidet oder unbekleidet bestattet wurden, gab hinreichend Stoff zu verschiedenen Mutmaßungen, läßt sich aber nicht eindeutig klären. Von der Kleidung des zuvor erwähnten Wehrmachtssoldaten etwa waren nur Reste des Mantelkragens und der Socken erhalten; dabei handelte es sich um einen nur zehn Jahre alten Fund. Dies beweist, daß die Kleidung in kürzester Zeit verrotten kann, der Körper jedoch erhalten bleibt, wodurch der Eindruck entsteht, der Tote wäre nackt bestattet worden.

Die hohe Anzahl der Funde – es waren, wie erwähnt, in dreihundert Jahren mehr als 700 – trug dazu bei, daß nicht ein jeder von der Wissenschaft und in der Laienwelt als Sensation gewertet wurde. Viele aber bildeten über etliche Jahre hindurch dennoch Gesprächsstoff in weitesten Bevölkerungskreisen. Besonders bekannt wurde eine weibliche Leiche, die 1835 bei Haraldskær in Ost-Jütland gefunden wurde. Man nahm allgemein an, daß es sich dabei um die Überreste der norwegischen Königin *Gunhild* handelte. Der Überlieferung nach war diese eine sehr schöne, aufgeschlossene und geistreiche Herrscherin gewesen, jedoch nur den willfährigen

Hallstattzeitlicher Grabhügel in Großmugl, Niederösterreich *(Archiv Ráček).*

Weibliche Moorleiche aus Windeby, Schleswig *(Bildarchiv Preußischer Kulturbesitz, Berlin).*

Der „Mann von Tollund", Jütland *(Archiv Ráček).*

Untertanen gegenüber. Ihre Widersacher soll sie despotisch und grausam behandelt haben. König *Harald* von Dänemark hatte sie, so wurde erzählt, unter dem Vorwand, sie zur Gattin zu nehmen, in seine Heimat gelockt. Dort kam sie angeblich mit großem Gepränge an, wurde aber aufs schwerste mißhandelt, getötet und schließlich in unwürdiger Weise im Moor „bestattet". Für die Annahme, daß es sich bei diesem Fund tatsächlich um Königin Gunhild handelte, sprechen zwei Umstände: einerseits wurde der Sitz Haraldskær von König Harald gegründet, andererseits hieß die Fundstätte früher „Gunnelsmose" (also Gunhilds-Moor).

Der Begründer der wissenschaftlichen Archäologie in Dänemark, *J. J. A. Worsaae,* ist dennoch bereits als Student gegen diese Hypothese aufgetreten, da er keine hinlänglichen Argumente dafür finden konnte, daß Königin Gunhild tatsächlich auf diese Weise beseitigt worden war. Aus seiner Kritik, die ihm große Popularität einbrachte, entwickelte sich eine rege Polemik, die durch zahlreiche Expertisen zu seinen Gunsten entschieden wurde. Als Beweis für das enorme Interesse aber, das man diesem Leichenfund entgegenbrachte, dient die Tatsache, daß sogar König *Frederik VI.* die Leiche nicht nur besichtigte, sondern ihr sogar einen Sarg stiftete, in dem sie bis heute in der Kirche St. Nikolaus in Vejle ruht.

Die Bergung dieser Leiche hat lange gedauert; gefunden wurde sie am 20. Oktober 1835 beim Ausheben eines Grabens. In der Tiefe von etwa einem Meter entdeckten die Arbeiter zunächst einen menschlichen Fuß und eine Hand. Sie unternahmen vergebliche Versuche, den Leichnam aus dem Moor zu bergen und stellten fest, daß der Körper an Knien und Ellenbogen mit Holzhaken fixiert war; außerdem hatte man über Brust und Unterleib starke Äste gelegt, die ebenfalls mit Haken im Grund befestigt waren. Nach Entfernung dieser Halterungen wurde eine gut konservierte Frauenleiche mit glänzendem braunem Haar geborgen. Zudem fand man Kleidungsstücke und weitere Holzhaken. Aufsteigendes Wasser behinderte die weiteren Bergungsarbeiten. Sie wurden erst am 3. Juni 1836 wiederaufgenommen, indem man im Umkreis von 10 Meter und in einer Tiefe von 3 Meter den Boden aushob. Diese genaue Untersuchung der Umgebung brachte lediglich weitere Holzhaken und Pfähle zutage.

Ob die Frau noch am Leben gewesen war, als sie gefesselt und ins Moor versenkt wurde, oder ob diese Prozedur an einer Toten vorgenommen wurde, läßt sich heute nicht mehr feststellen. Das Gesicht, das mitsamt seinem Ausdruck erhalten blieb, zeigt jedoch eine derartige Verzweiflung, daß die Vermutung naheliegt, die Frau sei lebendig „bestattet" worden.

Eine wahrscheinlichere Hypothese über die Identität der Leiche findet sich in einem Artikel des Wochenmagazins „Interessante Lektüre für die dänische Bevölkerung" vom Freitag, dem 8. März 1839, unter dem Titel „Ausgegrabene Leiche":

„Jeder einfache Landbewohner kann erkennen, daß es sich hier um die sterblichen Reste einer Frau handelt, die in ihrem Leben als Hexe angesehen wurde und die daran gehindert werden sollte, ihr Treiben nach dem Tode fortzusetzen. Viele wissen aus eigenem Erleben oder aus den Erzählungen der Alten, welche Bewandtnis es mit den Pfählen hat, die an bestimmten Stellen eingeschlagen werden, während aus geheimen Büchern gelesen wird: wenn der Pfahl an seiner Stelle bleibt, ist der böse Geist in den Boden gebannt; ändert er aber seine Lage – so meinten unsere Väter –, dann beginnt alles wieder von vorne. Das ist auch der Sinn des großen Eichenpfahles und der verschiedenen Holzhaken. Alles spricht dafür, daß die Frau einer Gewalttat zum Opfer gefallen ist oder sogar lebendig begraben wurde."

Diese Interpretation kam der Sensationslust und dem Wissensstand der Landbevölkerung entgegen und fand allgemeine Zustimmung, zumal verschiedene andere Ereignisse dieser Auffassung Vorschub leisteten. So wurde zum Beispiel erzählt, daß auf der Insel Alsen auf einem Hügel in der Nähe von Dynved geheimnisvolle Dinge vor sich gingen.

Die Bevölkerung wurde durch gespenstisches Treiben beunruhigt, bis sich ein Geistlicher, der auf dem Festland gegenüber der Insel wohnte, der Sache annahm. Er begab sich mit einem großen Eichenpfahl auf die Insel, wo er lange Zeit suchend umherging, schließlich schlug er den Pfahl an einer bestimmten, keineswegs auffälligen Stelle in die Erde. Seit diesem Zeitpunkt waren keine Anzeichen mehr für die Anwesenheit von Geistern festzustellen. Zur allgemeinen Überraschung – ja geradezu Bestürzung – wurde einige Jahrzehnte später an eben dieser Stelle von dem Museumsbeamten *J. Raben* ein bestatteter Wikinger gefunden, der mit dem Pfahl förmlich an der Erde festgenagelt war. Selbstverständlich hatte der Geistliche, als er den Pfahl einschlug, von der Existenz dieses Grabes keine Ahnung. Solche und ähnliche Ereignisse führten zu der Annahme, daß es sich bei Moorleichen durchwegs um geheimnisvolle Ruhestörer handelt. Im Fall der Frau von Haraldskær wurde sie noch dadurch unterstützt, daß einer der Pfähle deutliche Spuren von Hammerschlägen aufwies.

Ein stichhaltiges Argument gegen die Behauptung, die Frauenleiche aus Haraldskær sei die der Königin Gunhild, lieferte eine wissenschaftliche Untersuchung noch im vorigen Jahrhundert. Dabei wurde festgestellt, daß die Frau etwa fünfzig Jahre alt und ziemlich wohlbeleibt gewesen war. Da dies dem damaligen Schönheitsideal durchaus nicht entsprach, ergibt sich ein deutlicher Widerspruch zu der Beschreibung von der „schönen jungen" Königin. Hingegen deuten die zarten Hände und Füße darauf hin, daß es sich um eine Frau aus gehobenerem Stand handelte. Unabhängig von der tatsächlichen Herkunft der Verstorbenen ist aber die Gunhild-Sage zumindest Anlaß dazu gewesen, daß sie (und alle Funde in der näheren Umgebung) mit wissenschaftlicher Genauigkeit untersucht wurden. Das gesamte Material kam nach Kopenhagen und wurde von den namhaftesten Gelehrten der Zeit in Augenschein genommen.

Etwa vierzig Jahre später, im Jahre 1879, wurde die „Frau von Huldremose" in einem Moor gefunden, das in der Nähe von Ramten auf der Halbinsel Djursland (Dänemark) liegt. Dabei kamen bestens erhaltene Kleidungsstücke sowie andere Gegenstände ans Licht, die den Zeitpunkt der „Versenkung" ziemlich genau bestimmen lassen: nämlich zu Beginn der frühen Eisenzeit (um 800 v. Chr.). Der linke Arm der Frau war mit einem starken Lederriemen an den Körper gebunden; sie lag auf einem über ihr zusammengeschlagenen Lammfell. Die Kleidung bestand aus einem karierten Rock, der mit einem Lederriemen um die Taille befestigt war, und einem ähnlichen, um Kopf und Hals geschlungenen Tuch.

Auch hier spielte der Aberglaube der Bevölkerung bei der Deutung dieses Fundes eine Rolle. Da man an die Existenz von „Huldren" glaubte, meinte man, den Körper einer solchen vor sich zu haben. Eine Huldra war – von vorne gesehen – ein außergewöhnlich schönes Mädchen, während sie auf der Rückseite nur aus Haut und Knochen bestand. Sie verführte angeblich den zufällig vorbeikommenden Wanderer und lockte ihn tief ins Moor. Wenn es ihm nicht gelang, sich mit Hilfe Eingeweihter von ihrem Einfluß zu befreien, kehrte er gleichsam unter Zwang immer wieder zurück, um schließlich im Moor kläglich umzukommen. Die vermeintliche Huldra, die dem Moor schließlich den Namen gegeben hat, befindet sich heute im Dänischen Nationalmuseum, wo auch ihre Kleidungsstücke und sonstigen „Besitztümer" ausgestellt sind.

Einer der bedeutendsten und interessantesten Funde wurde in Bredmose bei Storarden (Himmerland; Dänemark) gemacht. Es war im Juni 1942, als aufgeregte Landleute, wie fast immer in solchen Fällen, die lokale Polizei alarmierten. Zum Glück war auch *Peter Riismöller,* Museumsinspektor und Spezialist für prähistorische Funde, an Ort und Stelle, so daß die Amtshandlungen nicht bloß in Bürokratie ausarteten. Ihm gelang es, den Fund für das Nationalmuseum zu retten. Die wissenschaftliche Erforschung der Leiche ergab, daß ihre Herkunft vor Beginn der Eisenzeit zu datieren war. Überraschend war vor allem die Lage des Körpers, die mit keinem der bisher gefundenen übereinstimmte: die Leiche – es handelte sich wiederum um die einer Frau – lag auf der rechten Seite, und die Beine waren derart an den Körper gezogen, daß die Oberschenkel beinahe parallel zum Rumpf lagen, während sich die Füße in der Höhe des Beckens und die Knie in der der Schultern befanden. Neben dieser absonderlichen Körperstellung ist vor allem die Haartracht interessant: Die Frau war etwa 25 bis 30 Jahre alt und trug dunkles Haar, das, zu zwei Zöpfen geflochten, einen Kranz um den Kopf bildete; darüber hatte sie eine geflochtene Kappe. Da sich an dieser Leiche keine Gewalteinwirkung feststellen läßt, nimmt man an, es handle sich hier um eine der lange angezweifelten „normalen" Bestattungen.

Als repräsentativster unter den Moorfunden gilt der „Mann von Tollund" in Mittel-Jütland. Er wurde erst am 8. Mai 1950 entdeckt.

Das Tollunder Moor wirkt wie eine Oase des Friedens, kann jedoch auf ängstliche Gemüter sehr wohl einen unheimlichen Eindruck machen. In diesem Moor war mehr als 2000 Jahre lang ein Mann begraben, der nach seiner „Wiederentdeckung" zu großer Berühmtheit gelangte. Nachdem die Bauern der umliegenden Dörfer ihre Felder bestellt hatten, begaben sie sich ins Moor, wo sie sich mit Heizmaterial für den nächsten Winter zu versorgen pflegten. Wie schon so oft, dachten sie auch in diesem Fall, als im Moor ein Gesicht zum Vorschein kam, es handle sich um das Opfer eines Verbrechens aus nicht allzulang vergangener Zeit – so gut war der Kopf erhalten, den sie aus dem Boden gruben. Also verständigten sie die Polizei von Silkeborg. Nachdem klargeworden war, daß auch dies ein historischer Fund sei, wurden Mitarbeiter des örtlichen Museums beigezogen. Trotz ihrer Routine im Umgang mit derartigen Funden waren auch sie von dem ausgezeichneten Erhaltungszustand überrascht und nahmen Kontakt mit der Universität von Aarhus auf, wo zufällig eben der hervorragende Prähistoriker *P. V. Glob* Vorlesungen hielt; er veröffentlichte später auch ein sehr wichtiges Buch über diesen Themenkreis. So kam es, daß er noch am selben Tag zur Stelle war, an der der eindrucksvollste Kopf aufgetaucht war, den je ein Moor wieder freigegeben hatte. Der restliche Leichnam lag in einer Tiefe von zweieinhalb Metern und war, abgesehen von einer Mütze und einem Ledergürtel, unbekleidet. Dies bedeutet jedoch nicht, daß der Mann auch bei seiner Bestattung keine anderen Kleidungsstücke am Leib gehabt haben muß, da – wie bereits erklärt – die Kleidung in vielen Fällen ganz oder teilweise zerstört wurde. Der Ausdruck des Gesichtes zeigt eine derartige Ruhe, daß man nur an einen friedlich schlafenden Menschen denken konnte – bis man bei der Bergung der Leiche einen Strick um den Hals entdeckte! Zur fachgerechten Konservierung des Fundes wurde dieser ins Nationalmuseum nach Kopenhagen gebracht. Der Transport gestaltete sich sehr schwierig, da nicht nur der Leichnam selbst, sondern auch der ihn umgebende Boden untersucht werden sollte. Daher wurde der Boden rund um den Toten noch tiefer abgegraben, dann trieb man starke Bretter in horizontaler Richtung unter den Körper und andere in vertikaler, so daß eine Art Kiste entstand, in der der Fund mit dem umgebenden Erdreich aufbewahrt wurde. Da die Oberfläche des Moores die Zufahrt von Hebemaschinen nicht gestattete, mußte dieser künstliche Behälter händisch aus einer Tiefe von drei Metern emporgehoben werden. Allerdings forderte das Moor für die Freigabe der Leiche seinen Preis: einer der mit der Bergung beschäftigten Männer erlitt dabei einen Herzschlag. Ist der Gedanke nicht zu verlockend, die Götter, denen der gefundene Leichnam geopfert worden war, hätten einen anderen im Austausch für ihn gefordert . . .?

Der Konservator des Nationalmuseums, *Knud Thorvildsen,* beschreibt den Erhaltungszustand der Leiche als ausgezeichnet: besonders Kopf, Füße und Genitalien waren erstaunlich gut konserviert. Lediglich die linke Brustseite und die Schulter waren zerstört, der linke Oberschenkelknochen aus dem Körper ausgetreten. Die erwähnte Schlinge hatte unter dem Kinn und an den Seiten des Halses deutliche Würgemale hinterlassen. Es ist anzunehmen, daß der Mann durch sie ums Leben gekommen war, obwohl die Halswirbel nicht beschädigt sind. Nach längeren Diskussionen einigten sich die Experten auf die Annahme, daß der Tod durch Erhängen eingetreten sei, und nicht, wie früher behauptet, durch Erdrosseln. Maßgebend dafür war die Lage des Strickes um den Hals. Die Sektion der Leiche lieferte weitere Informationen: die Analyse des Magen- und Darminhaltes ermöglichte eine so genaue Rekonstruktion der zuletzt eingenommenen Speise, daß man sogar das Rezept veröffentlichen konnte. Demnach hatte der Hingerichtete als „Henkersmahlzeit" einen Brei aus Getreide und wild wachsenden Pflanzen zu sich genommen, und zwar zwölf bis zwanzig Stunden vor seinem Tod. Obwohl zu der Nahrung der Menschen vor zweitausend Jahren auch Fleisch, Fisch, Milch und Milchprodukte zählten, dürfte dieser Brei doch das Grundnahrungsmittel gebildet haben. Im Jahre 1954 wurde er vor Fernsehkameras zwei berühmten englischen Archäologen, *M. Wheeler* von der London University und *G. Daniel* von der Universität Cambridge, serviert. Über den kulinarischen Wert gibt die Bemerkung von Wheeler Aufschluß, der sich sinngemäß äußerte: Welche Verbrechen der Mann von Tollund auch immer auf dem Gewissen gehabt habe – die schlimmste Strafe für ihn müsse wohl das Verzehren seiner Henkersmahlzeit gewesen sein. Diese Feststellung aus dem Mund eines Engländers läßt den Mitteleuropäer mit Schaudern ahnen, wie diese Henkersmahlzeit tatsächlich geschmeckt haben muß . . .

Unsere beiden Archäologen konnten ihre Mägen immerhin mit Hilfe eines Schluckes Schnaps – stilgerecht aus einem Rinderhorn genossen – wieder einrenken. Diese Möglichkeit hatte der „Mann von Tollund" allerdings nicht, denn die Kunst, aus leicht alkoholischen Gärungsgetränken hochwertige Spirituosen zu brennen, erlernten unsere Vorfahren erst ein Jahrtausend später. Da aber der Genuß von Alkohol wohl so alt ist wie die Menschheit selbst, haben vermutlich auch dieser Mann und seine Zeitgenossen ein Gebräu zu sich genommen, das in der „Germania" des *Tacitus* so beschrieben wird: „Als Getränk dient ihnen eine Flüssigkeit aus gegorenem Weizen oder Gerste, die eine gewisse Ähnlichkeit mit unserem Wein aufweist."

Nach eingehender Auswertung des Fundes wurde leider beschlossen, nur den Kopf zu präparieren. Dies geschah mit Hilfe der Paraffinierungsmethode, der Durchtränkung des Gewebes mit Paraffin. Der Kopf wurde zunächst sechs Monate lang in Wasser, mit Zusatz von Formalin und Essigsäure, vorfixiert. Dann wurde er in einigen Bädern mit immer höherer Alkoholkonzentration entwässert und anschließend in Toluol gelegt. Dieses nämlich hat die Eigenschaft, sich mit Paraffin zu verbinden. Allmählich wurde Paraffin zugefügt, bis man eine gesättigte Substanz erhielt, die bei Zimmertemperatur aushärtet. In diesem „Bad“ wurde der Kopf so lange belassen, bis das Gewebe vollständig durchdrungen war. Die ganze Präparation dauerte etwa ein Jahr. Die Form des Kopfes und des Gesichtes blieb dabei unversehrt, doch war ein Volumenverlust von 12 Prozent gegenüber dem ursprünglichen Zustand festzustellen. Mittels der heutigen weitgehend üblichen Präparationsmethoden läßt sich ein derartiger Schwund – welcher hauptsächlich auf die zu lange Einwirkung verschiedener Chemikalien auf die organischen Substanzen zurückzuführen ist – vermeiden. Verwendet man etwa statt Paraffin Polyäthylenglykol, so kann man auf den Entwässerungsprozeß verzichten, denn diese Verbindung hat einerseits die Eigenschaften des Paraffins, ist aber andererseits mit Wasser mischbar und härtet noch bei einem Wassergehalt von 15 Prozent aus. Eine weitere wesentliche Beschleunigung erfährt der Präparationsprozeß durch Fixierung und Durchtränkung im Vakuum. Auch die in unserer Zeit mehr gebräuchliche Gefriertrocknung würde ein besseres Resultat ergeben.

Der Kopf befindet sich heute im Silkeborg-Museum, etwa zehn Kilometer von der Fundstelle entfernt. Er überrascht jeden Besucher durch seine Schönheit, nicht allein wegen seines Erhaltungszustandes, sondern vor allem auch durch den Ausdruck der Ruhe und Ausgeglichenheit eines Menschen im Antlitz des Todes. Das Gesicht zeigt nicht die geringste Spur eines Todeskampfes, sondern wirkt wie das eines entspannt ruhenden Schläfers, und es macht verständlich, weshalb das Standardwerk von P.V. Glob den Titel „Die Schläfer im Moor“ trägt. Wir sehen uns, schreibt *K. Lange,* „einem durchaus nicht robusten, eher zart gebauten Menschen gegenüber, wie wir ihm täglich begegnen könnten . . . Es könnten unsere Gedanken und Sorgen sein, die seine hohe Stirn ein wenig furchten. Er scheint eingenickt zu sein. Die Lippen wölben sich voll und lebendig; weder Augen noch Schläfen sind im mindesten eingefallen. Die feine gekrümmte Nase erinnert an einen Menschentypus, wie man ihn im Hessischen, in der Schwalm, sehen kann. Zarte Krähenfüßchen zwischen Unterlid und Wange geben dem Gesichtsausdruck sprechend persönliche Farbe. Das Haupthaar ist kurz geschnitten und lugt mit einer Strähne vorn unter der Haube hervor . . . Seit dieser Zeuge eines versunkenen Zeitalters ans Licht gekommen ist, können wir einem Germanen der römischen Kaiserzeit, dem Zeitgenossen eines Segestes und Arminius, ins Antlitz sehen, als habe er sich nur eben zu kurzem Schlummer niedergelegt.“

Daß die Menschen damals offenbar nicht gegen den Eintritt in eine Jenseitswelt gekämpft haben, sondern sich in ihr Schicksal fügten, ist für den Archäologen nicht überraschend. Dafür mag einerseits Betäubung durch Rauschmittel verantwortlich gewesen sein, andererseits aber auch ein Weltbild, das von gläubiger Hoffnung auf eine Fortexistenz auf höherer Ebene geprägt war. Es ist in diesem Sinn nicht wahrscheinlich, daß der Tollund-Mann ein Hingerichteter war, sondern im Zuge eines Menschenopfers sein Leben hingab, dessen Sinn er zu verstehen glaubte. Erhängte gehörten, wie Berichte aus vorchristlicher Zeit des germanischen Nordens aussagen, dem Gott Wotan oder Odin, dem „hangatyr“. P.V. Glob vertritt seinerseits – aufgrund von Berichten aus der Saga-Zeit – die Meinung, daß der „Mann von Tollund“ und viele andere „Moormenschen“ einige Zeit hindurch die Rolle einer männlichen Gottheit gespielt und dann den Opfertod erlitten haben, um den Kreislauf der Natur zu fördern. Er und seinesgleichen, meint Glob, „haben ihrer Zeit gemäß als Gott und Liebhaber der Göttin bei den heiligen Festen des Frühlings . . . die Gebote der Religion erfüllt. Sie wurden geopfert und in den heiligen Mooren versenkt, wie es dem Kult entsprach, der allem Volke Glück und Fruchtbarkeit im kommenden Jahr sichern sollte. Durch den Opfertod wurden diese Menschen auf ewig der Fruchtbarkeitsgöttin Nerthus angetraut, der Mutter Erde, die dafür in vielen Fällen ihr Antlitz segnete und es über die Jahrtausende hinweg bewahrte."

Kaum zwei Jahre nach dem Fund von Tollund kam es zu einem weiteren, der zwar an „Schönheit" nicht an den eben beschriebenen heranreicht, ihm aber an Bedeutung durchaus gleichzusetzen ist. Der Fund ist nach dem Ort seiner Entdeckung – Grauballe – benannt, einem Dorf, ungefähr zehn Kilometer von Tollund entfernt. Wieder war es nach der Bestellung der Felder, wieder wollten Bauern ihren Brennvorrat für den Winter einbringen, als sie plötzlich auf einen Männerkopf stießen. Da derartige Entdeckungen mittlerweile keine Seltenheit mehr waren, wußte jeder der Beteiligten sofort, was er zu tun hatte: jenen Fachmann zu verständigen, der für Moorfunde zuständig war, nämlich den Arzt *Dr. Ulrik Balslev* aus Aidt. Dieser erkannte nach einer ersten Besichtigung die Bedeutung des Fundes und meldete ihn weiter an das Museum von Aarhus. So kam es, daß P.V. Glob, der schon den Mann von Tollund sichergestellt hatte, bereits am nächsten Morgen an der Fundstelle eintraf.

Es war Sonntag, der 27. März 1952, als sich die Bauern in großer Zahl an der Fundstelle versammelten: aus dem Moor ragte der Kopf eines Mannes aus prähistorischer Zeit. Es bereitete keine großen Schwierigkeiten, den Torf rings um die Fundstelle abzutragen. Diese Art der Bergung ermöglichte auch die Fixierung der verschiedenen Vegetationsschichten, die als Grundlage für die sogenannte *Pollen-Analyse* dienten. Über sie und andere Methoden der Altersbestimmung eines Fundes berichten wir weiter unten.

Im vorliegenden Fall war die über dem Fund liegende Deckschicht für die Altersbestimmung nicht mehr zu gebrauchen, da sie infolge der Bearbeitung des Bodens schon mehrmals zerstört worden war. Jedenfalls wurden keine Kleidungsstücke oder Reste davon gefunden; es ist allerdings möglich, daß diese – aus reinen Pflanzenstoffen gefertigt – keine nachweisbaren Spuren hinterlassen haben. Die erste Zeitbestimmung war, wie gewöhnlich, großzügig und ließ einen Zeitraum zwischen 400 vor und 400 nach Christus offen.

Die verschiedenen Methoden der Zeitfeststellung sind von unterschiedlicher Genauigkeit und dazu noch von Fund zu Fund von den örtlichen und zeitlichen Gegebenheiten abhängig. Die sogenannte *Pollen-Analyse* geht davon aus, daß es im Verlauf der Geschichte verschiedene Wetterperioden gab, welche die Vegetation entsprechend veränderten. Aufgrund der Untersuchungen der Pflanzenreste in unmittelbarer Nähe des Leichenfundes läßt sich daher der Zeitpunkt der Bestattung annähernd bestimmen. Bei der Pollen-Analyse ist vor allem die Morphologie der vorgefundenen Pollen (Blütenstaub) wichtig, da die Botaniker aus ihr Rückschlüsse auf die Periode ihrer Entstehung ziehen können. Pollen sind nämlich nicht nur nach Jahrhunderten noch imstande, weibliche Blüten zu befruchten, sondern auch praktisch unverwesbar.

Mehr Zuverlässigkeit bietet jedoch die *Radio-Karbon(C-14)-Methode.* Dabei wird die Radioaktivität des Karbon-Isotops mit dem Atomgewicht 14 (normal = 12) gemessen und aus ihrer Intensität das

Alter einer organischen Verbindung errechnet. Dieses Isotop gelangt aus der kosmischen Strahlung auf dem Weg der Photosynthese (= Gewinnung organischer Substanzen aus anorganischen mit Hilfe der Sonnenenergie) in die Organismen, wo es seine Strahlungsaktivität allmählich verliert.

Bei dem Fund von Grauballe wurde die Messung von *Henrik Tauber* in den Laboratorien des Nationalmuseums von Kopenhagen durchgeführt. Die Muskel- und Leberprobe ergab eine Wertigkeit von 81,5% auf dem Geigerzähler, was auf ein Alter von etwa 1540 bis 1740 Jahren schließen ließ. Demnach muß der Mann von Grauballe in der Zeit um 310 n. Chr. (± 100 Jahre) im Moor gestorben sein.

Nach ihrer Bergung war die Leiche für kurze Zeit im Museum von Aarhus ausgestellt. Sie erregte derartiges Aufsehen, daß auch aus dem Ausland Anträge eintrafen, den Fund für Ausstellungen freizugeben. Doch zunächst mußte die Leiche wissenschaftlich untersucht und fachgerecht konserviert werden.

Ihr Erhaltungszustand war relativ gut. Lediglich am Kopf ließen sich Deformationen feststellen, die jedoch durch das Abpumpen des Moorwassers vor der Bergung entstanden waren, da durch die dabei entstandenen Druckveränderungen des Torfes der Kopf seinen natürlichen Halt verlor und deformiert wurde. Auch bei der Torfgewinnung wird zur Erleichterung der Arbeit das Wasser abgesaugt. Der Bruch des Oberschenkels und des Schienbeins war, wie die Untersuchung zeigte, ebenfalls erst nach dem Tod eingetreten. Daß der Mann einen gewaltsamen Tod erlitten hatte, stand außer Diskussion: er hatte einen Schnitt durch den Hals, der von einem Ohr bis zum andern reichte und auch die Speiseröhre durchtrennte; außerdem wies der Schädel eine Verletzung auf, die durch einen Schlag mit einem stumpfen Gegenstand verursacht worden war. Röntgenologische Aufnahmen von der Leiche zeigten außerdem eine beginnende Gelenksentzündung. Wenn man von der Annahme ausgeht, daß diese Krankheit auch damals sehr selten vor dem dreißigsten Lebensjahr auftrat, kann man einen Rückschluß auf das ungefähre Lebensalter des Mannes ziehen, welches durch die Untersuchung des Gebisses bestätigt wurde.

Die zu diesem Fall beigezogenen Polizeibeamten waren vor allem über den hervorragenden Erhaltungszustand der Hände und Füße erstaunt und konnten daher nicht umhin, von dem Toten Fingerabdrücke anzufertigen. Diese waren von solcher Qualität, daß sie bedenkenlos in jedes Polizeiarchiv aufgenommen hätten werden können, ohne daß jemand den Verdacht gehegt hätte, daß es sich um einen seit mehr als 1500 Jahren verstorbenen Delinquenten handelt. Der Mann von Grauballe dürfte in seinem Leben keine schwere körperliche Arbeit verrichtet haben. Er muß somit entweder ein Angehöriger der herrschenden Schichte gewesen sein – oder er hat sich seinen Unterhalt auf unehrliche Weise verdient.

Die Magen- und Darmanalyse dieses Leichnams ergab eine weitgehende Übereinstimmung mit jener des „Mannes von Tollund“, nur waren die Pflanzenbestandteile in der Nahrung vielfältiger. Aus den ebenfalls vorgefundenen Knochensplittern und Haaren darf man nicht unbedingt auf Nahrung tierischen Ursprungs schließen, da sie auch als Überreste unwillkommener „Mitesser“ in die Lebensmittelvorräte gelangt sein können und von dem Betreffenden unabsichtlich verzehrt wurden. Die Analyse ergab auch, daß weder in der Nahrung des Tollunder noch in der des Grauballer Mannes Reste irgendwelcher Sommer- oder Herbstfrüchte zu finden sind. Dies verstärkt die Vermutung, daß beide Männer (und andere, die in gleicher Absicht untersucht wurden) entweder im Winter oder Frühjahr ums Leben gekommen sind. Es ist ziemlich wahrscheinlich, daß diese Menschen Opfer der Wintersonnwendfeiern oder der Feste der Frühjahrs-Tag-und-Nachtgleiche waren, die in der Eisenzeit wahrscheinlich mit Blutopfern verbunden gewesen ist. Es wäre sogar denkbar, daß die verabreichte Nahrung absichtlich aus den erhofften Feldfrüchten ausgewählt wurde, welche die Lebensgrundlage der Menschen bildeten, und daß diese Toten als besonders wertvolle „Gefäße“ für Speiseopfer gedient haben. Einer anderen Auffassung zufolge sollen die geopferten Menschen „Boten“ zu den Göttern gewesen sein, um die Anliegen der Ackerbauern besonders eindringlich vorzubringen.

Die Konservierung des „Mannes von Grauballe“ wurde im Prähistorischen Museum zu Aarhus durchgeführt. Endlich hatte sich die Idee durchgesetzt, den Leichnam als Ganzes zu präparieren. Mit den Arbeiten wurde der Konservator *G. Lange-Kornbak* betraut. Zunächst wurden Form und Volumen des Leichnams in Gips festgehalten. Diese Maßnahme dient der Kontrolle des Volumensverlustes und ermöglicht auch die Anfertigung von Nachbildungen. Ein Schnitt durch die Haut zeigte, daß es zu keiner vollständigen natürlichen Gerbung gekommen war, wie die unterschiedliche Färbung der Ober- und Unterhaut bewies. Der Konservator entschloß sich daher, die Gerbung mit Hilfe natürlicher Gerbstoffe – mittels Eichenrinde – zu vollenden. Dieser Prozeß nahm eineinhalb Jahre in Anspruch, und es wurden in drei aufeinanderfolgenden Gerbbädern 875 kg Eichenrinde verbraucht. Ein Vergleich der Farben von Hautschnitten vor und nach diesem Prozeß zeigte, daß die Gerbung gelungen und die Konservierung somit abgeschlossen war. Zur Nachbehandlung mußte das Objekt sorgfältig getrocknet werden. Um zu verhindern, daß die Oberfläche brüchig würde, wurde sie zuerst mit Glyzerin, dann mit Lanolin und zuletzt mit Lebertran imprägniert. Die am besten erhaltenen Weichteile behandelte man schließlich mit Zellodal (Polyesterharz). Es wurde in sie eingespritzt, härtete nach einiger Zeit aus und verhinderte dadurch das Schrumpfen.

Daß diese Methode im Fall des „Mannes von Grauballe“ erfolgreich war, beweist die Art der Präsentation: Der Körper ist in die ursprünglich abgenommene Gipsform gebettet und weist praktisch keine Veränderungen zu ihr auf – wovon sich jeder Museumsbesucher in Aarhus überzeugen kann.

Eine Diskussion, die schon anläßlich der ersten Ausstellung vor der Konservierung die Gemüter bewegt hatte, dauerte noch lange fort: Das Publikum konnte sich nur schwer mit dem Gedanken abfinden, daß dieser Mensch, dem es gegenüberstand, an die zweitausend Jahre alt sein sollte. Das Mißtrauen wurde durch Zeitungsartikel geschürt. Immer wieder gab es Journalisten, die Leute ausfindig machten, welche den Mann „einwandfrei“ als einen Bekannten identifizierten, der seit nicht allzulanger Zeit abgängig war. Als Beispiel erwähnen wir eine alte Bäuerin, die in dem Toten den „Roten Christian“ erkannte, der um 1885 spurlos verschwunden war. Alsbald bildete sich eine Front gegen die Wissenschafter, denn auch andere „Zeugen“ machten sich erbötig, Beweise zu erbringen, daß es sich tatsächlich um den „Roten Christian“ handelte, welcher betrunken im Moor verschwunden war. Vom Zweifel an der Wissenschaft zum Spott über sie war es nur ein kleiner Schritt. Witzige Couplets wurden verfaßt und in verschiedenen dänischen Zeitungen abgedruckt. Die Wissenschaft bemühte sich dennoch um weitere Beweise, mußte sich aber, wie alle anderen Interessierten, gedulden, bis die sogenannte „C-14-Methode“ entwickelt wurde. Leider hatten die im Jahre 1967 angestellten Atombombenversuche eine derartige Verfälschung in der Radioaktivität der Atmosphäre bewirkt, daß die Meßgeräte in den Laboratorien neu eingestellt werden mußten. Das Ende des Streites führten schließlich wiederum jene herbei, die ihn entfacht hatten – die Journalisten –, welche mit Titeln wie „Atome schließen den ‚Roten Christian‘ aus“ und „Radioaktive Isotope bestätigen, daß der ‚Mann von Grauballe‘ etwa 1670 Jahre alt ist“ aufwarteten.

Es ist jedoch auch die Wissenschaft nicht davor gefeit, alternative Meinungen, die aus dem „anderen Lager“ kommen, von Haus aus abzulehnen, nur weil sie ihr unseriös vorkommen. Denn es geschieht oft genug, daß auch sie eines Tages auf diese zurückgreifen muß. Belege dafür gibt es hinreichend, und nicht nur aus den Anfängen der Wissenschaft, sondern auch aus jüngerer Zeit.

Ein anderer Fund stammt einmal nicht aus Dänemark, sondern aus Norddeutschland, unweit von Kiel. Im Juni 1871 wurde dort ein männlicher Leichnam gefunden, dessen linkes Bein mit einem Fell umwickelt war; die restlichen Kleider – eine Art Mantel sowie eine Wolldecke – hatte man um seinen Kopf gewickelt. Die Todesursache war leicht zu erkennen: An der Stirn des Opfers fand sich eine Verletzung, die von einem Schlag mit einem kantigen Gegenstand herrührte. Die Auswertung des Fundes unternahm eine deutsche Wissenschafterin, die später als erste Frau den Titel eines Professors erhalten hat: *Johanna Mestorf.* Das Interesse an diesem Fund war groß; er wurde nach Kiel gebracht und dort eine Zeitlang in einer Scheune ausgestellt.

Für die Wissenschaft bedeutete er insofern einen Meilenstein, als hier zum erstenmal ein derartiger Fund nicht nur präpariert, sondern auch fotografiert wurde. Damit blieb der Nachwelt eine gute Dokumentation erhalten. Mangels besserer Konservierungsmethoden beschränkte man sich allerdings darauf, den Leichnam nach herkömmlicher Weise zu räuchern.

Im Jahre 1952 sollte das Moor von Windeby in der Nähe von Eckernförde in Schleswig mit modernen Maschinen zerschnitten und völlig abgetragen werden. Als die Arbeiter den Torf für den Abtransport vorbereiteten, stießen sie auf einen menschlichen Leichnam. Sie stellten sofort die Arbeiten ein und alarmierten nicht nur die Polizei, sondern auch die Experten des Schleswig-Holsteinischen Landesmuseums in Gottorp unter Führung des Konservators *K. Schlabow.*

Die Polizei hatte sich zunächst mit der Frage auseinanderzusetzen, ob es sich hier um einen Bewohner des Arbeitslagers handeln könnte, das nur 100 Meter von der Fundstelle entfernt noch im Jahre 1947 existiert hatte und aus dem mehrere Insassen spurlos verschwunden waren. Doch bald wurde klar, daß in diesem Fall ein Mord zu untersuchen war, der mehrere Jahrhunderte zurücklag und daher nicht in die Kompetenz der zuständigen Polizeigruppe fiel. Der Tote wurde mit dem ihn umgebenden Torf wie ein „normaler“ Leichnam in einem Leichenwagen in das in Schloß Gottorp gelegene Landesmuseum transportiert. Dort stellte sich heraus, daß es sich um den Leichnam eines etwa 14jährigen Mädchens handelte. Aufgrund von Röntgenaufnahmen konnte festgestellt werden, daß der Ernährungszustand dieses Mädchens sehr schlecht war. Dies erhärtete die Vermutung der Forscher, daß unsere Vorfahren in der Älteren Eisenzeit, besonders in den Wintermonaten, witterungsbedingt großen Nahrungsmangel litten. Durch die schon erwähnte Pollen-Analyse und die Untersuchung von im Grab selbst und in dessen unmittelbarer Umgebung aufgefundenen Tonscherben konnte ermittelt werden, daß der Tod des jungen Mädchens im 1. Jahrhundert n. Chr. eingetreten war. Die Leiche war unbekleidet und trug nur einen Halskragen aus Leder sowie eine 3 cm breite Augenbinde aus Wollstoff. Da keine sichtbaren äußerlichen

Verletzungen festzustellen waren, läßt sich vermuten, daß das Mädchen im Moor ertränkt worden ist. Dafür sprechen sowohl die Körperlage – es lag nämlich mit dem Kopf nach unten – als auch die Augenbinde, die ihm wohl den letzten Blick auf das düstere Grab ersparen sollte. Die Leiche hatte man seinerzeit mit einem Stein und einem Birkenast im Grund des Moores befestigt. Aus welchem Anlaß das Mädchen ins Moor gestoßen wurde, bleibt für uns eines der vielen ungelösten Rätsel aus einer Zeit vor nahezu 2000 Jahren.

Eine mögliche Deutung finden wir bei *Tacitus*. Seinem Bericht zufolge wurden bei den Germanen Mädchen oder Frauen, die verbotene geschlechtliche Beziehungen unterhielten, geschoren und ausgepeitscht. Das „Mädchen von Windeby" zeigte zwar keine Spuren einer Auspeitschung, hatte jedoch das Haar geschoren. Dies könnte zwar als Beleg für den Bericht des römischen Geschichtsschreibers dienen, ohne freilich eine Begründung des gewaltsamen Endes dieses Mädchen zu erbringen.

Für die außergewöhnlich gute Erhaltung der Moorleichen spielt, ähnlich wie bei den Baumsarg-Bestattungen – die Humussäure eine wesentliche Rolle. Es ist bezeichnend, daß diejenige Körperseite, welche dem Boden zugekehrt war, den besten Erhaltungszustand aufwies, da hier die Wirkung der Humussäure zuerst einsetzen konnte. Andererseits ist die Präsenz dieser Säure auch Grund dafür, daß Knochen und Muskulatur gelegentlich völlig verschwunden sind, während Haut und Beigaben aus Leder nahezu unversehrt erhalten blieben.

Einer Theorie aus dem Jahre 1873 zufolge ist auch der Cholesteringehalt des Gehirns dafür verantwortlich, daß dieses oft besonders gut erhalten blieb, wie etwa bei dem „Mädchen aus Windeby." Eine sofortige Gefrierkonservierung, wie sie heute bei ähnlichen Funden vorgenommen wird, hätte bestimmt interessante medizinische Rückschlüsse ermöglicht.

Funde im Moor ermöglichen uns wie kaum andere die Rekonstruktion des Lebens vor vielen hundert Jahren. Sie faszinieren den Betrachter durch ihre Lebensnähe und beantworten so manche Frage bezüglich des Aussehens unserer Vorfahren, wie sie sich durch Skelettfunde allein nicht beantworten läßt. Hatten die Menschen damals vielleicht eine andere, „wildere" Physiognomie? Die klarste Antwort darauf gibt uns wohl der schon vertraute „Mann von Tollund" . . .

Zum Abschluß dieses Kapitels ein Abstecher nach Grönland: Im Oktober 1972 machten zwei Grönländer, die Brüder Hans und Jokum Grønvold aus der Stadt Uummannaq am 71. nördlichen Breitengrad, eine interessante Entdeckung: Auf der Jagd nach Schneehühnern fiel ihnen bei der längst aufgegebenen Eskimosiedlung Qilakitsoq – „Der Himmel hängt tief" – eine seltsame Anordnung von Steinen auf. Sie entfernten diese und fanden zwei Gräber mit sechs toten Frauen und zwei Kindern, die die Jahrhunderte wie in einem Tiefkühlschrank überdauert hatten.

Doch erst sechs Jahre später wurde durch dänische und grönländische Wissenschafter unter der Leitung von Jørgen Nordqvist die Überführung der Mumien in das Nationalmuseum von Kopenhagen veranlaßt. Dort stellte man mit Hilfe der Carbon-14-Methode das Datum der Bestattung fest: 1475 (± 50 Jahre). Bei den Toten aus dem ersten Grab handelte es sich um drei Frauen im Alter von etwa 25, 30 und 45 Jahren; im zweiten Grab lagen eine junge Frau zwischen 18 und 22 Jahren sowie zwei ältere Frauen um die 50. Die Kinder waren ein etwa vier Jahre alter Junge und ein Baby mit sechs Monaten. Sie waren vermutlich in Familiengräbern bestattet.

Woran die Eskimos gestorben waren, blieb unklar, doch steht fest, daß sie für die lange Reise in das Jenseits bestens ausgestattet waren: Sie trugen Anoraks und Hosen aus Seehundfell sowie mit Gras gefütterte Stiefel.

Dem Glauben der Ureinwohner Grönlands zufolge ist die Reise in das Reich der Toten lang und kalt. Die Glücklichen von ihnen erreichten einen Himmel, in dem es genügend Nahrung und Wild gab; die Unglücklichen kamen in das „Land der Dämmerung“, vergleichbar etwa unserer Hölle, wo sie in aller Ewigkeit verharren mußten und sich nur von Schmetterlingen ernähren konnten, nach denen sie mit dem Mund schnappten.

Aufgrund von Infrarotfotos wurde festgestellt, daß alle Frauen, bis auf die jüngste, im Gesicht tätowiert waren; ein beliebter Brauch bei den Eskimos,

Schädel einer weiblichen Eskimo-Eismumie *(Archiv Biedermann).*

der auch heute noch gepflogen wird. Der vierjährige Knabe wies eine Deformation des Beckens auf, an der er zugrundegegangen sein dürfte; möglicherweise hat man ihn ausgesetzt – eine damals beliebte Methode, sich eines „unnützen Essers“ zu entledigen. Das Baby war so gut erhalten, daß die Forscher es zunächst für eine Puppe hielten, die man den Toten beigegeben hatte. Aus Pietätsgründen wurde von einer genaueren Untersuchung Abstand genommen, und somit steht bis heute nicht fest, ob es ein Junge oder ein Mädchen ist.

Bei den älteren Frauen wurde Unterernährung in der Jugend festgestellt, eine von ihnen wies Krebsmetastasen bis zum linken Auge auf, welche vermutlich Blindheit zur Folge hatten. Die Frau war wohl auch auf dem linken Ohr taub, dennoch hat sie bis zu ihrem Ende gearbeitet, denn man fand frische Schnittspuren an ihren Nägeln, welche bei der Zurichtung von Häuten entstanden sind.

Im Magen der 25jährigen Frau wurden Reste von unverdautem Essen gefunden: Seehundhaare, Federreste von Schneehühnern, Pollen von arktischen Pflanzen. Ihre Lunge wies eine außerordentlich hohe Konzentration von Ruß auf – sicher eine Folge des Beleuchtens und Kochens mit Seehundtran. Anzeichen von Tuberkulose, wie sie bei den heutigen Eskimos häufig festzustellen ist, von Infektionskrankheiten oder von Karies waren nicht zu finden.

Die Konservierung der Toten ist auf die niedrigen Temperaturen bei geringer Luftfeuchtigkeit zurückzuführen. Sie haben fünf Jahrhunderte überstanden und legen ein wertvolles Zeugnis über das Leben in den arktischen Regionen vergangener Zeiten ab. Heute ruhen sie im Staatsmuseum von Goodthaab.

Der Mann im Salz

Eine weitere Station unserer Reise durch die Vergangenheit ist der an einem idyllischen See in Oberösterreich gelegene Ort *Hallstatt*. Er war schon vor mehr als hundert Jahren, also noch vor Schliemanns Entdeckung von Troja, Schauplatz intensiver archäologischer Arbeiten, welche eine derartige Bedeutung für die Erforschung unserer Vergangenheit erhielten, daß eine wichtige Epoche der Menschheitsgeschichte nach dieser Fundstätte benannt wurde.

Hallstatt gewann durch den schwunghaften Handel mit Salz an Bedeutung, das aus einem hoch über dem gleichnamigen See gelegenen Stollen gewonnen wurde. Die Hallstattkultur (der Name leitet sich von dem großen Gräberfeld unweit des heutigen Ortes ab) währte vom 8. bis zum 5. Jahrhundert vor Christus. Ihr Gebiet erstreckte sich etwa zwischen Saône, Po, Donau und dem deutschen Mittelgebirgszug. Innerhalb dieses Raumes unterscheiden die Wissenschafter zwei Kulturprovinzen: den Westhallstattkreis mit Oberitalien, der Schweiz, Ostfrankreich, Süddeutschland und Böhmen sowie den Osthallstattkreis, der das nordwestliche Jugoslawien, Westungarn, Oberösterreich, die westliche Slowakei und Mähren einschließt.

Die komplizierte Stollentechnologie der Salzgewinnung hat – wie auch leider gelegentlich noch heute – zahlreiche Menschenleben gefordert. Vor allem dann, wenn die Erfüllung des „Plansolls" über die Sicherheit des Lebens gestellt wird und aus Gewinnsucht nicht die notwendigen Sicherheitsmaßnahmen getroffen werden. Das Abrutschen des Gesteins verursachte die meisten tödlichen Arbeitsunfälle. So konnten aus dem Hallstätter Stollen einige Bergarbeiter geborgen werden, die in prähistorischer Zeit verschüttet und durch den Einschluß im Salz vollständig konserviert worden waren. Es sind uns einige schriftliche Nachrichten darüber überliefert; die tatsächliche Anzahl dieser Funde ist jedoch unbekannt. Auch die Körper sowie die Bekleidung der Verschütteten, sogenannte „komplette Funde", sind der Wissenschaft nicht erhalten geblieben, da sie alle nach ihrer Bergung bestattet wurden.

Die erste Erwähnung eines derartigen Fundes stammt aus der Salzburgischen „Dückher-Chronika" (Salzburg 1666, Blatt 263), wo es heißt:

„Anno 1573 ist den 13. Winter Monats ein erschräcklicher Comet-Stern erschienen und den 26. dieses Monats im Salzberg Dürrnberg [Hallein] 630 Schuh tief in ganzen Berg ein Mann, 9 Spannen lang, mit Fleisch, Bein, Haar, Bart und Kleidung ganz unverwesen, jedoch etwas breit geschlagen, am Fleisch ganz geselcht, gelb und Hart wie ein Stockfisch ausgehaut worden, auch etliche Wochen bei der Kirche allda männiglich zu sehen gelegen: Endlich aber angefangen zu faulen und begraben worden, der muss nun vor Menschen gedanken in dem Berg verschüt, darin Verwachsen, und von Salz solang ohne Faulung erhalten seyn, in Ansehen zuweilen Schuch, Kleider und hölzerne Bickel in Ganzem Stein verwachsen gefunden worden."

In der Kilbwehr des Kaiser-Josef-Stollens zu Hallstatt wurde 1734 die Leiche eines weiteren Bergmannes aus prähistorischer Zeit gefunden. Darüber liegen folgende Berichte vor:

Wochenberichte der 13ten Woche 1/4 1734:

„Es ist vor drei Wochen die in den Kaiser Josephberg auf der Schiefer Schachtricht liegende Kilbwehr niedergegangen, den Ablass aber nicht völlig ruiniert, mithin vorig und diese Wochen hat die hierin befindliche Sulzen konnen abgelassen werden, nachdeme aber diese Wochen von dennen Schaffern wie gewöhnlich, in dieser Wehr wegen den Ablasskasten und Niedergang der Augenschein eingenommen worden, hat man ersehen, dass der Niedergang gegen drei Stabl dick, und das mehriste in täben [taubem] Gebirg besteht, welcher auch den Ablasskasten völlig bedöckheit, nebstdeme hat man in solchen Niederganghimmel einen natürlichen Körper von einen todten Menschen gesehen, welcher muthmasslich und deme Ansehen nach vor mehr als 400 Jahren muss verschüttet sein worden, massen selbiger in das Gebirg völlig verwachsen, doch sieht man noch von seinen Rock etlich Flöck, wie auch die s. v. Schuh an den Füssen, und dieses verursacht in der Wehr einen sehr üblen Geruch welcher sich schon vor diesen Niedergang hat verspüren lassen.

Was aber mit den verschlagenen Ablasskasten anzufangen, wird sich weisen, wenn die Wehr völlig ausgeleert ist worden."

Weitere Details über diesen Fund berichtet der Geistliche *Mathias* „Capuziner St. Missionari" in einem Brief:

„In diesem 1734. Jahr den 2. ten Aprill ist gedacht todter Körper von alsdasigen Salzberg nacher Haalstatt gebracht worden (anderen Tags hierauf begraben) worüber nach Beschwörung mir Endtsunterschriebenen bekennt ein böser Geist aus einer wahrhaft besessenen Weibspersohn, so sich und anderen 4: Schon mit der Gnad Gottes abgetriebene: der Astroroth nembete und bekennete: Dass solcher Körper wäre vor 100 und 50 Jahren mit 15 Personen Verschüttet worden, als ein von Salzburg gewöster Haffentrager mit Nammen Andrä Liezinger seines Alters 45 Jahre verheyrath mit Barbara Pieröcknin welche volgssamb verwaist ist worden mit 3 Kindern, der erste hiesse Joseph, der zweite Mathias, die Tochter Maria alle gut Katholisch."

Entsprechend der Mentalität der damaligen Menschen wurden solche Funde mit phantasievollen Erzählungen umrahmt. Und mag auch ein Mensch unseres Jahrhunderts über Form und Inhalt der Originalberichte – vor allem über den oben zitierten Geistlichen – lächeln, so inspirierten sie doch den Schriftsteller *Ludwig Ganghofer* zu dem Roman „Der Mann im Salz" (1906). Obwohl keiner dieser Leichenfunde der Wissenschaft erhalten geblieben ist, haben sie ihr dennoch große Dienste erwiesen. Sie steigerten das Interesse an anderen in den Salzstollen gefundenen Gegenständen, so daß sich in privater Hand viele historisch wertvolle Realien bis in unsere Zeit erhalten haben. Dadurch wurde es möglich, diese außerordentlich interessanten Zeugen der Hallstattkultur wissenschaftlich auszuwerten.

Die Konservierung der aus dieser Epoche stammenden Objekte ist ausschließlich auf die Einwirkung des Salzes (Natriumchlorid) zurückzuführen. Es besitzt die Fähigkeit, Gewebe zu durchdringen, verhindert, daß sich Verwesungsbakterien ausbreiten können, und bewirkt, daß dem Körper Wasser entzogen wird. Wenn dieser zusätzlich noch luftdicht im Salzgestein eingeschlossen ist, kommt es zu dem für die Konservierung praktisch idealen Zustand.

Das Mädchen von der Via Appia

Im April des Jahres 1485 wurde an der Via Appia, die einst Rom mit Capua verband, ein sensationeller, mehr als tausend Jahre alter Fund gemacht: Man barg einen Sarkophag, der, wie man mühelos erkennen konnte, aus der Hochblüte der römischen Geschichte stammte. In ihm lag der fast unversehrt erhalten gebliebene Leichnam eines ungewöhnlich schönen Mädchens. Das Interesse der Öffentlichkeit war so groß, daß an einem einzigen Tag angeblich mehr als 20.000 Menschen an dem – zum Ärgernis der Kirche – zur Schau gestellten Körper vorbeizogen. Auf Anordnung von Papst *Innozenz VIII.* wurde der Leichnam des Nachts an einer nicht näher bezeichneten Stelle – vermutlich in der Nähe der Porta Pincia in Rom (wo sich heute ein Park befindet) – beigesetzt.

Die einzige Abbildung dieses Fundes besteht in der Federzeichnung eines florentinischen Humanisten, der sie einem in lateinischer Sprache verfaßten Brief an einen Freund beigelegt hat. Der Empfänger dieses Briefes war ein Freund des berühmten *Lorenzo dè Medici,* genannt der „Prächtige". Sein Inhalt lautet etwa so:

„Bartolomeo Fonte grüßt seinen Freund Francesco Sasseti . . . Du hast mich um genaueren Bericht über den Frauenkörper ersucht, der auf der Via Appia gefunden worden ist. Ich hoffe, daß es meiner Feder gelingen wird, die Schönheit und Anmut dieses Weibes zu beschreiben. Wenn nicht ganz Rom Zeuge wäre, so würde diese Mitteilung unglaubwürdig erscheinen . . . Auf der Via Appia gruben Arbeiter nach Marmorsteinen. Unweit des sechsten Meilensteines stießen sie auf einen großen Quader und stürzten plötzlich zwölf Fuß in die Tiefe. Ein Gewölbe aus Ziegelsteinen war eingestürzt. Auf dem Grunde des Gewölbes befand sich ein Marmorsarkophag, der einen Menschenleib enthielt. Dieser lag mit dem Gesicht nach unten und war zwei Finger dick mit wohlriechenden Salben bedeckt. Als die Arbeiter, beim Kopf beginnend, die Salbe abzutragen begannen, sahen sie einen Mädchenkopf mit so reinen Gesichtszügen, als wäre das Mädchen erst an demselben Tag begraben worden. Ihr langes schwarzes Haar war zu einer Mädchenfrisur geflochten und haftete fest am Kopfe. Es war mit einem Netz aus Seide und Gold bedeckt. Die Ohrmuscheln waren klein, die Stirn besonders fein, die Augen von dunklen Wimpern umrahmt und durch besondere Form ausgezeichnet: sie waren nur soweit geschlossen, daß das Weiße noch durchleuchtete. Auch die feine Form der Nasenflügel ist erhalten geblieben, und diese waren so weich, daß sie der Berührung durch den Finger nachgegeben haben. Die leicht geöffneten Lippen waren rot, die Zähne klein und weiß, die Zunge von scharlachroter Farbe. Hals, Wangen und Genick atmeten förmlich Leben. Die Arme lagen locker auf und waren so gut erhalten, daß sie sich in allen Richtungen bewegen ließen . . . Die Hände waren ausgebreitet, und auf den schönen, langen Fingern hafteten glänzende Fingernägel. Lediglich Brüste, Bauch und Scham sind seitlich verschoben. Dagegen haben Rücken, Gesäß und Taille ihre wunderschöne Form völlig behalten. Ebenso die Schenkel und die Beine des Mädchens, die zu seinen Lebzeiten noch schöner gewesen sein mochten als ihr Gesicht . . . Kurz – es war ein einmalig schönes Mädchen aus einem besseren Hause, und zwar aus der Zeit, da Rom noch auf dem Gipfel seiner Macht stand. Leider wurde die Grabinschrift schon vor einigen Jahrhunderten zerstört, so daß wir uns für ihren Ursprung, ihren Namen und ihr Alter nur auf Vermutungen beschränken können.“

Worin liegt nun die Bedeutung dieses Fundes? Sicher weniger im streng wissenschaftlichen, sondern mehr im psychologischen Bereich. Daß ein „Objekt“ ausgegraben, ungefähr datiert und öffentlich ausgestellt wurde, berechtigt gewiß nicht, dies als „Geburtsstunde“ der Archäologie zu bezeichnen. Es läßt sich aber behaupten, daß das Mädchen von der Via Appia wesentlich dazu beigetragen hat, daß die Menschen, die bisher alles Alte respektlos zerstörten, eine Beziehung zur Vergangenheit bekamen.

Überlieferungen, welche uns helfen, die Konservierungsmethode dieses Leichenfundes zu rekonstruieren, gibt es kaum. Die erste Vermutung, die sich anbietet, wäre, daß der Körper des Mädchens vollständig, also absolut luftdicht in die Salbe eingebettet war. Wir können dies mit der heute gängigen *Eingießtechnik*, die in der naturwissenschaftlichen bzw. humanen Präparationstechnik Anwendung findet, vergleichen. Sie wurde zwischen den beiden Weltkriegen entwickelt. Dabei kommen Kunstharze aus den Gruppen der Amenoplaste, Epoxitharze, Metacrylharze und Polyesterharze zur Anwendung, in die die verschiedenen Gegenstände eingebettet werden können.

Es ist anzunehmen, daß für die Entwicklung dieser Technik die Einschlüsse verschiedenster – unter anderem auch biologischer – Objekte im Bernstein als Vorbild gedient haben. In unserem konkreten Fall erhebt sich die Frage, ob der Körper nur mit Salbe abgedeckt oder auch darin eingebettet war. In letzterem Fall wäre die gesamte Körperoberfläche gleichmäßig dem Einfluß des Konservierungsmittels ausgesetzt gewesen. Wenn das Einbettungsmittel Substanzen enthält, welche die Entwässerung des Gewebes bewirken und das entzogene Wasser gleichzeitig durch andere Stoffe ersetzen, so ist es für die Konservierung des Körpers entscheidend, daß diese Substanzen auf der gesamten Oberfläche des Körpers zur Einwirkung gelangen. Auf einem ähnlichen Prinzip basiert die Paraffinierungsmethode in der biologischen Präparation bzw. in jüngster Zeit die „PEG“ (Polyäthylenglycol)-Methode.

Daß der Leichnam der schönen jungen Römerin von der Via Appia so gut erhalten blieb, ist aber vermutlich dem Zusammentreffen verschiedener Umstände zu verdanken, wobei der luftdichte Einschluß und die konservierende Wirkung der unbekannten Salbe, die sicher – um den Fäulnisprozeß zu verhindern – bestimmte chemische Komponenten enthalten haben muß, hervorzuheben sind. Es läßt sich annehmen, daß diese Stoffe pflanzlichen Ursprungs gewesen sind und die Fähigkeit besaßen, das Wachstum der Bakterien zu unterbinden. Als die bekanntesten unter ihnen kommen Salbei und Eichenrinde in Betracht. Außerdem ist es denkbar, daß verschiedene Kräuter in die Körperhöhlen eingebracht wurden, die die inneren Organe – oder zumindestens deren äußere Schichten – vor der Verwesung bewahrten.

Diese Vermutungen können aber nur als Spekulationen betrachtet werden, denn die „zweite“ Bestattung des Mädchenkörpers hat die Möglichkeit, die tatsächlichen Ursachen der Konservierung festzustellen, zunichte gemacht.

Die nun folgenden Kapitel werden sich mit Fällen befassen, welche leichter zu erklären sind, dafür aber nicht immer den Reiz des Geheimnisvollen bewahrt haben. Und nicht in jedem Fall sind es gerade jene – voll erklärbaren – Begebenheiten und Tatsachen, die unsere Phantasie anregen.

Posthume Körperkonservierung und katholische Kirche

Die katholische Kirche nimmt zur Erhaltung des Körpers nach dem Tod eine zwiespältige Stellung ein, steht doch diese im Gegensatz zu ihrer Überzeugung von der körperlichen Vergänglichkeit, welche mit den Worten treffend charakterisiert wird: „Bedenke, o Mensch, daß du Staub bist und daß du wieder zu Staub wirst." Obwohl diese lediglich die Priorität der Seele über den Körper zum Ausdruck bringen, waren Funde unverwester Leichname eher unerwünscht. Unerwünscht vor allem dann, wenn es sich nicht um Katholiken handelte. Wo der Klerus die entsprechende Macht besaß, wurden solche Exhumierte ohne viel Zögern und ohne Wissen der Öffentlichkeit an unbekannter Stelle bestattet und der Vorfall schnell vergessen. So geschah es, wie erwähnt, mit dem an der Via Appia gefundenen Mädchen, und auch viele Moorleichen wurden von der Kirche ignoriert. Andererseits bediente sie sich ohne Zögern der Leichenfunde von Personen, die ihr nahestanden, wenn es galt, den Glaubenskult zu unterstützen. Diese Fälle wurden als wunderbare Eingriffe Gottes dargestellt und waren nicht selten Anlaß für eine Heiligsprechung.

Selbstverständlich galt die posthume Erhaltung eines zu Kanonisierenden als willkommener Beweis für die Außerordentlichkeit seiner Person. Die Kanonisierung war – und ist auch heute noch – eine recht komplizierte Angelegenheit. Das damit beauftragte Konsistorium ist einem Gericht vergleichbar und besteht aus Anwälten, welche die Vorschläge durchzusetzen versuchen, sowie aus einer Gegenpartei, dem „Advocatus Diaboli", der dem Prozeß kritisch gegenübersteht.

Bernadette von Lourdes

Ein bezeichnendes Beispiel hierfür ist zweifellos *Bernadette Soubirous,* die spätere Bernadette von Lourdes. In dem Buch „Die Heiligen und ihre Zeit" von *Petemanns* wird folgendes berichtet:

„Maria Bernadette Soubirous war das älteste von sechs Kindern. Die Eltern waren Müllersleute, die in äußerstem Elend lebten. Bernadette war ein kränkliches Kind, das in dem lichtlosen, feuchtkalten ehemaligen Gefängnis, das der Familie als Wohnung diente, nicht gedeihen konnte und sich augenscheinlich hier das Asthma zugezogen hat, unter dem sie ihr Leben lang zu leiden hatte."

Vor der Grotte Massabielle hatte Bernadette in der Zeit vom 11. Februar bis zum 16. Juli 1858 achtzehn ekstatische Visionen; in deren Verlauf sagte die ihr zunächst unbekannte „Dame" zu Bernadette: „Bete für die Sünder"; „Buße, Buße, Buße"; „Sage den Priestern, ich wolle hier eine Kapelle haben"; „In Prozessionen soll man hierher kommen"; „Geh, trinke aus der Quelle und wasche dich mit ihrem Wasser". Während dieses Auftrags grub Bernadette mit ihren Händen im Boden der Grotte, und es entsprang eine Quelle, die seitdem ununterbrochen fließt.

Die Erscheinungen vor der Grotte und die Heilungen an der Quelle wirkten auf die gläubige und ungläubige Welt wie ein Fanal. Die Geistlichkeit stand der Angelegenheit zunächst scharf ablehnend, ja geradezu feindlich gegenüber. „Die Dame" erschien durchaus nicht immer dann, wenn Bernadette sie erwartete, aber wenn sie erschien, dann machte

Tragkorb aus dem frühgeschichtlichen Bergwerk in Hallstatt *(Bildarchiv Preußischer Kulturbesitz, Berlin).*

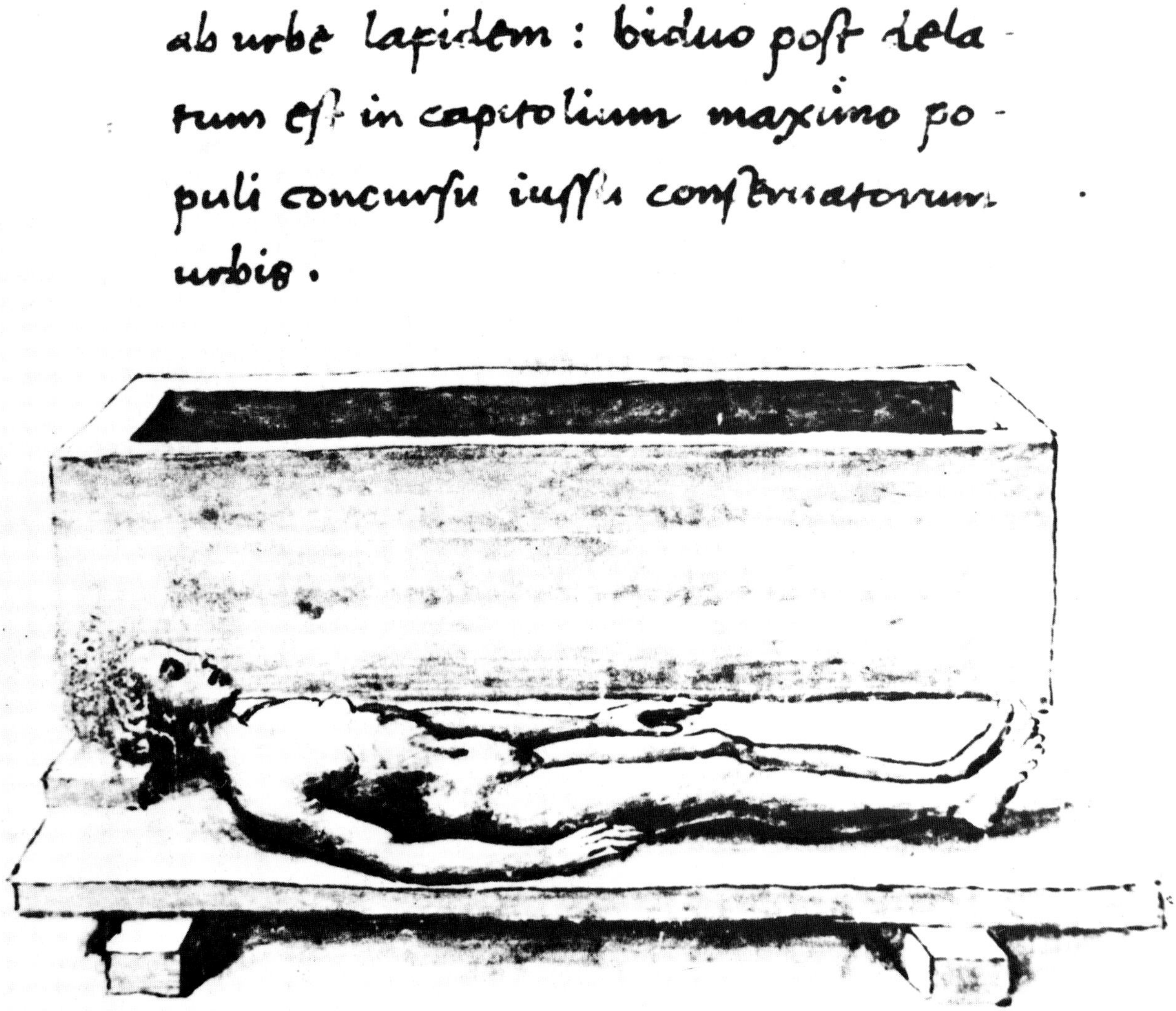

Das „Mädchen von der Via Appia“ *(Warburg Institute, London).*

Bernadette von Soubirous, die Heilige von Lourdes *(Ullstein Bilderdienst, Berlin)*.

Die Mumie
der hl. Bernadette *(Archiv Ráček)*.

Der hl. Nepomuk
(Archiv Ráček).

das junge Mädchen in seiner Ekstase einen derartigen Eindruck von übernatürlicher Schönheit, von Ehrfurcht und Reinheit, daß sich selbst die skeptischsten unter den zahlreichen Zuschauern die Tränen aus den Augen wischen mußten. Da gab es keine Spur von Extravaganz, von Verrenkungen unter Schreien, wie es üblich ist bei Versammlungen, in denen Halluzinationen ansteckend wirken, alles lief vielmehr in „geordneten Bahnen“ ab.

Nach dem Erscheinen der Gottesmutter am 16. Juli 1858 bis zu ihrem Tod hatte Bernadette keine weiteren Visionen mehr. Maria versprach ihr, sie werde sie einmal glücklich machen – aber nicht in dieser Welt. In den ersten Jahren nach den Erscheinungen hatte Bernadette viel zu erleiden durch jene Zahllosen, die sich befugt glaubten, die Seherin ausfragen zu müssen, oder in feindseliger Absicht versuchten, hinter „den Betrug“ zu kommen und sie mit neugierigen Fragen endlos quälten. Sie fand Aufnahme in der Genossenschaft der Caritas- und Schulschwestern von Nevers (1868). Die Novizenmeisterin und die Generaloberin fürchteten vor allem, Bernadette könne stolz werden und sich auf die Erscheinungen „etwas einbilden“. Darum glaubten sie, jede Gelegenheit wahrnehmen zu müssen, um die Seherin von Lourdes zu demütigen.

Eines Tages hatte Bernadette eine Vision jener Grotte, die „ihr Himmel gewesen war“, wo sie jene Frau gesehen hatte, die „so schön war, daß man sterben möchte, um sie wiederzusehen“. Eine Gefährtin beobachtete sie dabei. Plötzlich fragte Bernadette sie: „Was tut man mit einem Besen?“ – „Welch eine Frage! Man nimmt den Besen, um zu fegen.“ – „Und nachher?“ – „Man stellt ihn wieder an seinen Platz zurück.“ – „Wo ist der Platz?“ – „In einer Ecke hinter der Tür.“ – „Nun ja, das ist meine Geschichte. Die heilige Jungfrau hat sich meiner bedient, daraufhin hat man mich in die Ecke gesetzt. Das ist nun mein Platz, dort bin ich glücklich, dort bleibe ich.“

Bernadette war im Kloster häufig krank. Wenn sie nicht selbst auf der Krankenstation lag, war sie dort als Hilfskrankenschwester tätig. Der Hausarzt stellte ihr wegen ihres ruhigen, besonnenen und gütigen Wesens das beste Zeugnis aus. Ihre Atemnot behielt sie bis zuletzt. Lungenbluten, andere Komplikationen, vor allem eine äußerst schmerzhafte Entzündung des rechten Knies machten ihr viel zu schaffen. Bernadette starb am 16. April 1879 in Nevers. Ihre letzten Worte waren: „Heilige Maria, Mutter Gottes, bitte für mich arme Sünderin!“

Im Kanonisierungsprozeß der Bernadette hatte es der Advocatus Diaboli gewiß nicht leicht. Es wird berichtet, daß Maria Bernadette nach schwerer Krankheit gestorben sei. Erst vier Tage später wurde sie, ohne daß die geringste Spur von Körperverwesung, wie z. B. Leichengeruch, hatte festgestellt werden können, begraben. Beinahe vierzig Jahre später, am 22. September 1909, wurde eine Kommission zusammengerufen, die über die Kanonisierung der Bernadette entscheiden sollte. Das Grab wurde geöffnet und der Leichnam exhumiert. Die Kommission, in der auch nicht zum Klerus zählende Personen, wie z. B. der Amtsarzt von Nevers, vertreten waren, stellte fest, daß der Körper der Bernadette unverwest und praktisch unverändert erhalten war. Eine Augenzeugin dieser Exhumierung berichtet wörtlich:

„Nicht die geringste Spur von Verwesung, nicht das kleinste Zeichen von üblem Geruch war an dem Leichnam unserer vielgeliebten Schwester zu sehen, selbst ihre Totenkleider waren noch erhalten. Das Gesicht war etwas gebräunt, die Augen ein wenig eingefallen, sie schien zu schlafen.“

Man ersetzte die feuchten Totenkleider durch andere und legte den Leichnam in einen neuen, innen mit Zink verkleideten und mit weißer Seide ausgeschlagenen Sarg. In diesen gab man, eingeschlossen in eine Glasröhre, das Protokoll über die Öffnung des Sarges und den Befund des Leichnams. All das war selbstverständlich ein willkommenes Thema für die Presse. Es wurden Stimmen laut, die die Geschichte vom unverwesten Körper als Schwindel schlechthin bezeichneten. Auch vermutete man, daß der Leichnam der Bernadette einige Stunden nach ihrem Tode einbalsamiert worden war, um ein Wunder vorzutäuschen und die spätere Heiligsprechung zu ermöglichen. Selbstverständlich hat sich dieser Behauptung auch der Advocatus Diaboli bedient, wodurch erreicht wurde, daß 17 Jahre später eine zweite Kommission an die Arbeit ging. Der Leichnam wurde wieder in Augenschein genommen und vollkommen unversehrt vorgefunden. Auch Untersuchungen, welche eine künstliche Mumifizierung nachweisen sollten, blieben ohne Erfolg. Somit stand der Heiligsprechung nichts mehr im Weg.

Der Leichnam der hl. Bernadette hat sich bis zum heutigen Tag nicht verändert. Lediglich kleine kosmetische Eingriffe wurden vorgenommen, um den Eindruck von Frische zu erwecken.

Übrigens war die Kunst des Einbalsamierens im vorigen Jahrhundert noch lange nicht auf einem so hohen Stand, als daß mit den damals gängigen Technologien ein derart phantastisches Ergebnis hätte erreicht werden können. Die einzige Erklärung – sollte es sich nicht tatsächlich um ein Wunder handeln – wäre die, daß der Leichnam durch ein Wachsmodell ersetzt wurde. Die Kunst der Wachsmodellierung ist nämlich recht alt; sie hatte bereits im 18. Jahrhundert ihren Höhepunkt erreicht. Ein gutes Beispiel dafür ist die Sammlung des Anatomischen Instituts in Wien, die in der Zeit *Maria Theresias* (1740–1780) angelegt wurde und bis heute im Wiener Josephinum den Besucher mit der wirklichkeitsnahen Darstellung der einzelnen Organe sowie des ganzen Körpers verblüfft.

Der Vorwurf des Betruges ist aber kaum vertretbar – denn dann müßte man auch beide Kommissionen dieses Betruges beschuldigen . . .

Der heilige Johann von Nepomuk

Die Frage der Echtheit von posthumen Erhaltungen des Körpers beschäftigt sogar heute noch nicht nur die breite Öffentlichkeit, sondern selbstverständlich auch die Wissenschaft. So wurde etwa die bekannte „Zungenreliquie" des *hl. Johann von Nepomuk* von den Wissenschaftern auf das genaueste untersucht.

Johann von Nepomuk ist ein Heiliger, der sich nicht nur in seinem Geburtsland Böhmen, sondern auch in Österreich und Deutschland sowie in typischen Emigrantenländern, wie Südafrika, Australien usw., bis heute großer Beliebtheit erfreut. Die meisten Darstellungen zeigen den Patron der Brücken, Flößer, Müller, Schiffer und auch der Beichtväter als einen Priester mit Barett auf dem Kopf, der mit fünf Sternen umgeben ist, und ein Kreuz oder einen Palmwedel in der Hand hält. Oft finden wir auch Darstellungen mit dem Zeigefinger auf dem Mund, womit die Pflicht, das Beichtgeheimnis zu respektieren, betont werden soll.

Geboren wurde Johannes zwischen 1340 und 1350 in Pomuk bei Pilsen in Böhmen. Nach seiner Ausbildung in einem Zisterzienserkloster studierte er in Prag und Padua. Als Priester war er zunächst in der Kirche St. Gallus in Prag tätig. 1387 wurde der Doktor der Theologie und der Rechtswissenschaften wegen seiner ausgezeichneten Erfolge als Notar der bischöflichen Kanzlei zum Prediger der Teynkirche in der Prager Altstadt ernannt. Dank seiner Kenntnisse auf dem Gebiet des Rechtswesens genoß er immer höheres Ansehen innerhalb des gesamten Erzbistums. Es war für ihn aber nicht einfach, seine Funktion gewissenhaft auszuüben und mit dem anfangs zwar gutmütigen, später jedoch charakterlich stark veränderten König *Wenzel IV.* auszukommen, denn damals bestanden erhebliche Spannungen zwischen dem regierenden böhmischen Adel und dem Domkapitel.

Den größten Unmut zogen die Kirchendiener auf sich, als sie einige Höflinge wegen ihres unsittlichen Lebenswandels exkommunizierten. Johannes von Nepomuk stand zu Beginn des Konflikts noch in der Gunst des Herrschers, verlor diese aber, als er es ablehnte, hohe Funktionen und Auszeichnungen entgegenzunehmen. Nur das Amt des Beichtvaters und stillen Beraters der Königin nahm er an.

Es ist nie geklärt worden, ob sein festes Eintreten für die Rechte der Kirche oder – wie mehrmals behauptet wurde – seine hartnäckige Weigerung, dem König das Beichtgeheimnis seiner Gattin zu offenbaren, schuld daran waren, daß er sich Wenzels Zorn zuzog. Man tendierte aber später dazu, letzteres als Ursache für sein tragisches Schicksal anzunehmen.

Auch im Zusammenhang mit seiner Heiligsprechung stand dieser Aspekt im Vordergrund, und damit auch die Tatsache, daß Nepomuk immer die Rechte des gemeinen Volkes gegenüber dem Adel verteidigt hatte. Als er sich für einen Koch einsetzte, der vom König einer schlechten Mahlzeit wegen zum Tode verurteilt worden war, nahm dies Wenzel zum Anlaß, Johannes Nepomuk einzukerkern; bei dessen späteren Folterung war er sogar persönlich anwesend. Der Prager Erzbischof berichtete einige Wochen danach Papst *Bonifaz IX:*

„. . .Schließlich befahl der Herr König seinen gottlosen Gefolgsleuten und seinen gotteslästerlichen Ratgebern, den zu Tode gequälten ehrwürdigen Doktor und Vikar Johannes, gebunden an Händen und Füßen, ein Holz in den Mund gesteckt, durch einige seiner königlichen Leibwächter, die für solche Befehle ausersehen waren, nächtlicherweise zum Stadtfluß, Moldau genannt, zu schleppen, von der Brücke des Flusses zu stürzen und in den Fluten zu ertränken . . .“

Das Grab des Johannes von Nepomuk, der im Jahre 1729 heiliggesprochen wurde, befindet sich im St.-Veit-Dom zu Prag. Als sein Sarkophag 1719 geöffnet wurde, stellte man fest, daß die Zunge des Toten unverwest war. Diese Tatsache, die sich als Sensation sofort weit über die Grenzen des Landes verbreitete, besaß eine unerhörte symbolische Kraft und wurde als Offenbarung Gottes ausgelegt, die Zunge selbst als Reliquie in der Domschatzkammer aufbewahrt.

Im Jahre 1973 trat eine gemischte Kommission, die aus Vertretern des öffentlichen Lebens und der Wissenschaft zusammengesetzt war und die die „Zungenreliquie“ des hl. Nepomuk beurteilen sollte, zusammen. Sie gelangte im offiziellen Protokoll zu folgendem Ergebnis:

„. . .Im Zusammenhang mit der Generalsanierung des Grabes des Johannes von Nepomuk in der Kathedrale des hl. Vitus auf der Prager Burg wurde am 9. Oktober 1972 entschieden, die Untersuchung und Konservierung dieser Reliquie vorzunehmen. Das Gefäß wurde aus der Monstranz herausgenommen, kommissionell geöffnet und die Reliquie an Dr. Vlček zur Untersuchung übergeben. . . .

Aufgrund aller durchgeführten Untersuchungen der Reliquie der Zunge des Johannes von Nepomuk kann man die Ergebnisse in nachfolgende Punkte zusammenfassen:

1. Die submikroskopischen und serologischen Untersuchungen der Reliquie haben ergeben, daß

die Zunge des Johannes von Nepomuk organischen Ursprungs ist.

2. Diese organische Materie bildet das Grundmaterial der Reliquie. Sie enthält keine histologisch definierbaren Strukturen und ist histologisch verfärbbar. Submikroskopisch enthält sie dünne Fasern und verschieden große Granula [Klümpchen] und membranartige Gebilde. Mit größter Wahrscheinlichkeit besteht die Reliquie aus rückgebildetem, eingetrocknetem Hirngewebe . . . Das Material der Grundsubstanz ist in allen Fällen überaus ähnlich. Es enthält allenfalls Beimischungen pflanzlichen Gewebes, wie etwa Blütenstaubkörner oder Schimmel, mit denen der Inhalt des Schädels im Grab sekundär in Berührung kam.

3. Die dunkelbraun-rote, streifenartige Färbung, die auf der Innenfläche des Gehirnschädels festgestellt wurde, zeigt einerseits die ursprüngliche Höhe der Gehirnmasse, die nach dem Zerfall des Gehirngewebes entstanden ist. Andererseits informiert sie uns über die Lage der Stellung des Kopfes des Verstorbenen im Grab. Diese weiche, dichte, breiartige Substanz hat einen gewissen Teil der Schädelhöhle ausgefüllt. Mit der Zeit ist die Substanz ausgetrocknet und ihre Oberfläche geschrumpft. Zur Zeit der Exhumierung war in der rückseitigen Höhle des Schädels nur eine kleine Menge von dieser verdichteten Hirnsubstanz verblieben. Die rotbraune Färbung entspricht der Menge des Blutes, die sich nach dem Tod in der Gegend des hinteren Zusammenflusses der venösen Blutleiter der harten Hirnhaut . . . sammelt.

4. Zur Zeit der Exhumierung (1719) war diese Hirnsubstanz noch weich und formbar und zeigte auf dem Schnitt eine rotbraune Farbe. Aber nach deren Entnahme aus der feuchten Umgebung des Grabes ist auch diese ausgetrocknet. So geht es aus dem Bericht über die zweite Besichtigung der ‚Zunge' im Jahre 1725 hervor. Das Feuchtwerden dieses ausgetrockneten Hirngewebes führte zur Auffrischung seiner rotbraunen Grundfarbe und zu leichter Anschwellung, wie dies die damaligen Beobachtungen schildern.

5. Die Zugehörigkeit der Reliquie zu den Knochenüberresten des Johannes von Nepomuk stützt auch die serologische Übereinstimmung der festgestellten Blutgruppe A im Knochengewebe, die gewonnen wurde durch die Anbohrung der Gelenkskugel des Oberschenkels des Skeletts. Die Blutgruppe A wurde desgleichen im Gewebe des Knochenfragments, das man der Oberfläche der Reliquie entnahm, sowie in deren Weichteilen festgestellt. Dieser Fund liefert zwar nicht den Beweis der Zugehörigkeit der ‚Reliquie' zum Skelett des Johannes von Nepomuk, schließt diese aber auch nicht aus.

6. Vom Standpunkt der modernen Wissenschaft aus kann man die Erhaltung der organischen Materie im Schädel des Johannes von Nepomuk auf natürliche Weise erklären.

7. Im Hinblick auf den gefährdeten Zustand der Reliquie wurde diese mit jederzeit entfernbaren Mitteln konserviert.

8. Die Berichte (des 18. Jahrhunderts) erwähnen neben den furchtbaren Hieben auf den Nacken auch die Erhaltung von Weichteilen in der Gegend der Schulterblätter am Körper des Johannes von Nepomuk. Dazu kann man heute nur hypothetische Aussagen machen, weil an dem Skelett des Johannes von Nepomuk jetzt keine weiteren Überreste des Weichteilgewebes gefunden wurden. Es ist sehr wahrscheinlich, daß bei der Exhumierung mindestens in der Nackenpartie des Schädels und auch in der Gegend der Schulterblätter Überreste der weichen Gewebe gefunden wurden. Als die Gebeine des Johannes von Nepomuk nach barocker Manier kostbar bekleidet wurden, entfernte man diese

Weichteile und hat sie nicht weiter aufbewahrt. Es könnte sich dabei um gewisse Teile einiger weicher Gewebe handeln, die im Prozeß der Verseifung oder in Kombination mit dem Prozeß der Mumifizierung durch ihre Fetthaltigkeit sich verändern. Diese Weise der Erhaltung der weichen Gewebe steht nicht im Zusammenhang mit der Ausbildung der Hirnsubstanz nach dem Zerfall des Hirngewebes und seiner weiteren Erhaltung.

9. Die Kommission stellt fest, daß man bei dem Studium der Reliquie des Johannes von Nepomuk unter Benutzung der modernen Methoden und wissenschaftlichen Erkenntnisse mit der größtmöglichen Sorgfalt vorgegangen ist.

Prag, 2. Mai 1973."

Es folgen die Unterschriften der Kommissionsmitglieder.

Die Vermutung, es handle sich um die erhaltene Zunge des Heiligen, wurde also wissenschaftlich nicht bestätigt. Ein eindeutiger Beweis, daß es sich um die ausgetrocknete Hirnsubstanz des Heiligen handelt, wurde ebenfalls nicht erbracht. Dies mag auch gar nicht so wichtig sein, da die Bedeutung des Kultes, der sich um den hl. Nepomuk entsponnen hat, sicher in anderen Bereichen liegt. Er besitzt in erster Linie demonstrative Kraft, die den Akt beispielloser Selbstaufopferung für ein wahrhaft selbstlos verfolgtes Ziel mehr als eindrucksvoll darstellt.

Der Leichenkult der Kapuziner

Es soll uns nicht wundern, daß es eine Gruftanlage der Kapuziner ist, in der sich die größte Mumiensammlung der Welt befindet. Die Kapuziner sind ein Reformorden der Franziskaner; sie trennten sich von diesen im Jahre 1525 unter dem Einfluß des *P. Matthäus von Bassi* († 1552). Ihre Selbständigkeit wurde von Papst *Paul V.* 1619 bestätigt. Dieser strenge Orden, der größten Wert auf persönliche Kontakte – vor allem durch Laienprediger mit dem einfachen Volk – legte, hat nämlich einen ausgesprochenen Totenkult betrieben. So finden wir heute von den Kapuzinern eingerichtete Stätten, in denen den Gläubigen der Tod äußerst anschaulich als unabwendbares Ende – und somit auch als Drohung – vor Augen gehalten wurde und wird; sie sind ein leibhaftiges „Memento mori".

In der bekanntesten und wohl auch größten dieser Anlagen, in der Gruft des Kapuzinerklosters in *Palermo* (Convento Capuccini), befinden sich 8.000 mehr oder weniger gut erhaltene Mumien. Die meisten von ihnen, vor allem die ältesten, sind die von Ordensmitgliedern. Später wurden dann, dem spanischen Totenzeremoniell entsprechend, auch die Angehörigen des Adels auf diese Weise bestattet. Immer streng nach Herkunft und Beruf getrennt – und selbstverständlich auf keinen Fall Frauen mit den Mönchen zusammen –, sitzen, liegen oder hängen in den langen Gängen, eingehüllt in ihre Sterbekleider, Leichen aus einem Zeitraum von über zweihundert Jahren. Charakteristisch für die Beziehung zu den Toten war der Brauch von Nachkommen, ihre Verstorbenen manchmal mit neuen Kleidern zu versehen. Als die Nekropole 1881 für weitere Aufnahmen geschlossen wurde, war bereits eine der skurrilsten und eindrucksvollsten Totengalerien entstanden. Sie wirft ein bezeichnendes Licht auf die geistige und kulturelle Dekadenz Siziliens, welche in der Mitte des 19. Jahrhunderts ihren Höhepunkt erreicht hatte. Denn die Ehrfurcht vor den Toten war eigentlich abgestorben, und die bekleideten Leichname waren nur mehr inhaltsleere Objekte eines uns heute schwer begreiflichen Kultes, der vermutlich deswegen entstanden ist, weil man sich vom rein Bildnishaften nicht trennen konnte (oder wollte). Das Lachen in den Gesichtern der Mumifizierten liegt neben der Verzerrung, und aufkommende Pietätsgefühle werden durch die Überzahl der Leichen im Keim erstickt. Die schlichte Vorstellung, daß mit dem Tod nicht nur die Seele, sondern auch der Körper in ein „abstraktes Reich" hinübergeht, war plötzlich nicht mehr vorhanden. Die Angst vor den Toten, die eventuell aus ihrem Reich zurückkehren könnten, hat, so scheint es, dazu geführt, sie zu „fixieren", sie gleichsam nicht aus den Augen zu verlieren. Die Seele war vergessen – dafür war der Körper vorhanden. Diese kostümierte Mumienschau wird am treffendsten mit den Worten *Maupassants* charakterisiert: „Es ist häßlich und schmutzig, aber es erschreckt uns nicht."

Ursachen für den Erhaltungszustand dieser Mumien sind die außerordentlich trockene Luft sowie ein konstanter Luftzug. Unter diesen Bedingungen trocknet das Gewebe rasch aus, und die Verbreitung der Bakterien, die den Fäulnisprozeß verursachen, wird unterbunden. Ähnliche Vorgänge können wir auch unter anderen klimatischen Bedingungen beobachten. Oft findet man etwa verendete Tiere in mumifiziertem Zustand auf Dachböden; sie sind unter den gleichen Voraussetzungen ausgetrocknet.

Eine ebenso „schaurige", wenn auch nicht so „umfangreiche" Attraktion wie in Palermo bietet sich dem sensationslüsteren Besucher der Krypta in der Brünner Kapuzinerkirche. Die düstere Architektur des barocken Bauwerkes steht in krassem Widerspruch zum pulsierenden Leben und zum hektischen Trubel der Hauptverkehrsstraße, die sich nicht weit davon entfernt befindet. In der Krypta dieser Kirche wurden seit Beginn des 17. Jahrhunderts offene Bestattungen durchgeführt. Erst waren es nur die Ordensmitglieder, und zwar sehr bescheiden auf dem Boden liegend. Die Tatsache, daß die bestatteten Leichen nicht verwesten, wurde rasch bekannt. Die narzißtisch veranlagte „bessere" Gesellschaftsschichte der Stadt wurde von dem Gedanken fasziniert, dieser Welt – rein von der Materie her gesehen – nicht ade sagen zu müssen und die Möglichkeit zu erhalten, sich mittels des eigenen Körpers ein Denkmal zu setzen. So wurden die südeuropäischen Bestattungsusancen gerne übernommen. Man ließ sich nach dem Tod in offenen Särgen, prunkvoll bekleidet, von den Familienangehörigen und der Umwelt bewundern. All dies wurde bis zum Jahre 1784 praktiziert. Kaiser *Josef II.* aber hatte für diese Art von Leichenverehrung wenig Verständnis und machte dem schaurigen Treiben ein Ende.

Später wurden die Katakomben als Mumienmuseum eingerichtet, wobei man mit skurrilen Ideen nicht sparte. So wurden etwa die Wände mit gekreuzten Gebeinen verziert und – aus verschiedenen Knochen und Schädeln zusammensetzte – Luster angebracht. Das richtige Gruseln lernten die Besucher aber erst bei den Geschichten, die um zwei der ausgestellten Leichen handeln. Die erste betrifft den Schädel des Pandurenobersten *Franz von der Trenck*. Dieser 1711 geborene Abenteurer trat mit 18 Jahren in die kaiserliche Armee ein, und zwar in das Regiment des *Nicolas Pálffy*. Bald fiel er durch besondere Tapferkeit, aber auch durch seine unberechenbare Handlungsweise auf. Wegen letzterer kam er auch in Schwierigkeiten und quittierte den Dienst zweimal. Dennoch erhielt er später von *Maria Theresia* das Majorspatent. Im Jahre 1741 stellte er ein Regiment von tausend Panduren auf, die sich wegen der finanziellen Schwierigkeiten des Habsburgerreiches sozusagen selbst erhalten mußten. Sie sind durch ihre regelrechten Raubzüge, die sich nicht nur gegen den Feind, sondern auch gegen die Verbündeten richteten, sattsam bekannt worden. Als dieser Zustand unhaltbar geworden war, wurde

Trenck 1743 festgenommen und auf den gefürchteten Spielberg bei Brünn gebracht. Im Jahre 1746 wurde er zum Tode verurteilt; ein Gnadenakt hat die Strafe auf „Lebenslänglich“ gemildert. 1749 starb Trenck, doch scheint es für seinen unruhigen Geist symptomatisch, daß er sogar noch nach dem Tod für Aufregung sorgte. Etwa vierzehn Tage, nachdem er als „außerordentliche Persönlichkeit“ – heute würde man sagen: VIP – in den Kapuzinerkatakomben beigesetzt worden war, verschwand nämlich sein Kopf, und es ist bis heute nicht bekannt, wo sich dieser befindet. Unbestätigte Gerüchte behaupten, daß er in einem englischen Kuriositätenkabinett seine letzte Ruhestätte gefunden hat. Trencks Leiche, welche das Privileg genießt, in einem mit Bildern und Gedenktafeln reichlich geschmückten Einzelraum zu ruhen, liegt aber keineswegs „kopflos“ da. Sie hat leihweise den Schädel eines längst verstorbenen Ordensbruders bekommen.

Die zweite Attraktion dieser Begräbnisstätte ist zweifelsohne die Komtesse *Isabella von Zinzendorf.* Die Haltung der Leiche verrät die grauenhafte Ursache ihres Todes. Ihr Körper liegt gekrümmt und verkrampft; man sieht, daß sie vom Tod nicht erlöst, sondern gequält worden ist. All dies spricht dafür, daß sie als Scheintote begraben wurde. Später exhumiert, schien sie den Kapuzinern als geeignetes Ausstellungsobjekt für ihre bizarre Sammlung – ein weiterer Beweis für die Perversität derartiger Exhibitionen.

In Brünn, in Palermo sowie an vielen anderen Orten, wo menschliche Körper erhalten geblieben sind, ist die Ursache der Mumifizierung stets die gleiche. Doch die Zirkulation der trockenen Luft, bedingt durch sechzig künstlich geschaffene Luftkanäle, ist ein Beweis dafür, daß die Erhaltung der Leichname in den Brünner Kapuzinerkatakomben angestrebt und nicht, wie sonst oft, Zufallserscheinung war.

Kirchen und Klöster als Aufbewahrungsstätten für unverweste Leichen

Eine logische Folgerung der Bestrebungen der katholischen Kirche, die Betreuung der Menschen sogar über deren Tod hinaus zu übernehmen, ist, daß sich die Friedhöfe meist in unmittelbarer Nähe der Kirchen befinden. Doch auch in den Fundamenten von Kirchen und Klöstern selbst wurden oft bedeutende Persönlichkeiten des Klerus bestattet. Diese Beisetzungen fanden in den Kellerräumen der betreffenden Bauten statt, wo die klimatischen Bedingungen für die natürliche Mumifizierung nicht selten äußerst günstig waren. Dies ist auch der Hauptgrund für die zahlreichen Mumienfunde in Kirchen. Anderswo gefundene Überreste menschlicher Körper wurden meist auf den Friedhöfen wieder begraben. Wurde jedoch ein unverwester Körper exhumiert, so diente meist die Krypta der Kirche als letzter Aufbewahrungsort. Ein derartiger Leichnam galt nämlich früher als ein entweder von Gott oder von bösen Kräften geschaffenes Phänomen. In beiden Fällen war daher die Aufbewahrung innerhalb des kirchlichen Areals angebracht. Denn erstens galt dieses als würdige Ruhestätte und zweitens als einzige sichere Stelle im Hinblick auf ein eventuelles unheilvolles Treiben böser Geister.

Auch in unserer Zeit werden aufgefundene Mumien in Kirchen nicht nur aufbewahrt, sondern als attraktive Objekte ausgestellt. Aber dies allein ist nicht Grund für die Präsentation, liegt es doch im Interesse der Kirche, die breite Öffentlichkeit mit der Vergänglichkeit des irdischen Daseins zu konfrontieren.

Viele Kirchen bergen mumifizierte Leichen. Über einige in Europa soll dieses Kapitel berichten.

Jedem Kenner Wiens ist der Michaelerplatz mit seiner Kirche in der Innenstadt, unmittelbar neben der Hofburg, ein Begriff. Daß sich aber unter dieser Kirche eine riesige Gruft, die sogar noch größer ist als die verbaute Fläche selbst, mit gut erhaltenen Mumien befindet, dürfte sogar einem Großteil der Wiener Bevölkerung unbekannt sein.

Die Michaelerkirche, ursprünglich Hofpfarrkirche, wurde zwischen 1220 und 1250 erbaut. Aus dieser Epoche sind auch viele Bauteile erhalten. Im darauffolgenden Jahrhundert bis zum Ende des siebzehnten wurden die verschiedensten Umbauten und Erweiterungen durchgeführt, so daß die Kirche heute ein erstaunliches, nicht immer geglücktes Konglomerat der verschiedensten Baustile darstellt. Bis zum 16. Jahrhundert befand sich rund um das Gebäude ein Friedhof, der allerdings der wachsenden Verbauung der Wiener Innenstadt zum Opfer fiel. Die Gräber wurden geöffnet, die sterblichen Überreste exhumiert und der Großteil der gefundenen Gebeine ungefähr zwei Meter unter dem Boden der Gruft wieder beigesetzt. Andere Gebeine wurden, sorgfältig sortiert, in den Seitennischen der Gruft untergebracht. Man schätzt heute, daß dort vier- bis fünftausend Menschen ihre letzte Ruhestätte gefunden haben.

Die Gruft gliedert sich in die sogenannte Adels- und Priestergruft, in der die Verstorbenen in Särgen aus Zink oder Kupfer bestattet wurden, und in die (viel größere) Bürgergruft, wo Mitglieder des sogenannten Mittelstandes in oft schön bemalten, aber einfachen Holzsärgen beigesetzt wurden. Die letzte Bestattung wurde im Priesterteil vor etwa zweihundert Jahren durchgeführt, doch kam es hier zu keinen nennenswerten Koservierungen. Bemerkenswert sind jedoch etwa zehn gut erhaltene, zwei- bis dreihundert Jahre alte mumifizierte Leichen aus dem Bürgerteil, die sowohl über die Todesumstände als auch über das Leben der Betreffenden Aufschluß geben. So lassen etwa der Gesichtsausdruck, die verkrampften Finger und Zehen sowie die zerbrochene Hand eines jungen Mannes auf dessen schmerzhaftes, wahrscheinlich durch einen Unfall verursachtes Ende schließen. Eine alte Frau in gut erhaltener barocker Kleidung, die Schuhe mit – wie wir heute sagen würden – mittelhohen Absätzen trägt, hält in den Händen einen verwelkten Rosenzweig. Interessant sind auch die fingerlosen, für die erste Hälfte des 18. Jahrhunderts charakteristischen Handschuhe.

Eine der ergreifendsten Mumien ist jedoch jene einer jungen Frau mit kindhaft rundem Gesicht, die ihr noch ungeborenes Kind mit in den Tod genommen hat. Sie muß der Größe des Kindes nach unmittelbar vor der Niederkunft gestanden haben, als der Tod eintrat. Man erkennt deutlich die Querlage des Kindes in dem sonst eingefallenen Bauch der Mutter.

Interessanterweise ist der Zustand der Bekleidung – unabhängig davon, wie gut die Leichen an sich konserviert wurden – ganz verschieden, so daß offensichtlich die Art des Stoffes für dessen Erhaltung ausschlaggebend war. Gegenstände aus Wolle sind viel eher dem Verfall preisgegeben als etwa solche aus Brokat und anderen feingewebten Textilien. Rätsel gibt uns auch eine alte Frau auf, die ein gut erhaltenes Leinengewand trägt, der aber der rechte Schuh fehlt. Der Verlust oder Diebstahl des Schuhs nach der Bestattung hätten gewiß eine Beschädigung des Fußes mit sich bringen müssen. Dennoch ist es unwahrscheinlich, daß von der ganzen Garderobe ausgerechnet ein Schuh die Zeit nicht überstanden hätte, so daß der Schluß naheliegt, die Leichenbestatter hätten in der Eile oder infolge einer Unaufmerksamkeit vergessen, der Frau den Schuh anzuziehen.

Was im Verlauf einer Führung durch die Gruft als Ursachen der natürlichen Mumifizierung genannt wird – nämlich die klimatischen Bedingungen und der Grad der Luftfeuchtigkeit –, bedeutet für den interessierten Besucher keine befriedigende Erklärung. Zweifellos sind dies wichtige, aber nicht ausschließlich für die Erhaltung ausschlaggebende Voraussetzungen. Es erhebt sich auch die Frage, wieso lediglich einige der Leichen erhalten geblieben sind, wenn praktisch alle unter den gleichen Bedingungen bestattet wurden. Auch die Erklärung, daß einige Körper durch ihre Beschaffenheit für den Prozeß der Mumifizierung besonders geeignet sind – man denke an alte, dürre Menschen –, ist nicht zutreffend, da wir unter den Mumien neben offensichtlich hochbetagten, ausgemergelten Verstorbenen einen kräftigen jungen Mann, ein junges Mädchen mit einem Jungfrauenkränzchen sowie die schon erwähnte hochschwangere Frau finden, bei der anzunehmen ist, daß es in ihrem Körper – bedingt durch ihren Zustand – zu Wasserstauungen kam. Vielmehr müssen mehrere, zufällig zusammentreffende Komponenten erwähnt werden: die klimatischen Bedingungen, die Luftfeuchtigkeit, die konstant niedrigen Temperaturen, die ständige Luftzirkulation sowie die eventuelle Tätigkeit eines Pilzes namens *Hypha bombicina* (vgl. den Abschnitt über die Mumien von Venzone) und die Einwirkung der Gerbfähigkeit des Eichenholzes. Für letzteres spricht die Tatsache, daß alle Mumien in der Gruft in Särgen aus Eichenholz zur letzten Ruhe gebettet wurden, die mit Hobelspänen gefüllt sind. Somit konnte sich die gerbende Wirkung des Eichenholzes voll entfalten. Eine endgültige Erklärung dieser natürlichen Mumifizierung könnte aber nur aufgrund von Laboruntersuchungen erfolgen.

Ein weniger bekannter Fund aus Oberösterreich, der jedoch auch heute noch zu Spekulationen herausfordert und eine lokale Attraktion darstellt, ist der legendäre Pfarrer von St. Thomas am Blasenstein, im Volksmund „g'selchter Pfarrer" genannt. In dieser kleinen, noch vom Trubel der Zivilisation verschonten Ortschaft nördlich der Donau, unweit des Städtchens Grein, wurde vor etwa 190 Jahren ein mumifizierter Leichnam exhumiert. Auf der Glasvitrine in der Krypta der Kirche, die auf einem riesigen Granitblock errichtet ist und bereits im 12. Jahrhundert urkundlich erwähnt wurde, finden wir folgende Aufschrift:

„Hier ruht im Herrn der mumifizierte Leichnam eines Angehörigen des geistlichen Standes. Ursache der Mumifizierung unbekannt. Geschichtliche Dokumente über den Toten fehlen. Man meint, es könnte der in den hiesigen Totenbüchern verzeichnete hochw. Herr Franz Xaver Sidler sein. Dieser ist im Jahre 1709 als Pflegerssohn von Kreuzen als Pfarrvikar von St. Thomas a. Bl. am 2. 9. 1746 hier gestorben (37 Jahre alt). Er war Chorherr von Waldhausen, ein sehr frommer und gelehrter Priester (Totenbuch). In St.Thomas war er drei Jahre Pfarrvikar. AVE PIA ANIMA."

Diese Zeilen klären uns über die Identität des Verstorbenen auf, vorausgesetzt, daß es sich tatsächlich um den Leichnam des genannten *F. X. Sidler* handelt. Bevor wir versuchen, eine Hypothese über die Mumifizierung aufzustellen, müssen auch andere an diesem Ort vorkommende, seltsame Erscheinungen erwähnt werden. So erschien einmal in einer Lokalzeitung folgender Bericht:

„Rauchpilze quollen aus dem Blasenstein. – Tagesgespräch in dem idyllischen Mühlviertler Sommerfrischenort ist eine rätselhafte Naturerscheinung, die Mittwoch früh und vormittag viele Bewohner in ihren Bann schlug. Während die Bergbauern des 722 m hoch gelegenen Ortes am Morgen des bisher heißesten Tages des Jahres mit der Heuernte auf den steilen Wiesenhängen beschäftigt waren, nahmen der Schmied von St. Thomas, die Arbeiter am Bau des neuen Gemeindehauses und einige weitere Personen Rauch wahr, der aus der höchsten Erhebung des Blasensteines quoll. Blauschwarz entwich er aus einem millimeterbreiten Riß des wuchtigen Felsblockes, und da es windstill war, stieg er kerzengerade, leicht spiralförmig, etwa 1,5 bis 2 Meter hoch und breitete sich dann pilzförmig aus. Diese Erscheinung, die sich im Nu herumgesprochen hatte, dauerte einige Minuten, wiederholte sich aber nach kurzer Unterbrechung bis in die Mittagsstunden hinein und wurde von vielen Ortsbewohnern beobachtet. Weder die Einheimischen noch die Sommergäste konnten sich dieses Naturphänomen erklären. Der Volksglaube rühmt dem Blasenstein heilende Wirkung bei rheumatischen Leiden nach; die sprichwörtliche Heilkraft des Felsblockes, vor allem der sogenannten ‚Buckellucken', ist seit Jahrhunderten überliefert. Ob die Erscheinung mit der angeblich vorhandenen Radioaktivität des Urgesteines zusammenhängt, läßt sich nicht sagen. Verständlich ist, daß dieses Phänomen von den Ortsbewohnern mit der Mumifizierung des in der Pfarrkirche von St. Thomas konservierten Leichnams eines um 1700 verstorbenen Pfarrers in engen Zusammenhang gebracht wurde."

Eine weitere Veröffentlichung beschäftigt sich ausführlich mit dem Phänomen der Heilkräfte:

„Zwei gewaltige Granitblöcke von rund fünf Meter Höhe, die sich gegenüber der Kirche erheben, bilden eine Spalte von etwa zwei Metern Länge, die einem erwachsenen Menschen das Durchschlüpfen gerade noch gestatten. Diese Spalte, im Volksmund ‚Kreuzwehlucken', ‚Buckelwehlucken' geheißen, steht nachweislich seit Jahrhunderten im Rufe, bei allen Durchschlüpfenden sämtliche Arten von Rheuma und Ischias sofort zu heilen. Das hohe Alter dieser Tradition, die heute noch in weiten Kreisen lebendig ist, berechtigt zu der Annahme, daß starke Strahlen, in der Art der heute noch zu Heilzwecken allgemein verwendeten Kurzwellen die Heilung der rheumatischen Beschwerden begünstigen. Nimmt man gleichzeitig eine keimtötende, fäulniswidrige Wirkung dieser Strahlen an, wie sie eben bei verschiedenen Strahlenarten festgestellt wurde – so findet auch das Mysterium des mumifizierten Leichnames eine natürliche Erklärung."

Die Vermutung, daß Radioaktivität sowohl die Ursache der heilenden Wirkung als auch der Mumifizierung des Vikars ist, scheint zweifelhaft. Dagegen spricht vor allem die Tatsache, daß es sich bei der Konservierung des Pfarrers um einen Einzelfall handelt. Eher kann man annehmen, daß für den Sarg des hochwürdigen Herrn besonders gutes Eichenholz verwendet wurde, welches bewirkte, daß die Humussäure, die vielleicht durch einen schadhaften Deckel ins Innere des Sarges gelangen konnte, die Bildung der Fäulnisbakterien unterbunden hat (vgl. das Kapitel über die Baumsärge). Vor allem die Verbindung von Eichenholz und Humussäure hat eine stark gerbende Wirkung zur Folge und verhindert die Verwesung. Für diese Hypothese spricht auch der relativ gute Erhaltungszustand eines ledernen Schuhes des Verstorbenen.

Die anderen „Merkwürdigkeiten" müssen hier leider unbeantwortet bleiben. Bei der „Buckelwehlucken" ist es durchaus möglich, daß eine physikalische Wirkung, kombiniert mit der psychischen Einstellung der Patienten, die Besserung der Leiden bewirkte. Den Rauchpilz über dem Blasenstein muß man zur Kenntnis nehmen, da es dafür zahlreiche lokale Zeugen gibt. Die Vermutung, daß es sich um einen Bienenschwarm gehandelt hat, konnte auch nicht widerlegt werden. Möglicherweise war das Ganze nur ein von den Dorfhonoratioren ausgeheckter Plan, den Fremdenverkehr zu beleben . . .

Venzone, eine romantische Stadt, die im unteren Teil des Kanaltales, unmittelbar neben der stark frequentierten Straße, den Blick des Italienreisenden anzieht, beherbergt berühmte Mumien. Leider verdankt sie ihre Bekanntheit nicht nur der Schönheit ihrer Architektur und ihres Kunstgewerbes (abgesehen von den Mumien), sondern auch zwei verheerenden Erdbeben. Am 6. Mai und am 15. September 1976 erhielt die ohnehin schon mehrmals im Lauf ihrer Geschichte schwer geprüfte Stadt den – wie es unmittelbar nach dem Erdbeben schien – endgültigen Todesstoß. Die meisten Bewohner gaben jedoch nicht auf und blieben in ihrem Heimatort, wo sie vorerst in provisorischen Quartieren wohnten und Venzone wieder aufzubauen begannen. Bezeichnend für die Beziehung der Bevölkerung zu „ih-

Das 1976 bei einem Erdbeben zerstörte Baptisterium von Venzone *(Archiv Ráček).*

ren Mumien" ist die Tatsache, daß sie diese unmittelbar nach der Zerstörung des Baptisteriums, in welchem sie vor der Katastrophe ausgestellt waren, in einer Wellblechbaracke wieder zur Schau stellten, so als wäre nichts Wichtigeres zu tun gewesen. (Das Baptisterium ist eng mit der beinahe 1000jährigen Geschichte der zum erstenmal im Jahre 1001 urkundlich erwähnten Stadt verbunden. Erbaut wurde es in der Mitte des 13. Jahrhunderts, endgültig zerstört nach dem Erdbeben im Mai 1976.)

Für die Berühmtheit der 18 Mumien spricht, daß sie von wichtigen politischen Persönlichkeiten, wie *Napoleon* (1807), dem österreichischen Kaiser *Franz I.* (1819) sowie von dessen Nachfolger *Ferdinand I.* (1838) besucht wurden. Erst um 1842 wurden sie aus den Gräbern des Domes in das Baptisterium gebracht und dort ausgestellt. Zu Studienzwekken brachte man zwei Mumien in die Wiener Naturaliensammlung (heute Naturhistorisches Museum), eine ins Raritätenkabinett der Universität Padua sowie eine weitere in die Invalidenkirche zu Paris, der letzten Ruhestätte Napoleons. Systematische Untersuchungen ergaben Zusammenhänge zwischen der Konservierung und einem parasitären antibiotischen Pilz namens *Hypha bombicina Pers.*, der im Umkreis des Domes und somit auch in den Gräbern vorkommt. Dieser Pilz gehört zu der kaum erforschten Gruppe der *Fungi imperfeti*. Dabei handelt es sich höchstwahrscheinlich um Pilze, welche keine Fruchtkörper bilden und von denen wir nur das Myzelium (den fädigen Vegetationskörper) kennen. Dieser Pilz durchwächst den Leichnam und verursacht ungefähr innerhalb eines Jahres das völlige Austrocknen des Gewebes. Anschließend trocknet er selbst auf der Oberfläche des Körpers aus und bildet eine harte Kruste, die diesen vor dem Eindringen des Wassers schützt. Hier finden wir zum erstenmal eine Art der natürlichen Mumifizierung, welche gewiß auch anderwärts für die Konservierung von biologischen Substanzen ausschlaggebend ist oder war, aber leider nicht nachgewiesen werden konnte.

Die Frage, inwieweit es ethisch vertretbar ist, Mumien als Schauobjekte neugierigen Besuchern zu zeigen, läßt sich nicht eindeutig beantworten. Pro-Stimmen, die von lokalen wirtschaftlichen bis zu rein philosophischen Aspekten reichen, stehen durchaus negativen Meinungen gegenüber, die nicht ohne Recht behaupten, es handle sich dabei um eine krasse Mißachtung der Pietät.

Übrigens ist dem Autor dieses Buches eine vertrauliche Nachricht zugekommen, derzufolge in einem Seitental des Kanaltales ein Naturheiler tätig sei, welcher seine Patienten mit einem Gemisch aus Heilkräutern und zerriebenen Mumienteilen, die sich in seinem Besitz befinden, erfolgreich behandeln soll. Dies erinnert an die Mumienarzneien vergangener Jahrhunderte in Mitteleuropa. Trotz intensiver Nachforschungen ist es jedoch nicht gelungen, diesen scheuen Naturheiler aufzuspüren (vgl. auch das Kapitel „Ägypten").

Die populärsten historischen Begräbnisstätten der Sowjetunion sind wahrscheinlich die Katakomben des Höhlenklosters (Kievo-Pečerskaja lavra) von Kiew, dem am Dnjepr gelegenen einstigen Mittelpunkt des Altrussischen Reiches und der heutigen Hauptstadt der Ukrainischen SSR.

Unter den russischen Klöstern war dieses Höhlenkloster das erste, welches sich Lawra (Laura) nennen durfte. Diese Beziehung tragen nur die vier wichtigsten Klöster des Landes (Sagorsk bei Moskau, Alexander-Newski-Kloster von Leningrad, das galizische Kloster Potschajewsk sowie das Höhlenkloster von Kiew). Zur Regierungszeit *Wladimirs I.* (956 bis 1015) ließen sich in dem von einigen natürlichen Höhlen durchsetzten Hügelgelände am Dnjeprufer einige Mönche als Eremiten nieder. 1051 begründeten die Mönche *Anthony* und *Theodosius* das eigentliche Kloster, das rasch zu einem religiösen und Kulturzentrum wurde. Eine der wichtigsten Ursachen des Aufschwungs war – neben seinem politischen Einfluß – die Tatsache, daß die Leichname der toten Mönche nicht verwesten, sondern auf natürliche Weise mumifizierten. Dies führte zu einer ungeheuren Popularität des Klosters, und es wurde bald eine Stätte mystischer Verehrung durch das Volk. Nach Einführung der Orthodoxie in Rußland war es erster Sitz des Metropoliten sowie Zentrum christlicher Literatur und altrussischer Geschichtsschreibung. Selbstverständlich ist das Höhlenkloster im Lauf der Jahrhunderte über die eigentlichen Höhlen hinausgewachsen; heute stellt es mit seinen Kirchen und Klosterbauten einen eindrucksvollen Gebäudekomplex dar, der aus dem historischen Antlitz der Stadt nicht wegzudenken ist.

Die Katakomben, welche als Stätten der Beisetzungen dienten, haben sich in letzter Zeit wesentlich verändert. Sie wurden zugänglich gemacht, und – zwecks Erhöhung ihrer Attraktivität – reichlich ausgeschmückt. Einige Höhlengänge wurden durchbrochen, so daß für die zahlreichen Besucher durchgehende Führungen ermöglicht werden konnten. Die Leichen sind in kleinen Nischen aufbewahrt und oft mit reichbestickten Tüchern zugedeckt. Da die Mumien als Reliquien angesehen werden, hat man es auch nicht verabsäumt, den mystischen Effekt durch zahlreiche Beigaben von vorwiegend religiösen Kultgegenständen sowie durch Installierung einer wirkungsvollen Beleuchtung zu erhöhen. Die Mumien befinden sich in den Anthonyhöhlen, wo neben 73 Zellengräbern auch drei kleine Höhlenkirchen untergebracht sind, sowie in den Theodosiushöhlen mit ihren 47 Zellengräbern und drei kleinen Kirchen.

Gleichsam als Gegenstück zu dem noch immer stark frequentierten Ort der Andacht wurde von den atheistischen Behörden direkt in einem Klostergebäude eine Ausstellung „Höhlen und Mumifizierung" errichtet. Damit wird versucht, die mystischen Hintergründe der Mumifizierung zu widerlegen und sie durch naturwissenschaftliche Aspekte zu erklären.

Die Erhaltung der Körper in diesen Katakomben erfolgt laut offiziellen Angaben aufgrund der besonderen Beschaffenheit des Bodens, welcher hauptsächlich aus Lehm, Sand und gelbem Löß besteht, sowie der konstanten Lufttemperatur und des Luftzuges. Trotz aller Bemühungen des Regimes werden die Höhlengräber aber vom Volk weiterhin verehrt, und es kann behauptet werden, daß sie heute mehr denn je von den Gläubigen als Symbol religiöser Kontinuität und als geistig-religiöses Zentrum betrachtet werden.

Da es sowohl in den zahlreichen russischen wie auch in den westlichen Publikationen keine Abbildungen der Mumien gibt, scheint die Behauptung des Ikonenrestaurators und Kenners dieses Klosters, *Andrei Lozin*, es sei noch keinem Fotografen gelungen, reproduktionsfähige Fotos zu erhalten, gerechtfertigt. Sollte dies der Wahrheit entsprechen, liegt die Vermutung nahe, daß gewisse Strahlungen sowohl dafür als auch für die Mumifizierung verantwortlich sind.

Gewiß waren es nicht Gründe der Pietät, daß keine entsprechenden Fotos in den Publikationen aufscheinen. Vielmehr kann angenommen werden, daß die Verbreitung der Bilder von offiziellen Stellen untersagt wurde. Daß es aber westlichen Fotografen nicht gelungen ist, von Kiewer Mumien Fotos zu machen, sollte uns aber doch einiges zu denken geben . . .

Menschliche Präparate in Wiener Sammlungen

Das Mädchenpräparat im Pathologisch-anatomischen Museum

Dieses Museum wurde 1796 gegründet und beherbergt heute etwa 28.000 katalogisierte Exponate. Einmalig ist auch das Gebäude, in dem sich die Sammlung heute befindet: der *Narrenturm,* welcher 1784 unter Kaiser *Josef II.* als erstes Irrenhaus unter dem Wiener Arzt *Freiherr von Quarin* erbaut wurde. Es ist interessant, darüber in einer Chronik aus dem Jahre 1840 nachzulesen:

„Er bildet ein kreisrundes, 5 Stockwerke hohes Gebäude, welches in seinem Innern durch ein querlaufendes, wie ein Zirkel durch seine Sehne, in einen größeren und kleineren Hof getheilt wird. Der, dem Militärspital zugewendete Eingang, ist durch eine dicke hölzerne Thür, und ein eisernes Gitterthor hinlänglich verwahrt . . . Im Ganzen 139 Kammern, in denen 200 bis 250 Geisteskranke, als Mittelstand berechnet, untergebracht werden müssen. Die Höhe jeder Kammer beträgt 9, die Länge 11, die Breite 10 Schuh. Der entweder gedielte oder mit Mergelsteinen gepflasterte Boden ist gegen die Thüre zu abschüssig, so daß Urin und Wasser nicht in der Kammer stehenbleiben . . . Die Thüre ist aus dicken Brettern verfertigt, und hat in der oberen Hälfte ein kleines Fenster mit einem leichteren Gitter, welches noch durch Thürchen von starkem Eisenblech und eine darüber gelegte eiserne Klammer verschlossen wird. Eine zweite eiserne Gitterthür öffnet sich in die Kammer hinein."

Erst seit 1971 dient der Narrenturm als Museum, in dem sich auch ein menschliches „Totalpräparat" befindet. Der Leiter des Museums, *Dr. Karl A. Portele,* veröffentlichte 1958 über dieses sowie auch über andere Präparate von Menschen in der „Wiener klinischen Wochenschrift" einen Artikel, der es verdient, hier gekürzt zitiert zu werden:

„Unter Stopfpräparaten verstehen wir solche, die nach den Gesetzen der Taxidermie . . . gearbeitet werden. Sie sind nicht zu verwechseln mit Fettwachs- und verkohlten Leichen oder mit Mumien oder mit sogenannten Muskelmännern . . ., wie sie mancherorts zu sehen sind. Wir meinen damit auch nicht jene Präparate, wie sie in alter Zeit von Monstren verfertigt wurden und wovon das hiesige Institut zahlreiche Belegexemplare besitzt, wobei die zu konservierende Mißbildung . . . enthäutet, die Haut mit Seegras, Roßhaar usw. gefüllt und das ganze Stück, bei oft mangelhafter Formgebung, nach Vernähung der Haut in einem flüssigen Konservierungsmedium zur Schau gestellt wurde.

Der Name ‚Stopfpräparat' ist insofern irreführend, aber allgemein gebraucht, da nur in den allerersten Zeiten der Ausstopfungskunst (‚Taxidermie') der Balg von Säugetieren, Vögeln, manchmal auch von Reptilien und Fischen tatsächlich mit Sägespänen, Roßhaar usw. ausgestopft wurde. Wegen der Plumpheit dieser Präparate wurden bald andere Methoden angewendet. Gleichbleibend bei den verschiedenen Methoden ist (da ja letzten Endes ein Trockenpräparat resultieren soll) zuerst eine mechanische und chemische Entfettung der Haut von der Innenseite her, mit anschließender insektizider Behandlung. Variabel dagegen ist, womit und in welcher Weise der entfernte Körper in der Haut ersetzt wird. Hierzu wurde Gips oder Papiermaché, teils massiv, teils als Hohlformen, verwendet. Auch Torf, der leicht schnitzbar ist, wurde insbesondere für Köpfe verwandt und der Körper durch ein eingearbeitetes Metallgestänge stabiler gemacht und gegen Bruch gesichert. Man spannte auch die Haut ganz oder teilweise über rahmenartige Gestänge. Der enthäutete Körper wurde auch in Holz nachgeschnitzt und über diese Form die Haut gespannt. Alle diese Methoden wurden vielfach miteinander kombiniert, je nach Art des zu konservierenden Objektes . . .

Unser einschlägiges Präparat betrifft ein 85 cm langes Mädchen mit Kopfumfang 45 cm und Brustumfang 44 cm . . . Es dürfte 2 – 3 Jahre alt gewesen sein. Das Skelett und damit auch das Gebiß als sicheres Mittel der Altersbestimmung, sind, da es sich ja um ein echtes Stopfpräparat handelt, nicht vorhanden. Es handelt sich um ein Kind weißer Rasse, das Haupthaar ist etwa 1 cm lang und blond, in der Vertexgegend [Scheitel] weichselzopfartig verfilzt. Die Gesichtshaut ist gelblich gefärbt, und zwar durch Bemalung. Ob der Präparator hiedurch einen ikterischen [gelbsüchtigen] Hautton zum Ausdruck bringen wollte, oder ob es sich um eine nachträgliche Verfärbung handelt, kann nicht entschieden werden. Die Bemalung der Lippen und der geöffneten Augen ist ebenfalls typische Präparatorenarbeit. Der Stamm und die Extremitäten sind bräunlich verfärbt . . . Hände und Füße sind mumifiziert, die Mittelhand- und Mittelfußknochen in Hautfalten vorspringend. Hier fand eine Auslösung der Haut nicht statt. Die Nägel sind bräunlich verfärbt, sonst unauffällig. Die Schädelhaut ist mit Wachs ausgegossen. Die Extremitäten sind ebenfalls mit Hartmasse erfüllt. Das Abdomen [Unterleib] dürfte über Holz gespannt sein, der Thorax [Rumpf] über Rahmen gearbeitet. Eine Eisenstütze ist vom Holzsockel des schwebend montierten Präparates zwischen den Beinen . . .

Über unser Präparat . . . findet sich im Hauptkatalog unserer Sammlung lediglich die Eintragung: ‚Cutis farcta infantis femelli ichthyosi exquisita laborans . . .' Demnach handelt es sich um ein besonders schönes Stopfpräparat eines Mädchens, das an Ichthyosis [Fischschuppenkrankheit] litt. Der Ausdruck Ichthyosis wurde in damaliger Zeit viel weiter gespannt als heute verwendet. [Die Erkrankten erstikken im fortgeschrittenen Stadium der Krankheit, weil große Hautflächen mit schuppenartigen Auswüchsen bedeckt sind und die Hautatmung verhindern.] . . .

Unser Präparat . . . ist um 1780 einzureihen . . ."

Soviel also zum Mädchen im ehemaligen Wiener Narrenturm. Daß menschliche Stopfpräparate Unikate sind, selbst wenn es sich nicht um solche mit so ungewöhnlichen Hautveränderungen wie im Fall dieses Mädchens handelt, wird der nächste Abschnitt beweisen.

Der ausgestopfte Freimaurer Angelo Soliman sowie die Sammlung der Repräsentanten des Menschengeschlechtes im Wiener Naturalienkabinett

Als ein Beispiel großer Geschmacklosigkeit kann man zweifellos eine Anordnung Kaiser *Franz II.* aus dem Jahre 1796 bezeichnen, durch die er die Familie des verstorbenen persönlichen Freundes von Fürst *Franz von Liechtenstein,* des Negers *Angelo Soliman,* überlistete. Er ließ dessen Leichnam entführen, ihn ausstopfen und in seinem Raritätenkabinett ausstellen.

Angelo Soliman war angeblich ein Königssohn aus dem Stamme der ostafrikanischen Galla. Als Kind wurde er um 1720 von Sklavenhändlern gefangen, verschleppt und landete schließlich in Italien.

Zum Glück kam er in die Dienste einer Dame, die ihn sehr liebevoll behandelte und ihm eine für die damalige Zeit hervorragende Bildung ermöglichte. Später ging er in den „Besitz" des Fürsten *Lobkowitz* über, der ihn zum Pagen machte. Nach dessen Tod kam der inzwischen längst zum Christentum konvertierte Angelo zum Fürsten *Joseph Wenzel von Liechtenstein,* wie es Lobkowitz in seinem Testament angeordnet hatte. Dort bekleidete er ein einflußreiches Amt und begleitete den Fürsten auf allen Reisen, wobei ihm seine Sprachkenntnisse sehr zuhilfe kamen. Er war auch der liebste Schachpartner des Fürsten, da er für dieses Spiel eine außerordentliche Begabung besaß. Zum Bruch mit Liechtenstein kam es aber, als sich Angelo gegen den Willen seines Herrn mit einer bürgerlichen Frau verheiratete. Er wurde verstoßen, später aber wieder vom Neffen und Erben des Fürsten, *Franz,* in Gnaden aufgenommen. Aus Solimans Ehe stammte eine Tochter, die sich später mit dem Hofrat Freiherr *von Feuchtersleben* verheiratete. Der österreichische Dichter und Psychologe *Ernst Freiherr von Feuchtersleben* ist das Kind dieser Verbindung, also das Enkelkind Solimans.

1783 wurde Angelo Soliman in die Freimaurerloge „Zur wahren Eintracht" aufgenommen und besuchte auch regelmäßig deren Zusammenkünfte. Folgende bekannte Zeitgenossen waren Mitglieder dieser Loge: *Ignaz Edler von Born* (1742–1781), ein hervorragender Mineraloge, der zur Ordnung des kaiserlichen Naturalienkabinetts nach Wien berufen wurde; der Forscher, Politiker und Literat *Georg Friedrich Forster* (1754–1795); der bedeutende Arzt und Reformator des Sanitätswesens in Österreich *Johann Peter Frank* (1745–1821); der Komponist *Josef Haydn* (1732–1809), *Leopold Graf Kolowrat-Krakowsky* (1727–1809), Hofkammerpräsident *Leopold Mozart,* der Vater von *Wolfgang Amadeus Mozart* (1719–1789); *Jakob Schmutzer,* Maler und Kupferstecher (1735–1811), *Josef von Sonnenfels* (1732–1817), Universitätsprofessor, Humanist und Journalist, sowie viele andere Persönlichkeiten. Diese Aufzählung soll einen Eindruck jener Gesellschaftsschicht vermitteln, in der es Soliman gelang, sich zu etablieren. Um so überraschender ist es, daß er trotz seiner intellektuellen Fähigkeiten vom Kaiser und diesem nahestehenden Personen in erster Linie als exotischer Abkömmling einer fremden Rasse angesehen wurde, was später zum Entschluß beitrug, Solimans Körper präparieren zu lassen. Man bediente sich dabei einer Methode, die sonst nur bei der Präparation von Tieren gebräuchlich war, mit denen gemeinsam er ja auch ausgestellt wurde.

Auf Wunsch von Kaiser Franz II. wurde Soliman nach seinem Tod – am 21. November 1796 – trotz lebhaften, durch ein energisches Schreiben des Erzbischofs von Wien unterstützten Protestes seiner Familie, der man die Leiche abgelistet hatte – vom Bildhauer *Franz Thaller* abgehäutet, ausgestopft und, zusammen mit drei anderen, ebenfalls ausgestopften Angehörigen fremder Rassen, der kaiserlichen Sammlung einverleibt. In Gesellschaft eines Wasserschweines sowie mehrerer Sumpfvögel war er nun der frivolen Neugier eines schaulustigen Publikums preisgegeben; kurze Zeit später, 1798, wurde im selben Schrank ein sechsjähriges ausgestopftes Negermädchen untergebracht, welches *Maria Caroline,* Königin von Neapel, der Sammlung geschenkt hatte.

Im Jahre 1801 erfuhr die „Sammlung der Repräsentanten des Menschengeschlechtes" eine neuerliche Bereicherung: Der Direktor des Naturalienkabinetts *Abbé Simon v. Eberle* ließ den verstorbenen Mulatten *Pietro Michaele Angiola,* der in der kaiserlichen Menagerie von Schönbrunn Tierwärter gewesen war, durch den Präparator *Filippo Agnello* (den späteren Ägyptenreisenden), einen Venezia-

Hallengruft des Kapuzinerklosters von Palermo *(Bildarchiv Preußischer Kulturbesitz, Berlin).*

Katakomben des Kapuzinerklosters von Palermo *(Ullstein Bilderdienst, Berlin).*

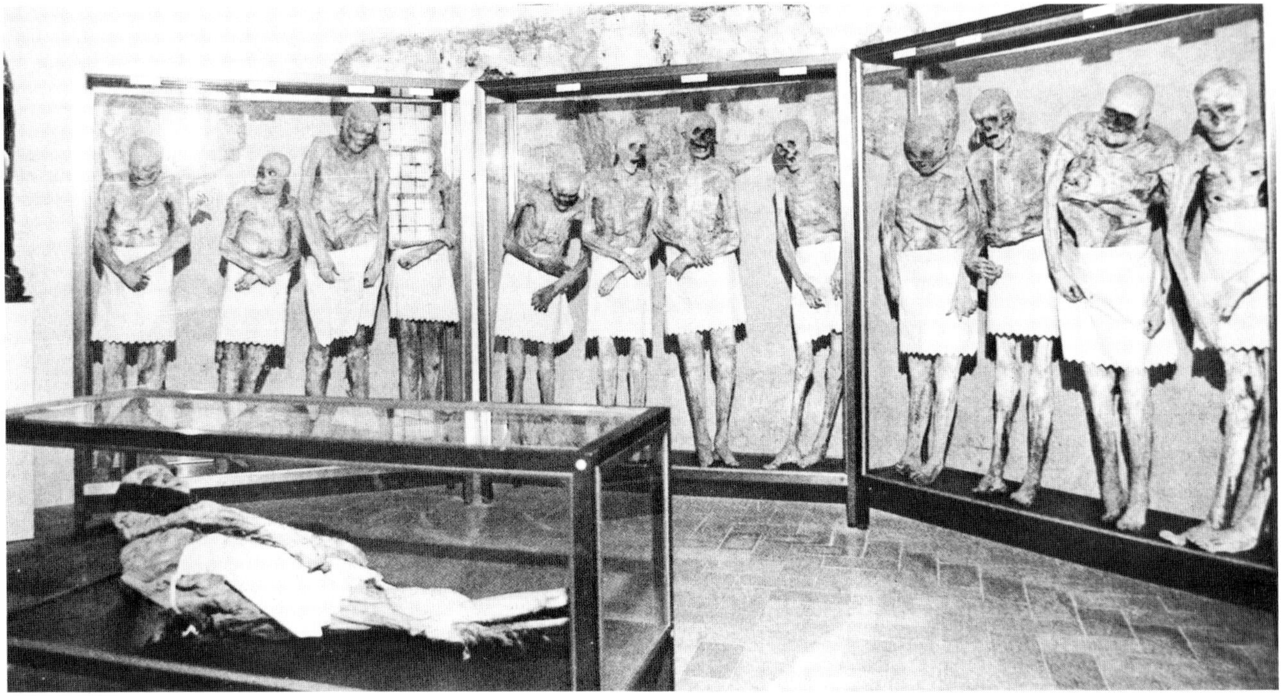

Die Mumien von Venzone *(Archiv Ráček).*

Schwangere junge Frau aus den Katakomben der Michaelerkirche in Wien *(Mayer KG).*

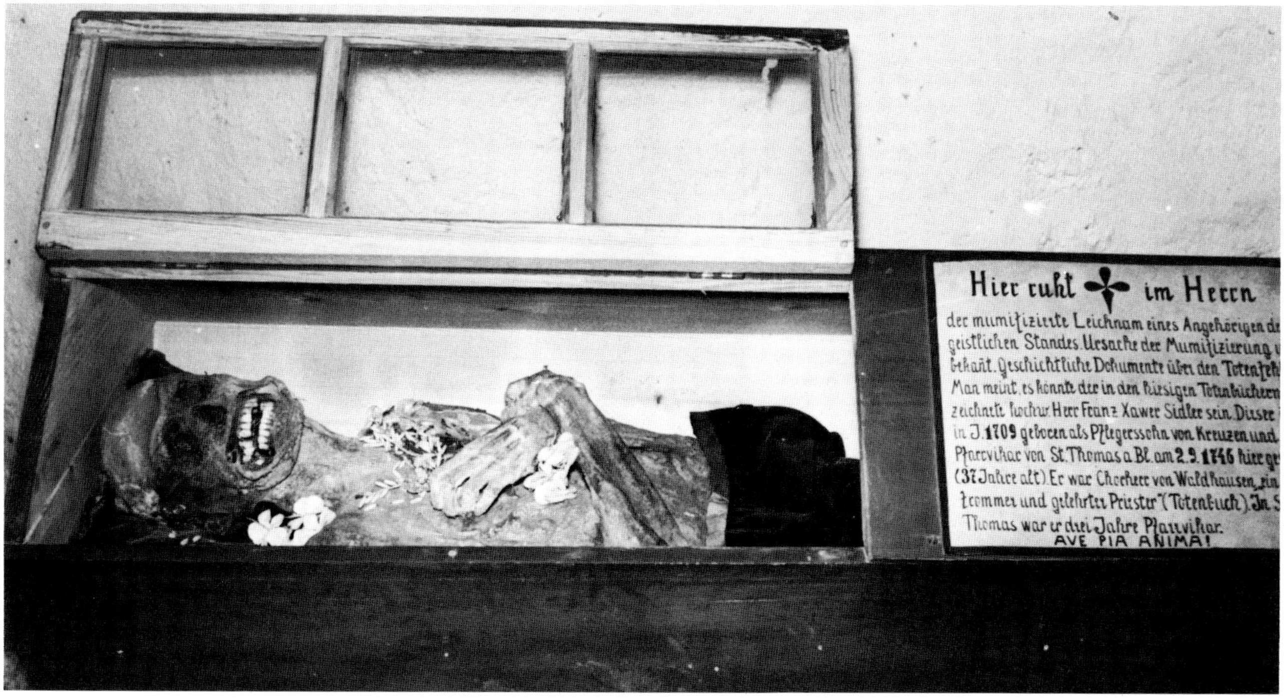

Der mumifizierte Pfarrer von St. Thomas am Blasenstein *(G. Hoffmann)*.

Mumifizierte Ordensmitglieder in der Kapuzinerkirche von Brünn *(Archiv Ráček)*.

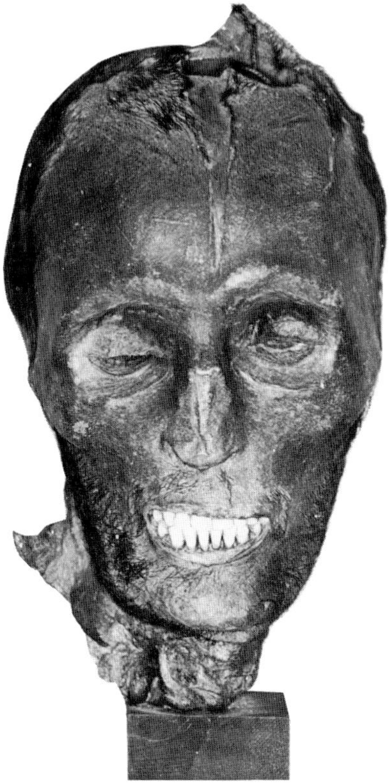

Der ausgestopfte Freimaurer Angelo Soliman *(Archiv Ráček).*

Der Kopf des Grafen d'Arcourd *(Naturhistorisches Museum, Wien).*

Das Mädchenpräparat im Pathologisch-anatomischen Museum von Wien *(Archiv Ráček).*

ner, ausstopfen. Eberle ging nun allmählich von der rein systematischen Aufstellung der zoologischen Sammlung ab und schuf einzelne, nach Lebensräumen zusammengefaßte Gruppen – ein ganz modern anmutender Gedanke. In einer von ihnen, im Großen Saal des Erdgeschoßes, vor einem Wandgemälde der afrikanischen Wüste, wurde der präparierte Angiola – auf einem Kamel reitend, umgeben von Antilopen, einem Dromedar, einigen Zebras, einem Tapir und einem jungen Nashorn – postiert. Allerdings blieb diese Idylle nicht lange erhalten. Als im Jahre 1806 die Neuaufstellung der 1805 vor den heranrückenden französischen Truppen nach Ofen gebrachten Sammlung begann, wurden die „drei Repräsentanten des Menschengeschlechtes" von dem neuen Direktor *Carl F. A. Ritter v. Schreibers* nicht mehr in die Schausammlung eingereiht, sondern in ein Magazin unter dem Dachboden verfrachtet.

Das gleiche Schicksal erlitt das Präparat des 38 Jahre alten Negers *Josef Hammer,* eines Gärtners, welcher 1808 im Spital der Barmherzigen Brüder in der Leopoldstadt verstorben und von Frater *Narziß,* dem Oberkrankenwärter, der Sammlung geschenkt worden war. Die Präparierung wurde durch den Bildhauer *Wimmer* „über Holz gespannt" vorgenommen, und der bekannte Wiener Anatom *Fitzinger* nennt sie „eine der vollendetsten Leistungen dieser Art". Fitzinger, der die vier Stopfpräparte noch aus eigener Anschauung genau kannte, schreibt 1868 auch über die Arbeit Thallers: „Seine Leistung übertraf jede Erwartung, denn Gestalt sowohl als Gesichtszüge waren ein getreues Abbild des lebenden Originals, von welchem Thaller unmittelbar nach dem Tode einen Gipsabzug abgenommen hatte."

Im Verlauf der Revolutionsereignisse von 1848 geriet das Dach der Augustinerkirche am 31. Oktober in Brand; das Feuer griff auf den Dachstuhl des anschließenden Naturalienkabinettes über und vernichtete diese makabren Erinnerungen dynastischer Geschmacklosigkeit, welche sich in den Magazinen unterhalb des Daches befanden. Es mag für den armen Soliman ein später Trost gewesen sein, daß ihm der Schriftsteller *Fritz von Herzmanovsky-Orlando* in seiner skurril-kauzigen Geschichte „Apollo von Nichts oder Exzellenzen ausstopfen – ein Unfug" wenigstens ein literarisches Denkmal gesetzt hat . . .

Der Kopf des Grafen d'Arcourd

Zum Abschluß des Kapitels „Europa" soll noch kurz einer weiteren Kuriosität gedacht werden, die auch von den rauhen Sitten vergangener Zeiten zeugt: der „Kopfreliquie" des französischen Grafen *d'Arcourd,* deren posthume Wanderung in der Anthropologischen Sammlung des Wiener Naturhistorischen Museums ihr – vorläufiges – Ende fand. In dem von *Johann Szilvassy* verfaßten Führer (Wien 1978) wird darüber u. a. folgendes berichtet:

„Unter der Inv.-Nr. 15.377 befindet sich eine Kuriosität in der Abteilung. Im Inventar findet sich folgende Aufzeichnung: Mumifizierter Kopf eines französischen Offiziers, angeblich eines Grafen *d'Arcourt (oder d'Harcourt),* der in der Schlacht bei Nürnberg am 24. August 1634 eine Kopfverletzung erhalten hat, von einem Feldscher trepaniert wurde und an den Folgen der Operation starb. Präparierter Kopf mit ca. 5 cm langem Stück Hals, sehr gut erhalten, Kopf und Barthaare erhalten, sowie sämtliche Schneidezähne. Die Kopfhaut, kreuzförmig aufgeschnitten, läßt den trepanierten Schädel sichtbar werden. Nähere Angaben siehe das nachfolgende Protokoll."

Aus dem erwähnten „Protokoll" geht hervor, daß der Wiener Graf und Hobbyarchäologe *Hans*

Wilczek besagten Kopf um 1910 dem Heeresgeschichtlichen Museum in Wien geschenkt hatte, von dem er in das Naturhistorische Museum kam. Wilczek hatte diesen Kopf bei einem Nürnberger Antiquar zusammen mit Dokumenten gesehen, aus denen hervorging, daß es sich um den des Grafen d'Arcourd (oder d'Harcourt) handelte, der im Dreißigjährigen Krieg umgekommen war. Der Feldscher, welcher auch die Trepanation vorgenommen hatte, trotz – oder in Folge der – der Graf verstorben war, hatte den Kopf hierauf abgeschnitten und zum Nachweis seiner ärztlichen Geschicklichkeit mumifiziert. Wilczek hatte den Ankauf abgelehnt; als er Jahre später wieder nach Nürnberg kam, ließ er sich den Kopf nochmals zeigen, doch waren die Dokumente in der Zwischenzeit in Verlust geraten. Dennoch kaufte Wilczek diesmal den Kopf und nahm ihn nach Schloß Seebarn (N.Ö.) mit. Er verständigte die in Frankreich bestehende Familie des Grafen und bot ihr den Kopf an, doch: „Sie wollte davon nichts wissen." So blieb der Kopf jahrelang in Seebarn in einer Kiste verpackt. Nachdem auch alle Versuche Wilczeks, ihn an Hand von alten Kupferstichporträts mit einem historisch nachweisbaren Mitglied der Familie d'Arcourd zu identifizieren, fehlgeschlagen waren, wollte er ihn schließlich im Schloßpark vergraben, schenkte ihn aber dann doch dem Heeresgeschichtlichen Museum. Im „Protokoll" heißt es weiter:

„Der Kopf des Grafen ist sehr gut erhalten, die Gesichtsfarbe ist bräunlich, Haare und Bart sind fast unbeschädigt. Nur die Augen sind ein wenig eingefallen: durch das Austrocknen der Weichteile öffnet sich der Mund ein wenig und enthüllt ein vollständiges Gebiß. Die Mumifizierung erzielte der erwähnte Feldscher, indem er das Gehirn vollständig entfernte und den Kopf längere Zeit hindurch dem Einfluß von Rauch aussetzte. Der auf diese Weise hergestellte mumifizierte Schädel diente laut Überlieferung nicht nur als ein Beweisstück für die Kunst des Feldschers, sondern sollte auch die materielle Situation des durch die Kriegswirren schwer geschädigten Mediziners verbessern.

Diesen Kopf wollte er der Geliebten des Grafen, natürlich gegen entsprechendes Entgelt, als Trost für den Verlust ihres Liebsten verkaufen. Aus diesem Geschäft wurde aber nichts, da sich die Dame in der Zwischenzeit mit einem anderen ‚vollständigen' Mann getröstet hatte und keinen Wert auf den Besitz des ‚geliebten Kopfes' legte."

Diese „Tragikomödie", die vermutlich aus den verlorengegangenen Dokumenten entnommen wurde, ist heute freilich nicht mehr nachweisbar. Immerhin: Der Kopf befindet sich nach wie vor in Wien, und vielleicht besucht ihn einmal ein Nachkomme des unglücklichen Grafen, um seinem Vorgänger die Referenz zu erweisen . . .

2. AFRIKA

Ägypten: Die Mumie – ein lebender Toter

Es dürfte keinen Bereich unserer Erde geben, der in ähnlichem Ausmaß mit dem Begriff „Mumien" in Verbindung gebracht wird wie das alte Ägypten der Pharaonenzeit. Obwohl wir heute wissen, daß verschiedene Arten der Leichenkonservierung in verschiedenen Kulturen bekannt waren, hat das Bild der für Jahrtausende erhalten gebliebenen Menschenkörper aus dem Land am Nil unsere Vorstellungswelt geprägt. Abbildungen von erstaunlich lebensecht wirkenden Mumienköpfen, wie etwa jenem des großen Königs *Ramses II.*, sind vielfach in Schulbüchern zu finden, und die faszinierende Geschichte der Entdeckung des „Goldenen Pharao" *Tutenchamun* in den zwanziger Jahren wird immer wieder detailreich nacherzählt und diskutiert.

Tatsache ist, daß bei keinem anderen Volk der gesamten Menschheitsgeschichte die Bemühungen um die Konservierung der sterblichen Überreste des Menschen einen so großen Raum einnahmen wie in Altägypten. Für die Menschen dieser Hochkultur galt der Gedanke, daß es eine religiöse Pflicht sei, den Körper der Verstorbenen für immer oder wenigstens so lange als möglich vor dem Zerfall zu schützen. Wer stirbt – so wurde allgemein angenommen –, habe eine gefährliche Zeit des Überganges in eine andere Ebene des Seins zu absolvieren, in der sich die verschiedenen Teile der Persönlichkeit unwiederbringlich zerstreuen könnten, ohne aber das Ich-Bewußtsein zu beeinträchtigen. Als „Stützpunkt" für eine Wiedervereinigung zu neuem Leben galt daher der Körper, an dessen Ausprägung alle Elemente der Persönlichkeit geknüpft gewesen waren. Die Konservierung des Leibes, dieses von Natur aus so vergänglichen Teiles des Menschen, stellte sicher, daß das heimatlose Ich des Verstorbenen nicht ziellos umherirren mußte, sondern eine Neuordnung in einem Totenreich erfahren konnte. Der zweite, der wirkliche Tod war in diesem Gesamtbild der völlige Zerfall des Körpers, und es wäre geradezu als Mord angesehen worden, diesen durch mangelnde Obsorge herbeizuführen. Freilich ist klar, daß der Idealfall einer mit komplizierten Ritualen und langwierigen Prozeduren durchgeführten Einbalsamierung nur einem kleinen Teil der altägyptischen Gesellschaft erreichbar war. Die armen Bauern und Hirten konnten nur hoffen, daß Trockenheit und Hitze ihre sterblichen Überreste einige Zeit vor dem Verfall schützen würden.

Es versteht sich von selbst, daß die komplizierten Prozeduren des Einbalsamierens sich erst im Laufe der Zeit herausbilden und verfeinern konnten. In der vorgeschichtlichen Zeit, vor den ersten historisch erfaßbaren Dynastien, wurden die Toten in nicht sehr tiefen Gruben bestattet, die abseits des fruchtbaren Landes in der Wüste ausgehoben wurden. Obwohl in dieser Epoche das Klima des Landes noch nicht im selben Ausmaß heiß und trocken war wie in neuerer Zeit, gab es auch damals genug Wüstensand, um auf ganz natürliche Weise „Trockenleichen", also eine Art von Naturmumien, hervorzubringen. Bei Nachbestattungen, wenn zufällig Verstorbene aus früherer Zeit entdeckt wurden, müssen diese Unverwesten zu Spekulationen über eine Art von Fortleben geführt haben. Offenbar wurde unmittelbar vor dem Beginn der historischen Epoche, um 3000 v. Chr., damit begonnen, besser gestaltete Gräber anzulegen und die Toten in Steinkammern beizusetzen, die unter dem konservierenden Wüstensand lagen. Die Leichen wurden sorgfältig in Leinenbinden gewickelt, aber es zeigte sich, daß sie eher zerfielen als die Trockenmumien aus älterer Epoche. Gab es etwa doch keine Möglichkeit, dem ewigen Kreislauf von Werden und Vergehen, wie ihn die periodischen Überschwemmungen des Nils vor Augen führten, zu entrinnen und den Menschen zu einem Wesen zu machen, das die Zyklen der Natur überwinden konnte?

Wir wissen nicht, ob mit solchen Spekulationen auch die Formulierung eines vom Tode nicht abhängigen Teiles der Persönlichkeit, einer unsterblichen Seele, Hand in Hand ging. Die Auflehnung gegen den Gedanken, daß mit dem Tod jegliches Leben zu Ende sein sollte, bildete sich jedenfalls bereits zu Beginn der Hochkulturen-Epoche immer klarer heraus. Immer drängender wurde das Streben, der eigenen Seele mit ihren verschiedenen Komponenten den Fortbestand und eine gesicherte Existenz in der Ewigkeit zu sichern. Dabei registrieren wir eine eigenartige Diskrepanz im Denken; einerseits herrschte der Glaube vor, daß die Abgeschiedenen im Jenseits des „Schönen Westens“, in den seligen Gefilden der Jarufelder, ein sorgenfreies Dasein führten – vorausgesetzt freilich, daß alle religiösen Forderungen erfüllt worden waren. Andererseits stellte man sich die Wohnstätten der Körper so weit als möglich als Abbilder der Wohnungen bei Lebzeiten vor, schmückte den Sarkophag und die Grabkammern, stellte Modellfiguren von Dienern hinein, hinterlegte Beigaben in Form von Speisen und Getränken sowie persönliche Habseligkeiten der Verstorbenen, offenbar immer in der Annahme, daß ein Teil der Persönlichkeit mit dem Grab und der darin „wohnenden“ Leiche verbunden blieb. Wir sollten dabei bedenken, daß auch in unserer eigenen Kultur bei gläubigen Menschen die Ansicht herrscht, die Seelen der Verstorbenen seien zwar der Erdenwelt entrückt, daß aber dennoch deren Gräber gepflegt, mit Blumen und Lichtern versehen und oft besucht werden, obwohl sie nichts als die „irdischen Hüllen“ beherbergen. Diese scheinbare Inkonsequenz sollte wohl auch nicht analytisch zergliedert werden, denn sie entspringt offenbar dem Wunsch der Überlebenden, den dahingegangenen Menschen einen Liebesdienst zu erweisen, sosehr diese ihn zu Lebzeiten nötiger gehabt haben mögen.

Beim Einsetzen der voll ausgebildeten Hochkultur waren für verstorbene Herrscher Totenbegleitopfer üblich, also die Mitbestattung von Dienerschaft des Verewigten; mannigfache Holzfiguren, an Spielzeug erinnernd, waren später der Ersatz von einst mitbestatteten Leibwächtern und Dienern. Reich ausgestattete Speisekammern gehörten vielfach zu den Grabstätten der Vornehmen, und sie mußten von den Nachkommen regelmäßig neu gefüllt werden. Wichtiger war aber eine ausgefeilte Ritualistik, die dazu dienen sollte, Diesseits und Jenseits – auf für uns nicht immer verständliche Weise miteinander verwoben – mit den Menschenwesen beider Bereiche zu einer harmonischen Existenz hinzuführen. Der Tote war nicht ein gefürchtetes Wesen, sondern von der liebevollen und verantwortungsbewußten Sorge der Lebenden abhängig. Daß die Riten mit ihren zahllosen Formeln und Opferhandlungen oft in einem Maß ausuferten, daß sie für unsere Begriffe kleinlich-bürokratisch wirken, gehört zu den Eigenheiten der immer auf Exaktheit und Sauberkeit hin ausgerichteten altägyptischen Kultur. Der Archäologe unserer Zeit ist naturgemäß über die Funde von reichen Grabbeigaben dankbar, die ein getreues Abbild des irdischen Lebens im Pharaonenreich darstellen. Was wir heute beobachten, ist nicht eigentlich Angst vor dem Tode, sondern die Furcht, ohne gebührende Sorgfalt beerdigt zu werden und dadurch im Jenseits ein schmach- und kummervolles „Geworfensein" zu erfahren.

Es ist evident, daß nicht jeder Bewohner des Nillandes hoffen konnte, einst selbst die langwierigen und kostspieligen Prozeduren der Einbalsamierung und der damit verbundenen Zeremonien in voller Ausprägung zu genießen. Hier aber bot der Gedanke einen Ausweg, im Umkreis des Pharaos an dessen Vergöttlichung zu partizipieren. Der Herrscher konnte den ihm nahestehenden Menschen das Recht erteilen, ihre Gräber in der Umgebung seines eigenen Großgrabes vorzubereiten und später an den dort dargebrachten Totenopfern teilzuhaben. Als gegen Ende der „Pyramidenzeit" des Alten Reiches, um 2000 v. Chr., das Königtum an Macht verlor, die Verwaltung nicht mehr zentral gehandhabt wurde und es viel mehr Arme gab als zuvor, mußten sich in zunehmendem Ausmaß immer mehr Menschen Möglichkeiten sichern, eigene Jenseitswege zu finden. Viele kleinere Grabbauten entstanden, häufig mit Malereien und Reliefs geschmückt, um auf diese Weise magisch den „Nachlebensunterhalt" zu gewährleisten. Neben den überaus aufwendigen und – wie wir sehen werden – keineswegs immer zielführenden Balsamierungsprozeduren, die den Herrschern vorbehalten waren, gab es oft einfachere Formen der Mumifizierung. Auch dadurch sollte erreicht werden, daß eine größere Anzahl von Menschen den Idealzustand des Nach-Tod-Lebens erreichte. Es spielte sich in einer geographisch nicht gut fixierbaren Region ab, die eher dem mythischen Weltbild als der realen Weltgegend des „Schönen Westens" angehörte; das Jenseits lag im Bereich des Sonnenunterganges, entsprechend dem Glauben, daß die personifiziert gedachte Sonne allnächtlich das Land der Abgeschiedenen wärmt und erhellt, wenn sie die Menschenwelt verlassen hat. Demgemäß lagen die Gräber an der Westseite des Nils. Diese klare Ordnung von Welt und Überwelt brachte es zugleich mit sich, daß das Jenseits in einer für uns nicht recht nachvollziehbaren Weise in die Welt der Lebenden hereingenommen wurde, die sich um den Gräberkult und die Bestatteten zu kümmern hatten. Nur dadurch konnten sie hoffen, nach ihrem eigenen Dahinscheiden ihrerseits von den Überlebenden mit vergleichbarer Sorgfalt umhegt und mit nährenden Opfergaben versorgt zu werden.

Die Westseite des Niltales mit ihren Nekropolen, vor allem mit dem *Tal der Könige,* wird von dem Ägyptologen *Kurt Lange* (1959) in geradezu dichterischer Aussage so geschildert:

„Welch ein Tal, in dessen Rändern ein Volk von Toten dauerte! Aus Tausenden von Gruftanlagen blickten die Gestorbenen und doch nie Abgeschiedenen in das Dasein der sich ablösenden Generationen herein, aus Pyramiden, Wüstenfriedhöfen und Felsnekropolen, unablässig Verehrung und Versorgung verlangend, aber auch im Armengrab, mattenumhüllt und mit ein paar billigen Amuletten ausgestattet, der Verwesung ebensowenig unterworfen, aber auf wenig Fürsorge angewiesen.

Was für eine Landschaft entlang den Äckern, Dämmen und Kanälen: durch Jahrtausende hin mit Leichen beschickt, Wabenfelder eines Todes ohne Vergehen, Zelle an Zelle gesättigt mit persönlichem Dasein, das in alle Ewigkeit zu dauern bestimmt war."

Nicht alle der dort Bestatteten waren wirklich mit allem Raffinement der altägyptischen Balsamierungstechnik konserviert worden, sondern vielfach hatte man ihre Leiber nur mit Hilfe von Natron entwässert. Was wir über die Mumifizierung wissen, stützt sich zum Teil auf die Fundberichte der Archäologen und die gewissenhaft erarbeiteten Analysen des Fundmaterials, zum Teil auf Mitteilungen antiker Autoren, die in der Spätzeit der ägyptischen Kultur das Nilland besucht hatten. Unser wichtigster Gewährsmann ist *Herodot* von Halikarnassos, der „Vater der Geschichtsschreibung“, der im 5. Jahrhundert v. Chr. durch Ägypten gereist war. Im zweiten Buch seiner „Historien“ ist der Großteil dessen enthalten, was bis zur Herausbildung der wissenschaftlichen Ägyptologie im heutigen Sinn im Abendland über das Pharaonenreich bekannt war. Im Hinblick auf die Arten der Einbalsamierung beschreibt er genau die einzelnen Preisklassen oder Grade der Perfektion, die früher mit um so höheren Kosten verbunden waren, je höhere Ansprüche gestellt wurden.

Die kompletteste und damit auch kostspieligste Methode wird von Herodot so geschildert: Zuerst wurde das Gehirn durch die Nase mittels hakenförmig gebogener Drahtstücke aus dem Schädel entfernt und dieser anschließend mit Drogenlösungen ausgespült. Dann wurde der Körper an der Seite mit einem chirurgischen Werkzeug, dem „Stein aus Äthiopien“, geöffnet, und es wurden sämtliche Eingeweide daraus entfernt. Diese wurden separat behandelt, mit Palmwein und Spezereien gespült, der Magen mit Myrrhe und Cassia gefüllt und zugenäht und dann in Eingeweidekrügen (Kanopen) bestattet.

Die Werkstatt der Mumienmacher. Wandmalereien in einem thebanischen Privatgrab *(Archiv Biedermann).*

Der Körper, der nun wirklich nur „sterbliche Hülle“ war, lag bis zu siebzig Tagen in einer entwässernden Natronlösung und bestand nach der Austrocknung eigentlich nur noch aus einem hautüberzogenen Skelett. Vielfach dürfte auch trockenes Natronpulver für diesen Entwässerungsprozeß verwendet worden sein. Anschließend wurde er mit Binden aus feinem Byssusleinen umwickelt und mit einer gummiähnlichen Masse aus Mastixharz überzogen. Die Umwickelung war ein langwieriger und komplizierter Prozeß, für den im Idealfall mehrere hundert Meter Stoff verbraucht wurden. „Zuerst wurden Finger, Hände und Füße gesondert in sehr feine Binden gehüllt, dann erst bekam der Körper selbst seine Bandage. Schließlich wurde alles noch einmal mit breiteren Binden netzartig umwickelt, die die äußere Umhüllung bildeten. Alle diese Gewebe wurden beim Anlegen mit einer Flüssigkeit getränkt, die ihre Haltbarkeit verstärkte und den Körper mit dem Duft feiner Öle umgab“ *(S. Sauneron).* Das Bestreben, durch Parfümierung auch den letzten Rest von Verwesungsgeruch zu beseitigen, war dabei offenbar wichtiger als die echt konservierende Wirkung. Schließlich wurde die Mumie in einen Sarkophag von menschenförmigem Umriß gelegt und in der Grabkammer aufrecht stehend an die Wand gelehnt oder, im Falle von Königsmumien und den Überresten der Vornehmen, in einem umhüllenden Steinsarkophag bestattet, der auch zahlreiche Amulette, Schmuckstücke und Götterfiguren enthielt.

Bei geringeren finanziellen Mitteln der Hinterbliebenen wurde folgende Methode empfohlen: Die Leiche wurde nicht geöffnet, sondern man injizierte mit einer Klistierspritze Zedernöl und verhinderte dessen Ausfließen durch Tamponieren. Das Zedernöl löste die Eingeweide auf, die nach Entfernen des Tampons ausgespült werden konnten. Durch längeres Aufbewahren in Natron wurde dann auch das

Muskelgewebe so stark entwässert, daß es kaum mehr in Erscheinung trat, so daß am Ende auch bei dieser Methode im wesentlichen nur noch Haut und Knochen übrigblieben. Die Umwickelung mit Leinenbinden geschah dann in der bereits beschriebenen Weise.

Die dritte – billigste – Methode wurde analog der vorigen durchgeführt, nur verwendete man anstelle des teuren Zedernöls das billigere Rettichöl. Die Archäologen wissen, daß die teuersten Balsamierungsmethoden für die Konservierung der Körper keineswegs besser geeignet waren als die weniger kostspieligen. In der Tat wirkten sich manche Salbungen mit duftendem Öl eher nachteilig für den Zustand der Mumie aus, wie sich u. a. bei der sorgfältigen Bergung der Überreste des berühmten *Tutenchamun* deutlich zeigte. Zu beachten ist, daß für den Ägypter die rein technischen Prozeduren nicht allein maßgeblich waren, sondern daß die zahllosen Riten und die beim Einbalsamieren zu rezitierenden Gebetsformeln für den Jenseitsweg der Toten als mindestens ebenso bedeutsam angesehen wurden. Demgemäß gab es nicht nur die einfachen Handwerker des Einbalsamierens, sondern als höhere Klassen die „Gottessiegler“, die „Einbalsamierer des (Totengottes) *Anubis*“, die „Vorsteher der Geheimnisse der Balsamierungsstätte“ und die Rezitatoren der heiligen Texte. Die damit verbundenen Arbeiten und Zeremonien sollten die magischen Handlungen nachbilden, mit welchen im Mythos der von seinem feindlichen Bruder *Seth* ermordete *Osiris* durch seine Gemahlin *Isis* wiederbelebt worden war.

Der Vorgang des Balsamierens der Leichen wurde wahrscheinlich nicht in einem festen Gebäude vorgenommen, sondern eher in einem Zelt. Der schakalköpfige Totengott *Anubis*, in der großen Zeit Altägyptens als Gehilfe des *Osiris* angesehen, wird in den Texten wiederholt als in einem Zelt wohnend angesprochen, das als der „reine Platz des guten Hauses“ bezeichnet wurde. Klarerweise konnte ein Zelt besser durchlüftet werden; alle arabischen Wohlgerüche der Balsamierungskunst hätten sonst kaum ausgereicht, den Leichengeruch erträglich zu machen.

Die durch die Entfernung der Eingeweide ausgehöhlten und entwässerten Mumien wurden, wie die Funde zeigen, zumindest bei den kostspieligeren Bestattungen durch verschiedene Füllstoffe wieder annähernd „abgerundet“. Ehe man die Bauch- und Brusthöhle wieder vernähte, wurden sie mit Palmöl und Aromastoffen gereinigt und dann mit parfümierten Leinenstücken ausgestopft. In manchen Fällen wurden die Leibeshöhlen auch mit Leinensäcken gefüllt, in welchen Sägemehl und Zwiebeln lagen. Über die Schnittstelle wurde eine Platte aus Wachs oder Metall gelegt, die mit dem unheilabwehrenden Amulettzeichen den Horusauges geschmückt war. Das Gesicht wurde unter den Wangen und Augenlidern mit Leinwand ausgepolstert, um es nicht zu sehr eingefallen erscheinen zu lassen, wenn auch Entstellungen nicht immer vermieden werden konnten. Eine Harzschicht sollte verhindern, daß sekundär Feuchtigkeit den Zustand der Mumie beeinträchtigte. Alle diese Prozesse wurden von Gebeten begleitet:

„Der Wohlgeruch Arabiens ist dir gebracht worden, um deinen Geruch vollkommen zu machen durch den Duft des Gottes . . . Süß duftende Seele des großen Gottes, du birgst so süßen Duft in dir, daß dein Gesicht sich nicht verwandeln und nicht absterben soll . . . Du sollst dich mit Osiris in der großen Halle vereinigen. Die Salbe kommt zu dir, um deine Glieder zu formen und dein Herz froh zu machen, und du sollst erscheinen in der Form des [Sonnengottes] *Re* . . . Du trittst herein, deine Seele ist im oberen Himmel und dein Körper im unteren Himmel . . . O Osiris, möge das Horusauge das aus ihm

Ausfließende zu dir holen und zu deinem Herzen für alle Ewigkeit . . .“

Auf diese Weise wurden natürliche Kunstgriffe und magische Zeremonien auf uns geradezu besessen wirkende Weise kombiniert, um all das fernzuhalten, was an Verfall und Vergänglichkeit gemahnt. Wer jedoch heute altägyptische Mumien betrachtet, wird erkennen müssen, daß sie allen Bemühungen der Balsamierungskünstler zum Trotz dennoch nur selten „wie lebendig“ wirken. Sie gemahnen eher an Statuen aus Braunkohle, die nach dem Vorbild abgezehrter Menschen geformt sind, auch wenn sich in den Gesichtern gelegentlich ein Abglanz der einstigen Persönlichkeit erhalten hat. Nicht selten stellt sich beim sensitiven Betrachter ein starkes Gefühl der Rührung und Ergriffenheit ein . . . Freilich, die „literarischen Phantasien moderner Schriftsteller über die anmutigen Mumien reizender Prinzessinnen sind völlig unverständlich, wenn man sieht, was ein Körper aufgeben mußte, um sich einen Schimmer menschlichen Aussehens zu bewahren“, schrieb der französische Ägyptologe *S. Sauneron. Kurt Lange* bezeichnet die Mumien als „holzbraun und hager“ und erwähnt, daß die Extraktion des Gehirns durch die erweiterte Nasenöffnung die Gesichter vielfach entstellte, „denn nicht immer haben eingeführte harzdurchtränkte Gewebepfropfen den strapazierten Nasenknorpel gegen Deformierung durch die fest umgelegten Binden zu schützen vermocht . . . Zwischen dem, was der wohlgestaltete Bildnissarg verheißt, und dem, was sich bei der Untersuchung aus den Hüllen schält, klafft gewöhnlich ein bestürzender Unterschied.“

Freilich gibt es Mumien, die in der Tat, aller Austrocknung zum Trotz, charakteristische Züge des Antlitzes außerordentlich lebensnah erhalten haben; gelegentlich hat sich etwas wie ein Hauch der Persönlichkeit über die Jahrtausende hinweggerettet,

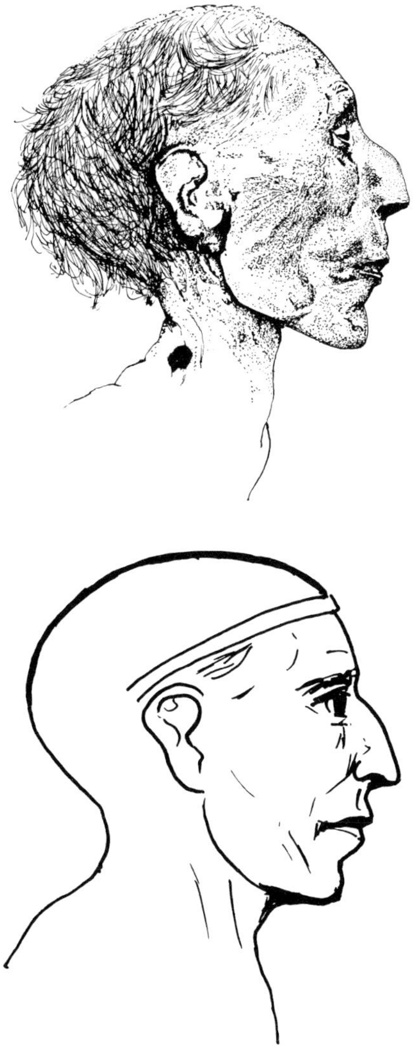

Der Pharao Ramses II. starb 1235 v. Chr., mehr als 90 Jahre alt. Die nach der Enthüllung der Mumie (1881) entstandene Darstellung ermöglicht es, sich die Erscheinung des Herrschers in jüngeren Jahren vorzustellen *(Archiv Biedermann).*

und dann fühlt sich der Betrachter eigenartig berührt – er blickt in Antlitze von Menschen, deren Lebenszeit unendlich weit vor der heutigen lag, die nun zwar geschwärzt und geschrumpft wirken, aber auf eine Weise dem Kreislauf des Werdens und Vergehens ansatzweise entrückt zu sein scheinen. Die Mumien der großen Könige *Ramses II.*, *Ramses III.*, *Sethos* und *Thutmosis IV.* etwa, die in Kairo aufbewahrt werden, haben in all ihrer „Fossilisation" Individualität bewahrt, und diese braunen Menschengesichter gewähren etwas wie einen Blick in Epochen, die von der unsrigen durch einen gewaltigen Abgrund verstrichener Zeit getrennt sind. In solchen Fällen konnte die Kunst des Balsamierers tatsächlich andeutungsweise „dem Augenblick Dauer verleihen".

Nebenbei soll erwähnt werden, daß es morderne Untersuchungsmethoden vielfach gestatten, die Körper der vor mehreren Jahrtausenden verstorbenen mumifizierten Altägypter anatomisch und pathologisch zu untersuchen, durch Röntgenaufnahmen Todesursachen festzustellen und Mißbildungen zu diagnostizieren. Dadurch wurden auch solche Menschenschicksale lebendig gemacht, über die keine Chronik berichtet oder deren Geschichte in nur verbrämter Form aufgezeichnet wurde. Auch für die Wissenschaft haben daher die Balsamierungskünstler des Pharaonenreiches ungewollt Großes geleistet. Für den Ägyptologen erheben sich oft Fragen, die nicht beantwortet werden können, so etwa, warum manche Tote nicht dem Brauch gemäß kahlgeschoren und rasiert wurden, sondern langhaarig und stoppelbärtig in eine begrenzte Ewigkeit eingingen. Mangelnde Sorgfalt kann kaum den Ausschlag gegeben haben, betrugen die Kosten einer solchen Behandlung doch, je nach „Klasse", zwischen DM 5.000,– und 10.000,–!

Bekanntlich hat sich aber nicht erst die Ägyptologie unserer Tage mit den ägyptischen Mumien beschäftigt, sondern diese galten schon seit Jahrhunderten als eines der größten Mysterien des Pharaonenreiches, als große Merkwürdigkeiten und Wunder, und in Büchern der Renaissance und des Barock wird oft „umbständlich" über diese Unverwesten berichtet. Es ist kulturgeschichtlich sehr reizvoll, diese alten Quellen über die noch viel älteren „Curiositäten" aus der Zeit lange vor der Antike zu befragen.

In dem Werk des vielseitigen Naturforschers *Valentini* mit dem Titel „Natur und Mineralien-Kammer Drittes Buch, von allerhand Thieren, Vögeln, Fischen, Gewürm und was davon herrührt" (1703) wird auch über drei Balsamierungsmethoden berichtet. Der Text basiert weitgehend auf dem „Oedipus Aegyptiacus" des großen Barockgelehrten *Athanasius Kircher* (1652–1655 erschienen). Die tiefgreifende Unterscheidung zwischen den drei Balsamierungsmethoden und den früher erwähnten läßt darauf schließen, daß die Aussage nicht in erster Linie auf jener *Herodots* basiert. Es heißt bei Valentini:

„Sie hatten nehmlich 3 Stuffen oder Gradus des balsamirens, wo von die Erste und kostbahreste ein Talent, das ist über 400 fl. heut zu Tag aber über 4.000 fl. kosten dörffte, indem die ausgeweydete Cörper erstlich mit Palmen Wein und nachmahlen 30. Tag mit den kostbahrsten Balsamen gerieben auch endlich mit besten Specereyen, als Myrrhen, Indianischen Narden und dergleichen angefüllet worden, welches nur hohen Stands-Personen widerfuhre; und daher rühret die Veritable Aegyptische Mumia, welche nach Benzoin und dem Opobalsamo riechet, aber so rar ist, daß sie nirgends als in der grossen Herren Schätzen zu finden ist wie Herr D. Kempffer de Mumia Nat. berichtet. Die zweyte Art kostet nur halb so viel, dieweilen so keine grosse Mühe darzu gethan, auch nicht so kostbare Balsamische Sachen, sondern nur die Myrrhen samt dem Asphalto und dergleichen darzu genommen wurden, gehörete den jenigen so in ihrem Leben von mittelmäßiger Condition waren. Die dritte Balsamation bestunde nur aus Pech und Judenleim, nachdem die Todten-Cörper zuvor mit Kalck, Saltz und dergleechen eingebeitzet auch wohl gar in Oehl gebraten worden, damit ja alle Feuchtigkeit davon kommen und die Olitäten besser penetriren konten; dahero es kommen mag, daß auch die beinigre Theil von dem Balsam durchdrungen worden wie auß deren

Mumie einer älteren Frau, wahrscheinlich der Königin Hatschepsut *(nach P. H. Schulz).*

schwartzen Farb zu ersehen ist, welche Nehem. Grevv. an den jenigen Mumien, so im Museo der Königlichen Soc. zu Londen im Gresham Colledge zu sehen und von ihm in dessen Historie beschrieben wird in acht genommen hat, worvon die Aet. Lipsiens. A. 82. Mens. fan. Num. 1 auch gelesen werden konnte. Endlich wurden nach vollendeter Balsamierung die Mumien in viele leinene Tücher und Banden eingewickelt, mit Charactern bezeichnet und benebenst ihren Abgöttern in die Gruben gelegt; worvon obgemeldter Kircher mit mehrerm handelt.“

Der Vergleich dieser drei Mumifizierungsmethoden zeigt, daß man es bereits damals verstand, aus dem Glauben Geld zu schlagen und Menschen das Bedürfnis hatten, durch Äußerlichkeiten ihre Zugehörigkeit zu einer bestimmten Gesellschaft zu manifestieren. Die überlieferten Berichte demonstrieren auch, daß das Geschäft mit dem Tod nicht immer nur eine ernste kultische Angelegenheit war. So wird berichtet, daß die Leichen schöner junger Frauen erst nach einigen Tagen zur Balsamierung übergeben wurden, wodurch verhindert werden sollte, daß sich die Bearbeiter nekrophil an ihnen vergingen. Mag dies auch sehr befremdend klingen, so darf doch nicht vergessen werden, daß Leichen dem herrschenden Glauben nach nicht als tote Materie betrachtet wurden.

„Mumie ist das, was in den Gräbern der balsamierten Menschen zu finden ist.“ – Dieser Satz steht in dem 1557 erschienenen medizinischen Werk „Hortus sanitatis“. In einem Buch von *Joachim Strüppe* aus dem Jahre 1574 finden wir aufschlußreiche Informationen über „Mumii“. Der einigermaßen umfangreiche Titel des lateinischen Werkes lautet: „Schriftliche Aussagen der besten Ärzte, Historiker und Philosophen über die geheimnisvollsten und wertvollsten exotischen Arzneien, insbesondere über ‚Mumii‘ sowie über alles, was mit ihr einen Zusammenhang hat, sowie über die Art, wie sie in Indien, Ägypten und Arabien verwendet worden ist."

Heute wissen wir, daß die Verwendung von Mumien zu medizinischen Zwecken auf einem Mißverständnis beruht. „Mūmiyā" ist ein arabischer Ausdruck für ein Erdpech oder für ein Naturharz, das in der Heilkunde vielfache Anwendung fand. Gelegentlich wurde es auch zur Einbalsamierung der ägyptischen Toten verwendet. Davon leitet sich auch die Bezeichnung „Mumie" für einen derart behandelten Leichnam ab (die Wurzel ist das persische Wort „mum", das soviel wie „Wachs" bedeutet). Die Verwechslung entstand dadurch, daß in Europa große Nachfrage nach dem Heilmittel „Mumia" herrschte, die teilweise durch die Lieferung von Mumienteilen befriedigt wurde, wie noch gezeigt werden soll. So verwischte sich mit der Zeit der Unterschied zwischen beiden Begriffen, und bis ins 19. Jahrhundert hinein konnten Patienten nach der Einnahme zerfallener menschlicher Überreste eine Besserung ihres Wohlbefindens feststellen. Diese Tatsache stellt die Wirkung von Medikamenten – nicht nur in der Vergangenheit – ein wenig in Frage bzw. zeigt, welche Rolle der psychologische Faktor im Heilprozeß spielt. Schon im Jahre 1694 versuchte der Pariser Drogenhändler *Pierre Pomet* in seinem Buch „Histoire générale des drogues", das Vertrauen in Mumien als Universalheilmittel zu erschüttern. Eine Illustration zeigt den Vorgang der Einbalsamierung mit der Absicht, die Leser dadurch vom weiteren Gebrauch dieses Mittels abzuschrecken. Wie illusorisch dieses Unterfangen bis in die neuere Zeit bleiben sollte, wird andeutungsweise aus den folgenden Textstellen ersichtlich.

Kulturgeschichtlich interessant ist, was in dem umfangreichsten aller jemals fertiggestellten Lexica deutscher Sprache, dem 68bändigen „Universal-Lexicon" von *Johann Heinrich Zedler* (erschienen von 1732 bis 1754), im 22. Band (1739) unter dem Stichwort „Mumie" zu lesen ist. Der Artikel verrät ein umfangreiches Wissensfundament, und es wäre ungerecht, über den Stichwortschreiber wegen des stellenweise weitschweifigen Stils und der für unsere Begriffe oft kuriosen Ausdrucksweise und Orthographie nur zu lächeln.

„*Mumie,* Lateinisch *Mumia,* Französisch *Momie,* ist ein schwartzes, hartes und hartziges Wesen von balsamirten Menschen-Cörpern herrührend, eines etwas scharffen und bitterlichen Geschmacks und guten Geruchs. Was die Abstammung des Wortes anbelangt: so können sich die Gelehrten über dessen Ursprung nicht vergleichen. Einige leiten selbigen von dem *Amomo* der Alten her . . ., Andere aber führen die Abstammung dieses Worts von dem Arabischen oder Persischen *Mum* her, welches in jener Sprache ein gewisses Pech oder Hartz, womit die alten Egyptier ihre Todten eingemacht, und für der Verwesung bewahret haben; in dieser [Sprache] aber die einbalsamirten und unverweslichen Cörper selbst bedeuten soll . . . Hieraus wird ohne Mühe abzunehmen seyn, woher es komme, daß unter dem Worte Mumie bald ein zusammen gestandener, in denen Gräbern, aus den mit Myrrhen, Aloe und Balsam eingesalbten Leichen, herausgeschwitzter balsamischer Safft; bald aber das insonderheit zu Einbalsamirung geringer Leute gebrauchte Pissalsphaltum oder Juden-Pech, so daher auch Mumia naturalis, und nativa genennet wird; ferner, alle unverwesliche Cörper, ob sie gleich nicht einbalsamiret worden; und endlich die mit einem oder anderen dieser Specereyen eingesalbete Todten-Cörper selbst, angedeutet zu werden pflegen. Die vornehmste Bedeutung des Wortes Mumie ist die letztere, daher auch selbige in gleichgeltender Bedeutung: Menschen-Mumie, einbalsamirt Menschen-Fleisch, Todten-Gräber-Mumie, Mumia Sepulchrorum, Mumia factitia, Mumia caro, Spanisch Carne Momie. Selbige nun kömmet aus Egypten, allwo sie unweit Cairo nahe bey dem Dorfe Sackara, auf einem viele Meilen langen, und wüsten Felde häuffig finden lässet. Der Ort, wo sie gefunden werden, siehet wie ein grosser Kirchhof aus, und ist mit viel Pyramiden gezieret. Man findet unter der Erde viele in weisse Stein-Brüche ausgehauene Gewölber oder Begräbniß-Gemächer, in welche man durch ein gewisses sehr schmales Loch, so einem Brunnen ähnlich siehet, hinunter steigen kan . . . Wenn man nun in das Loch hinunter gelanget, kommt man erstlich in einen viereckigten Gang, . . . und am Ende jeder Seite ist eine Tafel aus eben dem Steine, etwa 5 Fuß lang, 2 ½ breit und 1 hoch, darauf man die Leichen in ihren Särgen zu setzen pflegete. Doch stehen auch offt andere Särge noch auf dem Fluhre neben den Tafeln, welche etwa Kinder oder Haus-Gesinde mögen gewesen seyn. Zuweilen findet man 30 oder mehrere Grab-Gewölber, oder wie *Kircher* . . . besaget, wol gar 1000 an einander, so alle auf ein enges Loch aufkommen, und darff man sich ohne Licht und einen guten Weg-Weiser nicht hineinwagen. In etlichen Grab-Höhlen sind die Wände mit eitel Beschirm-Götzen bemahlet; denn die Egyptier glaubeten, daß diese Zeichen eine grosse Krafft hätten, die Leichen zu beschirmen. Die darinn befindlichen Särge aber sind nach Standes Unterscheid ebenfalls verschieden. Etliche nemlich sind von Stein, andere von Holtz aus Egyptischen Feigen-Bäumen, Sycamorus genannt, oder Sassafras Holtze, so nicht wurmstichig wird. Auf solchen gemeiniglich reich verguldeten Särgen stehen allezeit entweder die Gestalt des Verstorbenen, oder eines Schirm-Götzen, dem die Leiche befohlen worden, so gemeiniglich als gewindelte Kinder aussehen, bey den Füssen aber ein Habicht. Ausser dem findet man an selbigen etliche Sinn-Bilder . . .

Die Windeln oder Leichen-Kleider der in diesen Särgen liegenden todten Cörper, sind gleichfalls, nachdem sie mit einer von Kreide, Wachs und Pech gemachten Pappe bestrichen, mit mannigfachen Bildern gezieret . . . Durch alle dieser Bilder-Schrifften haben die Egyptier nicht das Leben und Lob des Verstorbenen, wie etliche wollen, zu erkennen gegeben, sondern es waren nur blosse Beschwerungen der Götter, daß sie diese Leiche beschirmen möchten. Und eben dieses mag einigen abergläubischen Leuten, welche auf sothane Beschwerungen bauen, Gelegenheit gegeben haben zu dichten, als ob die Zahl der Mumien nicht abnehme, wie viel auch derselbigen immer davon genommen und hinweg geführt würden; allermassen . . . wegen der unaussprechlichen Anzahl es nicht wahrgenommen werden kan, ob schon etliche nach und nach davon kommen.

Wie weit aber diejenigen Erzehlungen der Schiffer Grund haben, als ob das Meer keine Mumien ertragen könne, sondern so offt eine Mumie auf einen Schiffe befindlich sei, grausam wüte: solches lässet man sowol, als die Erzehlung des Fürsten *Radziwill* . . . welcher auf seiner Reise wegen zweyer solcher Mumien nicht allein einen grausamen Sturm ausgestanden, sondern auch ein bei ihm befindlicher Priester so lange grausam beunruhiget worden, bis er sie ins Meer werffen lassen, auf ihrem Werth oder Unwerth beruhen.“

Der unbekannte Kompilator des Stichwortes in *Zedlers* Enzyklopädie befaßt sich nun ausführlich mit den antiken Quellen und dann mit dem angeblichen pharmazeutischen Wert der „Mumia“, worauf hier nur andeutungsweise eingegangen werden kann:

„Der Krafft und Würckung nach hat die Mumie eine erwärmende, zertheilende und Balsamische Qualität; zertheilet die Winde im Leibe, wie auch das harte geronnene und verstockte Geblüt, so iemand gefallen und sich wehe getan hat: ist gut gegen

Lungensucht, Miltz- und Seitenstechen, Mutter-Schmertzen und äusserliche Wunden: weswegen sie auch unter sehr viele alte Compositiones, als Pulv. contra casum, Empl. Apostol. und dergleichen kommet, und in denen Apothecken auf verschiedene Weise präpariret wird, in welchen man eine Essentz, Elixir, Oel und dergleichen daraus machet . . ."

Auch gegen Migräne soll die „Mumia" sehr wirksam sein, heißt es: „Rhases und Serapion schreiben, daß sie das Hauptwehe, so von Kälte kommt, stille, desgleichen das halbe Hauptwehe, Hemicrania genannt, mit Majoran-Wasser in die Nase gethan. Diene also auch für die Lähmung, Verdruckung des Mundes, fallende Sucht und Schwindel . . . Leget die Blähung der Winde des Magens und derer Gedärme, mit gesottenem Wasser von Kümmel und Amey vermischt . . ."

„So man aber zum Gebrauch der Artzney eine rechte Menschen-Mumie haben wolte, solte man einen geraden, gesunden, wohlgestalten Menschen, welcher seiner Missethat halben zum Tode ohnedem verurteilet wäre, nehmen, solchen mit Myrrhen, Saffran, Aloe, und anderen Specereyen, würtzen und ausfüllen, und sich zu bequemer Zeit durch einander digeriren lassen. Solche würde eine recht und taugliche Menschen-Mumie werden. So weit *Lonicerus.*"

Daß die makabre Anleitung des deutschen Arztes *Adam Lonitzer* (1528–1586), gewissermaßen „synthetische Mumien" aus den Körpern hingerichteter Delinquenten herzustellen und sie pharmazeutisch zu verwenden, zumindest gelegentlich auch in die Praxis umgesetzt wurde, ist nicht zu leugnen. „Als sich der Vorrat an echten Mumien allmählich erschöpfte, stellte man einfach ‚künstliche' her. In regelrechten Mumienfabriken wurden die Leichen von Strafgefangenen und Leibeigenen bandagiert, in der Sonne getrocknet, zermahlen und dann den Kranken verabreicht" (*R. Brier* 1981).

Im Anschluß an derartige schaurig wirkende Rezepte behandelt das Zedler-Lexikon noch einzelne Mumien in den Kunstkammern des Barock, so etwa die „Breßlauer, Copenhagener, Gottropische, Leipziger Mumie" und endlich die Mumie von Preßburg, die als die der Königin Kleopatra ausgegeben und in einem reichverzierten Vitrinengehäuse gezeigt wurde. Eine lateinische Inschrift des Schaustückes wird folgendermaßen verdeutscht:

„Sag, was soll dies seyn, so lebt und lebt doch nicht?
Willst' wissen diese Frag, so faß mich wohl zu G'sicht,
Ich leb und leb doch nicht, vorhin ein Purpur-Kind,
Anitz ein Mumien, dergleichen nicht viel sind.
Daß ich nicht mehr lebe, ist Ursach Todes-Nacht,
Daß ich doch lebe noch, giebt Apotheï-Macht."

Diesem Abschnitt soll noch ein Hinweis auf eine abweichende Bedeutung des Begriffes „Mumia" in der von der Alchemie beeinflußten, auf den großen *Paracelsus* (1493–1541) zurückgehenden „chemiatrischen" Heilkunst der Renaissance und des Barock folgen. In *Biedermanns* „Handlexikon der magischen Künste" wird „Mumie" in diesem speziellen Sinn als „eine Art Aura, ähnlich dem ‚Astralleib' im Okkultismus des 19. und 20. Jahrhunderts", beschrieben. Diesem an die materielle Körperlichkeit lebender Wesen, sogar an Exkremente gebundenen Anteil einer Vitalsubstanz wurde eine besondere Kraft (virtus mumialis) zugeschrieben, und *A. Tenzel* schrieb über sie 1629 in seiner „Medicina diastatica" als vom „allerdünnsten, zartesten, geistlichen und himmlischen Wesen des Cörpers oder Leibes", als eine Art von Lebensgeist mit formender Wirkfähigkeit. Seine „Reindarstellung" wird in dem bereits oben zitierten „Universal-Lexikon" Zedlers auf kuriose Weise beschrieben: Man legt eine mit Menschenblut gefüllte und von einer Schweinsblase umhüllte Eierschale „einer brütenden Henne unter, lässet es [das Ei] so lange unter der selben liegen, bis die [zugleich ausgebrüteten] Hünergen die Eyer anhakken; so wirst du eine carnose [fleischartige] materiam, wie einen homunculum (so lautet ihre Sprache) finden; diese lege in einen Back-Ofen, so lange bis das Brod ausgebacken ist, daß das Blut in dem Ey recht trucken wird, nimm es wieder heraus, und hebe es zum Gebrauch auf. Mit dieser Massa soll man nicht allein 2 grosse Feinde in einem Augenblick versöhnen können, sondern auch alle Kranckheiten curiren. Nemlich wenn solche Mumie parti corporis infirmae [dem erkrankten Körperteil] erstlich eingelegt, von dem Krancken erwärmet, und hernach von einem Thiere communiciret wird. Das glaube wer will.“

Kehren wir aber nach diesem Exkurs in die barocke Altertumskunde und Pharmakologie wieder in die Welt des Pharaonenreiches zurück: Wie man früher meinte, bewirkten die herangezogenen Chemikalien die Mumifizierung des so behandelten Körpers. Heute wissen wir allerdings, daß in erster Linie Bodenbeschaffenheit und klimatische Verhältnisse dafür entscheidend waren, während die Chemikalien in vielen Fällen sogar entgegengesetzte Wirkung zeitigten. Den Beweis dafür liefern einerseits sorgfältig balsamierte und dennoch völlig zerstörte Mumien, andererseits gar nicht oder nur sehr oberflächlich behandelte Leichen, die bestens erhalten sind. So fand zum Beispiel *H. E. Winlock* im Jahre 1926 sechzig gefallene Soldaten, die einst für ihre Tapferkeit im Kampf gegen die Hyksos-Invasoren auf Befehl ihres Führers, des Pharao *Nebhepetre,* bis nahe zur Hauptstadt gebracht worden waren, um dort bestattet zu werden. Man wollte sie sogar einbalsamieren. Da die Begeisterung für die Helden jedoch nur von kurzer Dauer war, wurden sie – zum Teil ohne große Umstände – entweder unvollständig oder überhaupt nicht balsamiert in einem Massengrab beigesetzt. Trotz ihres Alters von etwa zweitausend Jahren blieben sie überraschend gut erhalten.

Im 19. Jahrhundert, als Mumien zu begehrten Antiquitäten wurden, verdienten Exporteure nicht nur an „echten“ Mumien, sondern handelten auch mit Leichen von vor nicht allzulanger Zeit verstorbenen Menschen, die – einfach eingewickelt und mit Amuletten versehen – als Mumien auf den Markt gebracht wurden. Diese „falschen“ Mumien waren durch natürliche Einwirkungen konserviert worden und dennoch von den echten kaum zu unterscheiden.

Bereits im alten Ägypten kamen Zweifel daran auf, ob das Fortleben des Menschen von der Unversehrtheit seines Leichnams abhängig sei. Ein Beleg dafür findet sich im sogenannten „Harfenlied“, das von *Herodot* erwähnt und von ihm als Klagelied auf den Tod eines ägyptischen Königs bezeichnet wird. In diesem Lied wird dem Leben eindeutig der Vorrang vor dem Tod eingeräumt. Die Schöpfungen der Großen vergangener Zeiten werden als unwiederbringlich zerstört bezeichnet, „als wären sie nie gewesen“. „Keiner kommt wieder von dort, zu erzählen, wie es ihnen geht, zu erzählen, wessen sie bedürfen, unser Herz zu beruhigen . . .“ Die weiteren Verse suchen auch den Grund dieser Haltung in der Unfähigkeit, sich ein absolutes Ende vorzustellen. Ähnlich klingen die Argumente heutiger Atheisten dem Christentum gegenüber; jedenfalls zeigt sich, daß in Fragen des Glaubens zu allen Zeiten geteilte Meinungen und Auseinandersetzungen bestanden.

Daß die Mumien der eigenen Vorfahren zu einem wirtschaftlichen Faktor werden konnten, scheint beinahe unglaublich. Es kam aber tatsächlich zu einer solchen Entwicklung. Einige Generationen nach *Cheops* war der Staat in eine Krise geraten, und viele Bürger waren gezwungen, Schulden zu machen, mit deren Tilgung sie sich nicht immer sonderlich beeilten. Als der damalige Pharao *Schepses-Kaf* daraufhin verfügte, daß Geld nur gegen Pfand geliehen werden dürfe, wurden die Mumien der Vorfahren oder gar die ganze Familiengruft verpfändet. Wurden die Schulden nicht zurückgezahlt, so mußte diese Mumie einer höchst „ungewissen Zukunft entgegenblicken", die sich mit den Vorstellungen vom ewigen Fortbestehen nur schwer in Einklang bringen ließ. Hauste doch nach herrschendem Glauben in jeder Mumie ein Teil der Persönlichkeit, der die einzige Stütze des Verstorbenen darstellte, den Körper aber augenblicklich verließ, wenn dieser beschädigt oder gar zerstört wurde. Ob nun ein säumiger Schuldner die Verantwortung für einen solchen „Vatermord" an einem Leichnam zu tragen hatte, ist nicht überliefert. Wurde hingegen die Familiengruft als Pfand gegeben, so drohte dem Schuldner und dessen Familie die Gefahr, nach dem Tod keine Möglichkeit einer würdigen Bestattung zu finden – was als eine Katastrophe unvorstellbaren Ausmaßes betrachtet wurde.

Um einer Beschädigung des Körpers vorzubeugen und Grabräuber fernzuhalten, bestattete man die Verstorbenen in möglichst sicheren Gräbern. Der Aufwand für die Grabstätte hing von der Bedeutung und dem Vermögen des betreffenden Menschen ab. Die prachtvollsten Gräber, die Pyramiden der Pharaonen, wurden schon zu Lebzeiten der Herrscher errichtet – gewaltige Steinbauten über der Grabkammer und zur Aufnahme des Sarkophags bestimmt. Ihre Bedeutung liegt neben dem erwähnten Schutz in ihrer Monumentalität, die in direktem Verhältnis zum Ansehen der zu bestattenden Person stand. Das älteste erhaltene Bauwerk dieser Art ist die stufenförmige Pyramide des Königs *Djoser* in Sakkara, aus der Zeit um 2650 v. Chr. Die erste Pyramide in der üblichen Form ist die von Mèdum (um 2600 v. Chr.). Dem Umstand, daß sie niemals fertiggestellt wurden, verdanken wir die Kenntnis vieler Details über die Bauweise dieser Denkmäler. Die drei Riesenpyramiden von Gizeh stammen aus der Zeit um 2600 bis 2480 v. Chr. Sie sind am bekanntesten und wurden von den Herrschern *Cheops, Chefren* und *Mykerinos* errichtet. Weitere wurden noch bis um die Mitte des 2. Jahrtausends v. Chr. geschaffen. Schon immer standen diese Bauwerke im Mittelpunkt des Interesses zahlreicher Gelehrter, und aus diesem Grund wurde uns über sie mehr überliefert als über andere Bauten jener Zeit. Dennoch sind sie in mancher Hinsicht eine „unbekannte Größe" geblieben, denn über kein Bauwerk gab und gibt es so viele Spekulationen wie über die Cheops-Pyramide. Es wäre unmöglich, alle Theorien aufzuzählen, die über diesen Bau aufgestellt worden sind. Schon die belegbaren Tatsachen sind eindrucksvoll genug: Sie wurde aus 2 ½ Millionen Kubikmeter Steinen erbaut, ist an der Basis über 230 Meter breit und 146 Meter hoch. Nach *Herodot* arbeiteten 100.000 Menschen

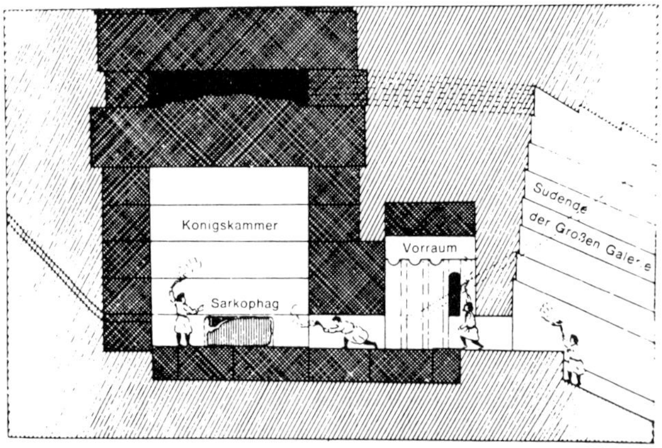

Königskammer und Vorraum der Cheops-Pyramide *(Archiv Biedermann).*

Das Tal der Könige *(Ullstein Bilderdienst, Berlin)*.

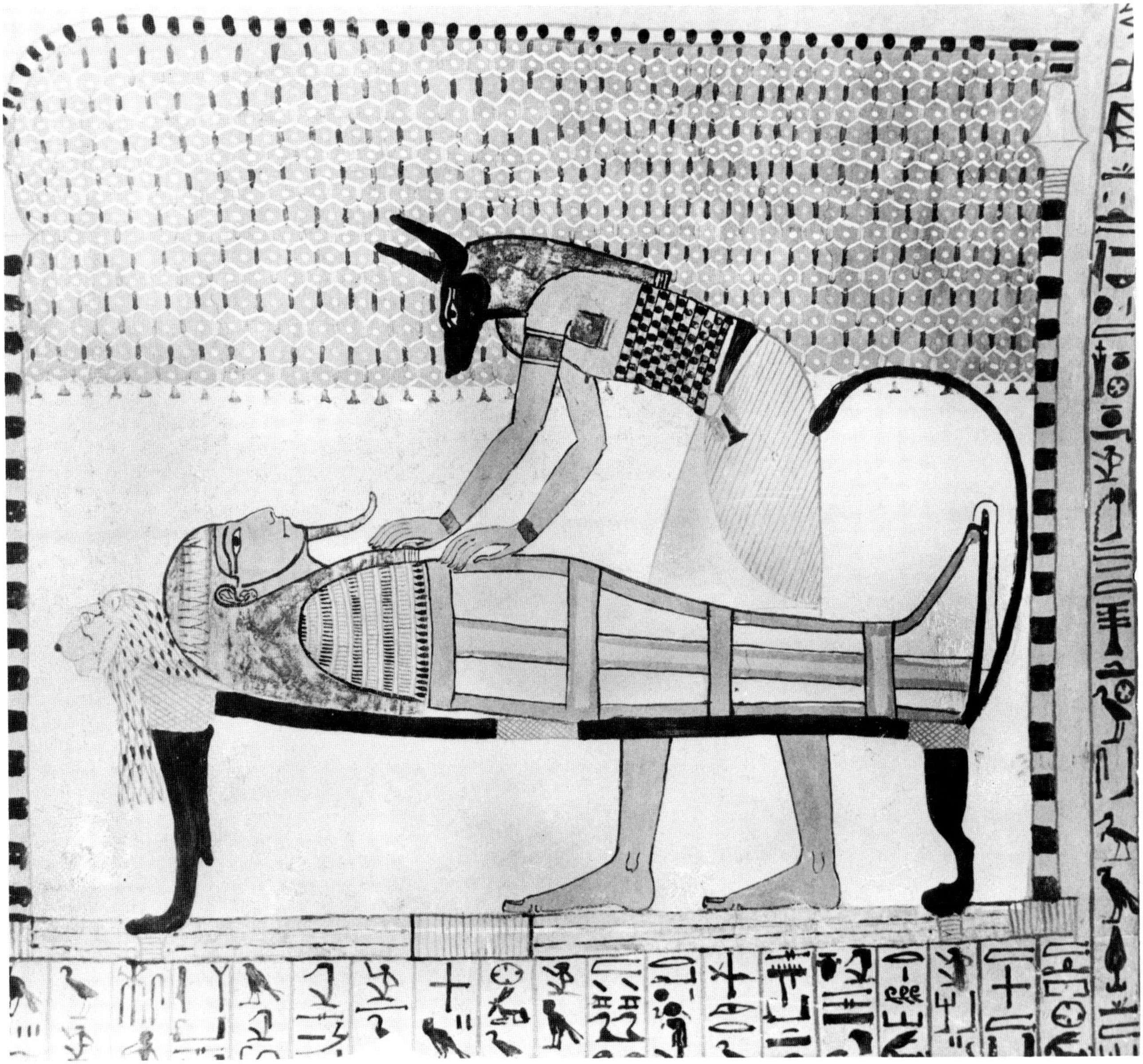

Der schakalköpfige Gott Anubis, Bewacher der Toten *(Ullstein Bilderdienst, Berlin)*.

Die älteste Pyramide der Welt, die Stufenmastaba in Sakkara *(Ullstein Bilderdienst, Berlin).*

Innerer Sarg des Königsgrabes des Tut-ench-amun *(Archiv für Kunst und Geschichte, Berlin)*.

zwanzig Jahre lang an ihr. Daß die Cheops-Pyramide als „Bibel in Stein" bezeichnet wird, verdankt sie dem 1809 in Neapel geborenen *Charles Piazzi Smyth.* Dieser Astronom hat sich die Mühe gemacht, verschiedene ihrer Maße in Relation zueinander zu bringen, wobei er die erstaunlichsten Resultate erzielte: So fand er dabei Werte wie die Ludolfsche Zahl (Pi), die Entfernung der Erde von der Sonne und andere Größenangaben über unseren Planeten. Freilich sind solche Hypothesen mit Vorsicht zu genießen, denn mit genügender Geduld kann ein ambitionierter Mathematiker gewiß auch aus den Proportionen anderer Bauwerke ähnlich verblüffende Angaben gewinnen. Jedenfalls wurde Smyth noch im 19. Jahrhundert von einem der berühmtesten Archäologen, *William Flinders Petrie,* widerlegt. Dieser führte zwischen 1880 und 1882 sehr präzise Messungen an der Pyramide durch, die bis auf kleine Korrekturen bis heute Gültigkeit haben. Dabei zeigte sich, daß Smyth mit vielen falschen Ausgangswerten gerechnet hatte und seine Ergebnisse daher nur als Spekulation bezeichnet werden können. Dennoch finden sie auch in unserer Zeit immer wieder gläubige Nachbeter.

Die Pyramiden und andere Monumentalbauten boten jedoch keinen ausreichenden Schutz vor Grabräubern. So entschloß sich der Herrscher *Thutmosis I.* (1545–1515 v. Chr.), mit der Tradition zu brechen: Er verfügte, daß sein Leichnam zwar vergleichsweise bescheiden, aber in der Hoffnung auf Unversehrtheit in einem Felsengrab aufbewahrt werden sollte. Doch auch diese Vorsichtsmaßnahme erwies sich als unwirksam, da selbst das bescheidene Felsengrab von Dieben nicht verschont blieb, die vermutlich in Verbindung mit hohen Beamten standen.

Da keine Grabstelle hinreichend sicher schien, suchte die Priesterschaft einen Ausweg in der *Mumienwanderung.* Die Mumien der Herrscher wurden im Schutz der Dunkelheit von einem Grab zum anderen gebracht. Diese Prozedur wurde mehrere Jahrhunderte hindurch beibehalten; aber auch dadurch kam das einträgliche Gewerbe der Grabräuber nicht zum Erliegen, sondern blieb bis in unsere Zeit erhalten und verhalf den Plünderern zu Reichtum. Es ist unmöglich, zu sagen, wieviele mit großem Aufwand einbalsamierte Leichname schon kurz nach ihrer Bestattung die Aussicht auf das „Weiterleben" verloren, indem sie von gierigen Grabräubern aus dem Sarg gerissen, aus ihren Tüchern gewickelt, aller Wertgegenstände beraubt und dann unbekümmert dem Verfall preisgegeben wurden. Diese Gefahr war und ist bis heute permanent vorhanden, da die Gräber stets ein Objekt von besonderem Interesse für Räuber und andere „Sammler" bilden. Es soll nicht unerwähnt bleiben, daß die durchaus nicht aus materieller Gewinnsucht handelnden Wissenschafter Tausende von Mumien in die Schauräume und Depots der Museen in aller Welt verschleppt und dadurch im Sinne des einstigen Grundgedankens der Möglichkeit der Vereinigung mit der Seele beraubt haben. Sie benahmen sich nach der damals herrschenden Auffassung kaum besser als Grabräuber. So paradox es klingen mag, haben ausgerechnet Grabräuber der Wissenschaft so manchen Dienst erwiesen, da es ihnen gelang, auch Grabkammern aufzuspüren, die den Forschern sonst verborgen geblieben wären. Eine der wichtigsten Entdeckungen dieser Art verdankt man dem bekehrten Oberhaupt einer „Grabräuberdynastie", die wahrscheinlich seit Jahrhunderten tätig war, *Abd-er-Rasul.* Er führte nach seiner Verhaftung den Ägyptologen *Emil Brugsch* zum Eingang der Höhle von Deir al-Bahri, wo dieser an die vierzig Mumien fand, die erst zum Teil beraubt worden waren. Unter anderen waren dort einige der historisch bedeutendsten Herrscher bestattet: *Ramses der Große, Sethos (Seti) I., Amenhotep I.* und *Thutmosis.* Diese Mumien waren erstaunlich gut erhalten. Man kann sagen, daß die Kunst der Einbalsamierung zur Zeit der 19. Dynastie (um 1300 v. Chr.) ihren Höhepunkt erreicht hatte.

Als Folge der Mumienwanderungen war es zu einer Massenansammlung balsamierter Leichen aus verschiedenen Jahrhunderten gekommen, die unter denselben äußeren Bedingungen verschieden gut konserviert waren. Der Ägyptologe *K. Lange* bemerkte dazu treffend, daß die Körper mancher Leichen besser aussähen als die etlicher Lebender . . .

Als die Erforschung der Grabstätten soweit gediehen war, daß die Ägyptologen so gut wie nichts mehr zu erwarten hatten, machte die Wissenschaft plötzlich einen ihrer sensationellsten Funde: im Jahre 1922 wurde das Grab des *Tutenchamun* entdeckt. Die Ausgrabungsarbeiten gingen relativ langsam vor sich und brachten viele Enttäuschungen, weil immer wieder festgestellt werden mußte, daß das Grabmal, im Widerspruch zu den ursprünglichen Annahmen, schon mehrmals betreten worden war. Es wurde auch ein Gang entdeckt, den die Grabräuber selbst gegraben hatten. Um so größer war die Überraschung, als der Leiter der Arbeiten, der englische Archäologe *Howard Carter*, in eine mit Kunstgegenständen förmlich überfüllte Kammer gelangte. Aus rätselhaften Gründen war aus ihr nichts entwendet worden, obwohl die Grabräuber sie bereits entdeckt hatten. Die vorgefundenen Gegenstände stellen eine ausgezeichnete Dokumentation über das Leben aus der Zeit um 1350 v. Chr. dar. Es wurden sowohl einfache Möbelstücke als auch wertvolle künstlerische Arbeiten geborgen – hunderte Objekte verschiedenster Art, von denen jedes einzelne den namhaftesten Archäologen nach jahrelangen Grabungen reiche Entschädigung bedeutet hätte.

Die Frage, warum gerade dieser Pharao mit einem derartigen Aufwand bestattet wurde, ist bis heute nicht beantwortet. Anatomischen Untersuchungen nach zu schließen, war Tutenchamun im Alter von 19 Jahren gestorben, was den Ausgrabungsleiter Carter zu der zynischen Bemerkung veranlaßte, der Pharao sei nur dadurch berühmt geworden, weil er gestorben und begraben worden war. Der Weg zur Mumie selbst war sehr kompliziert, da zuvor erst mehrere Schränke und Sarkophage – zum Teil aus purem Gold – geöffnet werden mußten. Interessant ist auch der Fund eines kragenförmigen Geflechtes aus Blumen, die von Botanikern einwandfrei bestimmt werden konnten und wertvolles Forschungsmaterial lieferten. Die einzige Enttäuschung bereitete die Mumie selbst. Sie ist sehr schlecht erhalten, da sie durch die überreichlich verwendeten Harze und Öle beschädigt wurde.

Eines der schönsten schriftlichen Dokumente aus dem Reich der alten Ägypter ist das „Ägyptische Totenbuch“ (Per-em-heren). Es enthält 190 Kapitel, die sich mit dem Totenkult befassen. Der schakalköpfige Gott Anubis wird hier in seiner Funktion als himmlischer Balsamierer geschildert. Daraus ist zu ersehen, daß diese Tätigkeit bei den Ägyptern nicht nur im irdischen, sondern auch in ihre Vorstellung von einem überirdischen Leben integriert war.

Länder südlich von Ägypten – Der „Fanany“-Glaube

Die Erhaltung von Körpern im alten Ägypten hatte sich zu einer selbstverständlichen Gepflogenheit entwickelt, und die klimatischen Bedingungen sowie der Stand der Technik der Einbalsamierung waren Ursachen für die qualitativ hervorragenden Mumifizierungen, welche über Jahrtausende bis in unsere Zeiten erhalten geblieben sind. Wegen der großen Anzahl der gefundenen Mumien war es möglich, daß trotz ihrer Verwendung in der Heilpraxis noch genügend Exemplare als begehrte Antiquitäten in fast allen aristokratischen Sammlungen – von den Museen, wo sie oft zu Hunderten zu finden sind, ganz zu schweigen – vorhanden waren. Diese Tatsachen sowie die wenigen Kontakte Europas mit dem übrigen Afrika in den vergangenen Jahrhunderten – abgesehen von den Küstengebieten, wo die ursprüngliche Kultur allerdings in das Binnenland verdrängt wurde – bewirkten, daß die Rituale der Konservierung von Körpern auf dem afrikanischen Kontinent gleichsam im Schatten der Ägypter standen.

Dennoch ist es angebracht, auf einige Beispiele der Mumifizierung in den Ländern südlich von Ägypten aufmerksam zu machen. Die Steppen und Savannen sind – wie man heute annimmt – die ursprüngliche Heimat der schwarzen Bevölkerung. Die Einflüsse des Steppenklimas waren vermutlich Ursache für die Entwicklung der außergewöhnlich dunklen Haut, des schwachen Bartwuchses und des gekrausten Wollhaars sowie anderer typischer Merkmale der negriden Rasse. Zur Zeit der Herausbildung dieser Merkmale (letzte Pluvialzeit, 25.000 v. Chr.) war ein Großteil der heutigen Steppe ein von Menschen kaum bewohntes Gebiet des tropischen Urwaldes, und das Grasland erstreckte sich weit über die heutige Sandwüste. Der ursprüngliche Lebensraum der schwarzen Bevölkerung lag demnach vorwiegend in Nord- und Ostafrika.

Die ehemalige, für die Ureinwohner Afrikas typische Kultur wird heute meist als vaterrechtliche altnigritische Kultur bezeichnet, und da ihr Hauptverbreitungsgebiet im jetzigen Sudan liegt, wird sie auch allgemeinverständlicher altsudanisch genannt. Freilich ist die gesamte „Kulturkreislehre“ in den letzten Jahrzehnten oft kritisiert worden, doch beruht sie zum Teil auf einem breiten Wissensfundament, das nicht völlig ad acta gelegt werden kann.

Diese Kultur entwickelte sich in der späteren Steinzeit (um ca. 10.000 v. Chr.). In einigen ägyptischen Gräbern aus dem 4. Jahrtausend v. Chr. fand man geschmiedete Eisenperlen, und es wird vermutet, daß sie – wie auch spätere Eisenarbeiten – aus den Gebieten Äquatorialafrikas über Nubien eingeführt worden sind. Auch viele der in Zentralafrika verwendeten Waffen, wo die ursprüngliche Kultur sozusagen durch Jahrhunderte hinweg „eingefroren“ geblieben ist, tragen die gleichen charakteristischen Merkmale wie die altägyptischen. Wenn also über Steppen- und Savannenbewohner gesprochen wird, ist gleichzeitig die ursprüngliche Kultur der negriden Bevölkerung gemeint.

Der durch einen intensiven Ahnenkult beeinflußte Glaube verdrängte den an einen Himmelsgott vollständig. Der Häuptling als Stammesältester war auch zugleich Ahnenpriester; er wurde als „lebender Ahne“ und als ein Verbindungsglied zwischen den Verstorbenen und der Sippe verehrt. Zu seinen

Pflichten (z. B. als Regenmacher) zählte es, Opfer zu bringen, um die Ahnen freundlich zu stimmen. Auch dem Boden wurden Opfer dargebracht. Ferner ist für diese Kultur der Glaube an die Wiedergeburt (Reinkarnation) typisch. Den höchsten Rang im Staat nahmen die Priester ein; aus ihren eigenen Reihen wählten sie den Priesterkönig und bestimmten auch dessen Opfertod. Im Anschluß daran wurde er mumifiziert, wodurch verhindert werden sollte, daß sein Leben ausgelöscht wurde.

Dieser Glaube wird als *„Fanany"-(*oder *Seelenwurm-)Glaube* bezeichnet. Er besagt, daß sich das Leben in Form von Verwesungsresten vom Körper trennt und in ein Tier, und zwar in einen Leichenwurm, übergeht. Dieser verwandelt sich später in ein würdiges Königstier (Gepard, Löwe, Leopard oder auch Krokodil). Hier liegt auch der Ursprung für die Ehrfurcht vor verschiedenen Tieren, die von den afrikanischen Völkern als heilig verehrt werden. Durch die Emigration ganzer Völker in den Süden wurden die Sitten und auch der Fanany-Glaube aus den nordafrikanischen Gebieten dorthin verpflanzt. Dies geschah unmittelbar vor der Verbreitung des Christentums in Nubien (der erste christliche Missionar, *Julian,* erschien hier im Jahre 545 n. Chr.). Charakteristische Elemente der vorchristlichen Kultur Nordafrikas, wie z. B. Priesterkönigtum, ritueller Königsmord, Königsmutter als Mitregentin, Verehrung der heiligen Rinder, Königstiere, die verschiedenen Mumifizierungsmethoden der Königsleichen, Begräbnishöhlen und nicht zuletzt der „Fanany-Glaube", wurden von den Auswanderern weiterhin praktiziert. Man übernahm diese Sitten in wenig veränderter Form und übte sie in vielen Gebieten des Kontinents bis in die Neuzeit aus. Übrigens wurde in Nubien der Brauch, den Priesterkönig zu töten, erst im 3. Jahrhundert v. Chr. abgeschafft, als sich der herrschende König *Ergamenes* dieser unangenehmen Gepflogenheit widersetzte und, zur Abwechslung, die Priester umbringen ließ.

Aus dem südafrikanischen Ostküstengebiet, wo sich das Reich des *Monomotapa* (Reich des Herrn der Minen) befand, stammen Überlieferungen über

Ruinen von Simbabwe: Aufstieg zur Festung durch einen Felsspalt *(Bildarchiv Preußischer Kulturbesitz, Berlin).*

die Zeremonie der Zwangstötung des Königs, wobei auch dessen Mumifizierung eine wichtige Rolle spielte. Dieses Reich erstreckte sich über ganz Südrhodesien (Zimbabwe) sowie über einen Großteil von Moçambique. Von seiner Größe zeugen heute die weitverstreuten Ruinenplätze, von denen *Groß-Zimbabwe* der bedeutendste ist. Von diesem nationalen Denkmal leitet sich auch der heutige Landesname „Zimbabwe" für Rhodesien ab. Etwa fünfhundert kleinere Ruinenfelder liegen in Südrhodesien, im Betschuanaland, in Moçambique und in Nordtransvaal verstreut. Sogar in Angola finden sich ähnliche Fundstätten, womit uns die Größe des gesamten Kulturraumes vor Augen geführt wird.

Über das Alter der Ruinen und der sogenannten Zimbabwe-Kultur herrscht in wissenschaftlichen Kreisen keine Übereinstimmung. Nach *Carl Peters* wurde Zimbabwe von phönizischen Seefahrern gegründet, die von Südarabien nach Rhodesien gelangt sind. Moderne Forscher, wie *Gertrude Caton Thomson* (1931) und *Peter Garlake* (1970), bestreiten aber das hohe Alter der Ruinen, sondern halten sie für mittelalterlich, und zwar maximal aus dem 9. Jahrhundert n. Chr.

Ähnlich wie in Nubien durfte auch hier der König nie eines natürlichen Todes sterben. Er wurde nach vier bis fünf Jahren Herrschaft von seiner ersten Frau erdrosselt und noch in derselben Nacht auf den Königsgrabhügel unweit von Zimbabwe getragen. Dort errichtete man eine Hütte, in der der Leichnam auf einem Gestell aufgebahrt wurde, und begann sogleich mit der Mumifizierung. Der Inhalt der Körperhöhlen sowie das Gehirn wurden entfernt, durch verschiedene pflanzliche Substanzen ersetzt und der Körper schließlich wieder sorgfältig zugenäht. Dann brachte man den Leichnam in Hockstellung, verschnürte ihn mit Tüchern und Stricken und bandagierte Hände und Füße bis zu den Nägeln. Anschließend wurde der Herrscher in die Haut eines schwarzen Stieres eingenäht. Gedärme und Gehirn befanden sich in einem Ledersack, den man ebenso sorgfältig aufbewahrte. Ein ganzes Jahr lang sammelte man dann die Verwesungsprodukte des einbandagierten Herrschers einschließlich der auskriechenden Maden und warf sie in den Ledersack zu den Eingeweiden. Nachdem auch die Lieblingsfrau des Königs auf die gleiche Art wie er selbst umgebracht worden war, brachte man die Mumienbündel in die Grabhöhle. Die Leiche des Königs wurde an der Westseite der Grabhöhle beigesetzt, jene der Königsfrau im Osten. Dies alles geschah ohne besondere Zeremonien. Um so feierlicher dagegen war die Übertragung des Lederbeutels mit den Verwesungsresten in die Grabstätte. Auch Menschen wurden aus diesem Anlaß geopfert. Der Ledersack wurde mit einer Schicht aus Lehm bedeckt und zwischen der Aufbewahrungsstätte und den nach dem Fanany-Glauben „lebensbeinhaltenden Verwesungsresten" eine Verbindung zur Außenwelt geschaffen: Ein in die Lehmschicht eingelassenes Schilfrohr sollte es später ermöglichen, daß der Geist des Königs in Form einer Schlange, eines Käfers, einer Eidechse oder eines Wurmes aus der Aufbewahrungsstätte entkommen konnte. Er verwandelte sich anschließend, dem Glauben nach, in einen Löwen.

Der mit den heutigen Hygiene-Auffassungen vertraute Europäer kann Berichte über Zeremonien mit ausgepreßter Verwesungsflüssigkeit und Maden kaum ohne Abscheu lesen und meint, all dies könnte sich nur vor langen Zeiträumen abgespielt haben. In der Tat aber konnte der deutsche Ethnologe *Leo Frobenius* (1873–1938) noch in den zwanziger Jahren die diesbezüglichen Überlieferungen als noch fortlebendes Kulturgut registrieren, im Jahr 1929 als erster Europäer die Königsgräber des Monomotapa-Stils betreten und eines davon, die *Muonwe-Höhle,*

Ein Blick in die Begräbnishöhle „Muonwe I" der Könige des Monomotapa-Reiches *(nach L. Frobenius).*

öffnen. Die Südostbantu-Kultur, die einst ihren Höhepunkt in den Steinbauten im Umkreis der Zimbabwe-Ruinen und im Großreich des Monomotapa gefunden hatte, bewahrte in gewissermaßen „fossiler" Form viele alte Hochkulturelemente bis in die Gegenwart, also lange über die Blütezeit dieser in Europa zu wenig bekannten Kultur (zwischen 800 und 1500 n. Chr.), hinaus.

Funde und Berichte, die Frobenius sammeln konnte, ergaben einige Parallelen zu altägyptischen Vorgangsweisen. So stellte sich u. a. heraus, daß in früheren Zeiten die Ausflüsse und losgelösten Teile der Königsleichen nicht in Lederbeuteln oder gewöhnlichen Krügen aufbewahrt wurden, sondern in speziell geformten Tongefäßen, die „Mondoro" hießen und an die Kanopen Altägyptens erinnern. Wa-

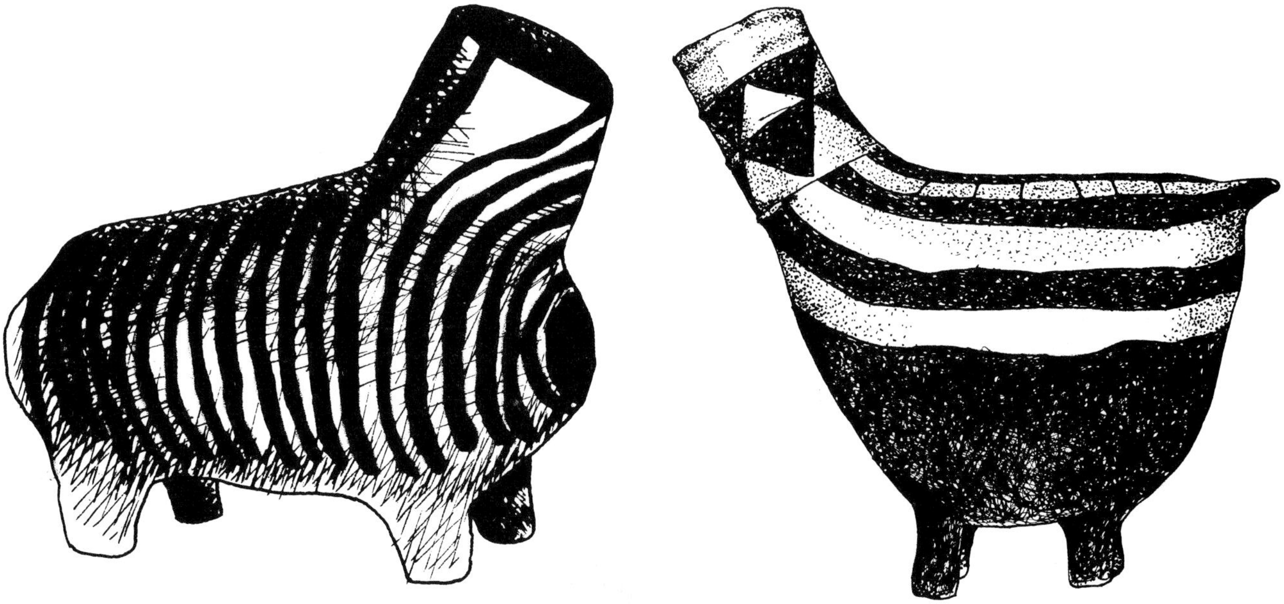

Eingeweidekrüge (Kanopen) aus Simbabwe *(Archiv Biedermann)*.

ren diese mit Tierköpfen ausgestattet, so besaßen die Mondoro die Gestalt von vierfüßigen Tierleibern ohne Hals. Sie standen früher in den Begräbnishöhlen, doch sind sie heute entweder in archäologischen Sammlungen ausgestellt oder wurden schon 1929, wie Frobenius schrieb, irgendwo im Lande versteckt gehalten, um sie vor Profanierung zu schützen. Die Grabhöhlen waren zwar nicht mit figuralen Friesen ausgestattet wie die Grabkammern der Ägypter, aber immerhin mit roter Farbe ausgemalt, und periodisch erneuerte figürliche Felsmalereien scheinen auch hier eine Rolle gespielt zu haben.

Im Hinblick auf die Königsgräber der Wahungwe resümiert Frobenius die betreffenden Anschauungen so: „Das Leben und Existieren kann nur erkennbar sein am Lebenden und sich Bewegenden. Daher sammelt der Totenpriester die Würmer, die den Rest des Lebendigen im Verwesenden darstellen. Auch das Flüssige als Bewegliches zeugt vom Leben. Der Priester streicht und preßt also die Leiche solange, bis alle Flüssigkeit herausgetreten und sie starr wie ein dürres, lebloses Stück Holz ist. Das Dürre kann unmöglich noch Leben bergen. Es ist ein leeres Gefäß geworden. Die entleerte Mumie wird fortgeschafft und vermauert . . . Aus der Grube steigen lebendige Wesen herauf. Der Totenpriester beobachtet den Ausgang der (aus ihr herausführenden) Röhre. Eines Tages kriecht eine Schlange, ein Wurm, ein Käfer, eine Eidechse durch sie ins Freie. Dies ist die dem mythologischen Denken natürliche Fortsetzung des Lebens . . .“ Diese kleinen Seelentiere sollten sich, wie bereits erwähnt, den meisten Gewährsleuten zufolge bald in löwengestaltige Königsgeister (Shumba oder Mondoro) verwandeln.

Frobenius hat die Verbreitung des Fanany-Glaubens kartographisch zu erfassen versucht und findet seine Spuren nicht nur im Südosten des afrikanischen Kontinents, sondern auch auf Madagaskar, in Teilen von Hinterindien und Indonesien, in einem kleinen Teil von Neuguinea und ansatzweise auf einigen Inseln Melanesiens. Wenn auch die von ihm versuchte Rekonstruktion eines „großerythräischen Kulturkreises“, der einst die Gestade des Indischen Ozeans umfaßte und darüber bis in die Südsee hinausreichte, von der modernen Ethnologie in Frage gestellt wird, so ist die Verbreitung bestimmter Komplexe von Kulturgütern über große Distanzen in vor- und frühgeschichtlichen Epochen doch nicht zu bestreiten. Bei allen Ähnlichkeiten zu dem alten Hochkulturraum Ägyptens muß im Bereich der Fanany-Mythik eine Verlagerung der Gewichte stattgefunden haben, da hier nicht in der Erhaltung des Totenkörpers selbst, sondern im Auffangen von dessen „Lebensessenz“ der Hauptzweck der totenpriesterlichen Bestrebungen lag. Wir sollten auf jeden Fall zur Kenntnis nehmen, daß hinter den für uns abstoßend erscheinenden Bräuchen im Gefolge des Fanany-Glaubens eine alte, tiefe Geistigkeit steht, die auf ihre Weise als Dokument urtümlicher Religiosität Respekt verdient.

Ähnliche königliche Bestattungsriten wie in Südostafrika sind auch von den *Hima*-Völkern (Wahima) aus dem Gebiet des heutigen Uganda bekannt. Ausschließlich Viehzüchter, sollen sie Anfang des zweiten Jahrtausends v. Chr. aus dem Nordosten in mehreren Wellen eingewandert sein, dieser Prozeß dauerte etwa vier- bis fünfhundert Jahre. Viele Sitten und Glaubenselemente erinnern ebenso wie südlich in Zimbabwe an die der alten Nubier. Die Könige wurden hier aber nicht getötet. Starb ein von allen zutiefst verehrter König, wurde sein Tod – um ein Chaos zu vermeiden – geheimgehalten. Erst nach der Bestellung eines Thronfolgers fand die Bestattungszeremonie statt. Der königliche Leichnam wurde zu Mumifizierungszwecken geräuchert und anschließend ebenfalls in eine Rinderhaut eingenäht. Die Räucherung, zu der man verschiedene Gewürze und Weihrauch, aber auch Kaffeebohnen, Wacholder und Essig verwendete, diente dazu, den Körper durch Dämpfe und Gase zu konservieren. Die Grabwächter warteten dann auf die erste Made, die aus dem königlichen Leichnam herauskroch, fütterten sie mit Milch und bereiteten sie auf diese Weise für die Metamorphose in ein Königstier, einen Löwen, vor.

Auch aus dem westlichen Kamerun ist die Gepflogenheit der Mumifizierung bei den als Waldbauern lebenden Stämmen bekannt. Dem Manismus (Ahnenkult) waren auch die Bestattungsriten angepaßt. Schließlich wurde der Verstorbene in seiner Hütte bzw. nur wenige Schritte von ihr entfernt begraben; später gründete man sogenannte *Waldfriedhöfe.* In der Hütte begrub man die Toten entweder unter der Feuerstelle oder unter dem Bett des ältesten Sohnes. Als Kulthandlungen wurden verschiedene Totenzeremonien veranstaltet, dazu gehörten Totentänze, Ahnenmasken und auch Leichenkonservierungen. Diese waren allerdings – wie in vielen anderen Gebieten Afrikas – nicht besonders erfolgreich. Das Räuchern der Leichen und das Ersetzen der Eingeweide durch pflanzliche Substanzen allein ist nämlich im Tropenklima kein wirksamer Schutz gegen den Fäulnisprozeß.

Die erhaltengebliebenen Körperreste sind daher eher den gelegentlich günstigeren klimatischen Bedingungen zu verdanken. Es ist auch denkbar, daß eine aufgebahrte Leiche dadurch, daß sie über lange Zeitabschnitte hinweg den extrem trockenen Winden ausgesetzt war, mehr oder weniger gut erhalten blieb. Auch die nur unzureichend konservierten Körper, welche unter der Feuerstelle in der Hütte bestattet waren, genossen bessere Konservierungsbedingungen als die im feuchten Wald begrabenen. Der Hauptgrund aber, warum man auf dem afrikanischen Kontinent die meisten und am besten erhaltenen Mumien vor allem in Ägypten fand, ist nicht allein in der höheren Entwicklungsstufe der Konservierungstechnologie zu suchen, sondern auch in den unterschiedlichen Auffassungen: während in Ägypten das Weiterleben der Seele von der Weiterexistenz des Körpers abhängig gemacht wurde, herrschte bei vielen Naturvölkern Afrikas der Fanany-Glaube vor, bei dem es eben nicht darauf ankam, daß der Körper des Verstorbenen unversehrt erhalten blieb.

Abschließend soll der Freiburger Anthropologe und Anatom *Eugen Fischer* zu Wort kommen, der in Südwestafrika eine größere Anzahl von Hottentotten-Gräbern freilegte.

„Die Toten waren nur etwa einen halben Meter tief in Rückenlage beigesetzt . . . Zu meiner Überraschung fand ich keine Skelette. Vielmehr war eine Mumifizierung eingetreten. Der in der Tiefe völlig trockene Sand, zeitenweise durchdrungen von der Sonne Südafrikas . . . hatte die Fäulnis der Leichen verhindert. Die Toten waren ohne jede Beigabe, nur einige wenige waren in alte Pferdedecken eingehüllt. Die menschliche Haut war dunkelbraun geworden und sehr hart. Fast wie auf Holz klang ein Klopfen mit dem Fingerknöchel. Die Haut war über den Leibern und Gesichtern geschrumpft und hart gespannt. Bei geschlossenen Augen lag eine stille Ruhe über den flachen Hottentottengesichtern . . . Und ich überlegte angesichts der natürlichen Mumifizierung, ob wohl ähnliches im Trockengebiet Ägyptens die dortigen Menschen verführt hatte, die Mumifizierung zu einer Kunst auszubilden, um allen Toten eine möglichste Erhaltung der Körper zu verschaffen . . .“

Die „Xaxos“ der Kanarischen Inseln

Ein an Fläche nicht großes, aber kulturhistorisch überaus interessantes Gebiet in der Nachbarschaft Nordwestafrikas sind die *Kanarischen Inseln*. Sie wurden vor der Eroberung durch die Spanier, die etwa in der Zeit der Entdeckung Amerikas vor sich ging, von weißen „Steinzeitmenschen“ bewohnt. Diese werden üblicherweise als *„Guanchen“* bezeichnet, obwohl sich dieser Ausdruck eigentlich nur auf die Ureinwohner der Insel Tenerife bezieht. Die fellbekleideten, ohne große Haustiere und Töpferscheibe, Pfeil und Bogen, Rad und Wagen und ohne Kenntnis der Metalle lebenden Urkanarier scheinen vor langer Zeit aus dem Süden der Iberischen Halbinsel auf dem Seeweg die Kanaren besiedelt zu haben und dann sporadisch vom Festland des heutigen Marokko durch dort ansässige Berber, die an der Küste dem Fischfang nachgingen, besucht worden zu sein.

Zu dem Kulturbesitz der Altkanarier gehören auch „Mumien“, wie sie in mehreren lokalen Museen ausgestellt werden – hautüberzogene Skelette mit hellen Haaren, oft nur fragmentarisch erhalten, die für den Anthropologen wertvolles Untersuchsmaterial darstellen. An ihnen (wie auch an Knochenfunden) ist deutlich zu erkennen, daß es sich um Menschen europider Rasse handelte, die übrigens in vermischter Form in der heutigen Inselbevölkerung fortleben. Die Altkanarier wurden also nicht, wie gehässige Schriften dies vorgeben, von den spanischen Eroberern brutal ausgerottet, sondern sie ließen sich taufen, nahmen spanische Namen an und gingen in der Siedlerbevölkerung auf, nicht ohne Bräuche, Überlieferungen und Worte der alten Sprachen bis in die Gegenwart herüberzuretten. Die Gesichtszüge der Inselbevölkerung von heute weisen nicht selten die Prägung der altertümlichen „Crô-Magnon-Rasse“ auf, die für die vorspanische Population bezeichnend war.

Die in den alten Inselsprachen als *„Xaxos“*, *„Jarcos“* oder *„Axos“* bezeichneten Mumien wurden einst in Grabgrotten bestattet, dürften aber größere Zeiträume kaum überstanden haben, ohne zu zerfallen. „Sie wurden weder mit Asphalt noch mit Natron konserviert, höchstens mit Ziegenbutter eingerieben und durch Hitze und Rauch konserviert. Das Gehirn wurde nie entfernt, und ob die Leibeshöhle entleert wurde, darüber sind sich die Gewährsleute nicht einig. In älteren Zeiten und bei gehobenem sozialem Rang der Verstorbenen dürfte dies der Fall gewesen sein“ (*Biedermann* 1983). Die Leichen wurden offenbar über kleinem Feuer geräuchert und nach der Austrocknung in feine, chamois-gegerbte Felle eingehüllt. Leider erlauben es die historischen Quellen nicht, deutliche „Mumifizierungsklassen“ zu rekonstruieren, die jenen des alten Ägypten entsprechen, aber ein ähnlicher Tatbestand kann angenommen werden. Jedenfalls wurden aber für die Konservierung keine Chemikalien verwendet.

Dieser Umstand bewahrte jedoch die Mumien, die besser als Dörr- oder Trockenleichen zu bezeichnen wären, nicht davor, in den Apotheken der Renaissance- und Barockzeit verwendet zu werden. Wenn der Nachschub an ägyptischen Mumien stockte, wurden bedenkenlos die billigeren, aber natürlich pharmazeutisch ebenfalls völlig wirkungslosen Überreste der Altkanarier herangezogen. Manche der großen Grabhöhlen, die mehrere hundert dieser Trockenmumien enthalten hatten, wurden restlos ausgeplündert und die sterblichen Überreste der „Guanchen“ in kleinen Dosen von kranken Europäern eingenommen.

Freilich wurden nicht alle verstorbenen Altkanarier einer begrenzten Konservierung zugeführt. Vielfach gab es auch Erdbestattungen unter Steinbauten, und die unteren Volksklassen mußten sich mit Begräbnissen in Spalten und Rissen im Lavagestein begnügen. Die alte Kultur der vorspanischen Kanarier war offenbar nicht einheitlich, sondern von verschiedenen Einflüssen und Strömungen geprägt.

Interessant ist, daß auch die alten Volksstämme Westindiens, die vorkaribischen *Arawak*-Insulaner, ähnliche Bestattungsbräuche pflegten. Ihre Trockenleichen wurden als *„Zemis“* (heilige Dinge) verehrt. Ob es in vorkolumbischer Zeit Kontakte über den Atlantik hinweg gegeben hat, die diese und andere Ähnlichkeiten im Kulturbesitz der Völker der Alten und der Neuen Welt erklären könnten, ist allerdings eine in der Ethnologie sehr umstrittene Frage.

In den Grotten steiler Felswände bestatteten die Ureinwohner der Kanarischen Inseln ihre Toten *(Archiv Biedermann).*

3. AMERIKA

Lateinamerika

Ist auch Ägypten das „klassische“ Land der Mumifizierung, wurden – wie noch gezeigt werden soll – die Überreste Verstorbener auch in anderen Räumen (etwa auf Neuguinea, bei manchen Volksstämmen der Ureinwohner Australiens) für einige Zeit konserviert und gibt es greifbare Überreste menschlicher Körper auch gelegentlich in Europa und Asien, so ist als zweiter Kernpunkt von vergleichbaren Bestattungsbräuchen doch die Neue Welt zu bezeichnen. In erster Linie sind es die Hochkulturen des vorkolumbischen Südamerika, die zeitweise große Sorgfalt auf die Konservierung der Leiber Verstorbener aufgewendet haben.

Die Hochkulturen des alten Amerika treten erstmalig etwa in der Zeit um 1600 v. Chr. deutlich hervor. Sie sind also wesentlich jünger als die Kulturen der Alten Welt, die jenen Schritt um die Wende des 4. zum 3. Jahrtausend v. Chr. taten (etwa gleichzeitig bei den Ägyptern und bei den Sumerern in Mesopotamien). Die ältesten Kulturen der Neuen Welt sind jene der Olmeken in Mittelamerika und die von Chavín de Huantar in Südamerika, und sie können in ihrem Kulturbesitz etwa mit den altweltlichen Kulturen um 3000 bis 2000 v. Chr. verglichen werden, obwohl es tiefgreifende Unterschiede gibt. So etwa war das Rad im alten Amerika zwar bekannt, wurde aber nie praktisch eingesetzt, und auch die Töpferscheibe gab es dort nicht. Bis in die Zeit der spanischen Eroberung gab es kaum tiefgreifende Änderungen im allgemeinen Kulturbesitz. Der Großteil unseres Wissens über die altamerikanischen Kulturen beruht auf den Berichten der spanischen Konquistadoren.

Es ist erstaunlich, wie sorgfältig und umfassend sie die Kultur des südamerikanischen Indianers beobachtet und aufgezeichnet haben. Es entspricht dem Geist der Renaissance, daß es der „Soldat zur Feder genauso weit gehabt hat, wie der Schreibstubenmensch zum Schwert“. So paradox es klingt – die Kolonisatoren setzten mit der Feder in der einen Hand dieser Kultur ein Denkmal, die sie dann mit dem Schwert in der anderen zerstörten.

Die Aufzeichnungen der Spanier füllen bis in unsere Zeit Archive und Bibliotheken, sind aber wissenschaftlich nur zum Teil bearbeitet worden. Nur ein geringer Bestand von Informationen, die uns heute zur Verfügung stehen, sind Aufzeichnungen mündlicher Überlieferungen durch Indianer, die sich die spanische Schrift angeeignet hatten. Die von Europa auf Amerika übergreifende Aufklärung gab auch der Beschäftigung mit Altertümern neuen Auftrieb. So wurden Beutestücke nicht mehr nur nach dem Metallwert geschätzt, sondern man wurde sich auch ihres kulturellen Wertes bewußt, der oft ein Vielfaches des materiellen ausmachte. Auf diese Weise hat sich die wissenschaftliche Forschung, gleichzeitig leider auch die Schatzgräberei, die oft wichtige Gegenstände der fachlichen Bearbeitung entriß, entwickelt. Manches wertvolle Stück gelangte erst auf Umwegen in private oder öffentliche Sammlungen. Dadurch wurde eine rechtzeitige Auswertung oft verhindert oder führte zu qualitativ unterschiedlichen Ergebnissen. Begrüßenswert war die Idee der Nationalbank in Bogotá, die im Jahre 1938 zum Zweck der Notendeckung ein Museum gründete, in dem das Äquivalent der Exponate nicht nur dem Metall-, sondern vor allem dem Sammelwert entsprechend errechnet wurde.

In Südamerika haben sich zwei in ihrer Entwicklung unterschiedliche Schwerpunkte herausgebildet: die Gebiete und deren Völkerschaften in den nördlichen Anden, also im Gebirgs- und Wüstenland der heutigen Republiken Kolumbien und Ekuador, sowie die Völker der Mittleren Anden, des Küstengebietes von Peru und des Gebirgslandes von Peru und Bolivien.

Das altmexikanische Menschenopfer durch Herausschneiden des Herzens. Detail aus der Bilderhandschrift „Codex Zouche-Nuttall" *(Archiv Biedermann).*

Chimú und Paracas

Wenn wir nun die mit einer Konservierung der Toten verbundenen Bräuche in Südamerika betrachten, so muß bedacht werden, daß in der Literatur oft von „Mumien" die Rede ist, wenn in Wahrheit nur gut erhaltene Reste Verstorbener gemeint sind. In großen Keramikurnen beigesetzte Leichen, wie sie etwa in Teilen des Amazonas-Gebietes oder Kolumbiens gefunden wurden, können sehr gut erhalten sein, ohne daß sie deshalb als Mumien bezeichnet werden dürfen. In Chile, Bolivien und Peru trugen gelegentlich extreme Klimabedingungen dazu bei, daß bei sorgfältig bestatteten Leichen auch die Weichteile und das Haar erhalten geblieben sind. Dazu gehören in den wüstenartigen Gebieten des Küstenlandes von Peru und Chile die extreme Trokkenheit, im Hochland der Anden von Bolivien und Peru die Eiseskälte. Wiederholt ist zu beobachten, daß in Bündel von Geweben eingehüllte, verschnürte Leichen in Hockstellung mit einer Mumienmaske aus Holz oder Metall ausgestattet wurden, wohl um ihnen auf diese Weise eine eigene Individualität zukommen zu lassen.

Das eine der großen Zentren von Mumienfunden im Andenraum, der später durch das expansive Inkareich des *Ketschua*-Volkes besetzt und inkorporiert wurde, ist im nördlichen Küstengebiet das Reich der *Chimú,* das um 800 n. Chr. blühte, also in jener Epoche, in der in Europa die Karolinger herrschten. Großartige Keramiken aus dem „Reich Chimor" schmücken die archäologischen Sammlungen vieler Museen und sind das auffälligste Erbe dieser nordperuanischen Küstenkultur. In ihr spielte die Verehrung der Ahnen eine große Rolle, und daraus erklärt sich auch die Sorgfalt, mit der – was im trockenen Klima des Landes leicht zu bewerkstelligen war – die von Fäulnis bewahrten Trockenmumien der Toten behandelt wurden. Es gab kultisch verehrte „Staatsmumien"; in manchen Gegenden wurden – bei Adelsfamilien – aber auch in Wohnräumen die abgeschiedenen Verwandten der Reihe nach an den Wänden aufgestellt, um damit die Verbindung mit ihrer Welt aufrechtzuerhalten. Die Mumien der Herrscher standen meist in den Nischen der aus Tonziegeln erbauten Tempel und trugen in den leeren Augenhöhlen Goldplättchen oder buntglänzende Augen von Tin-

Totengeister mit Flöten und Rasselstäben auf einem Tongefäß der Chimú *(nach G. Kutscher).*

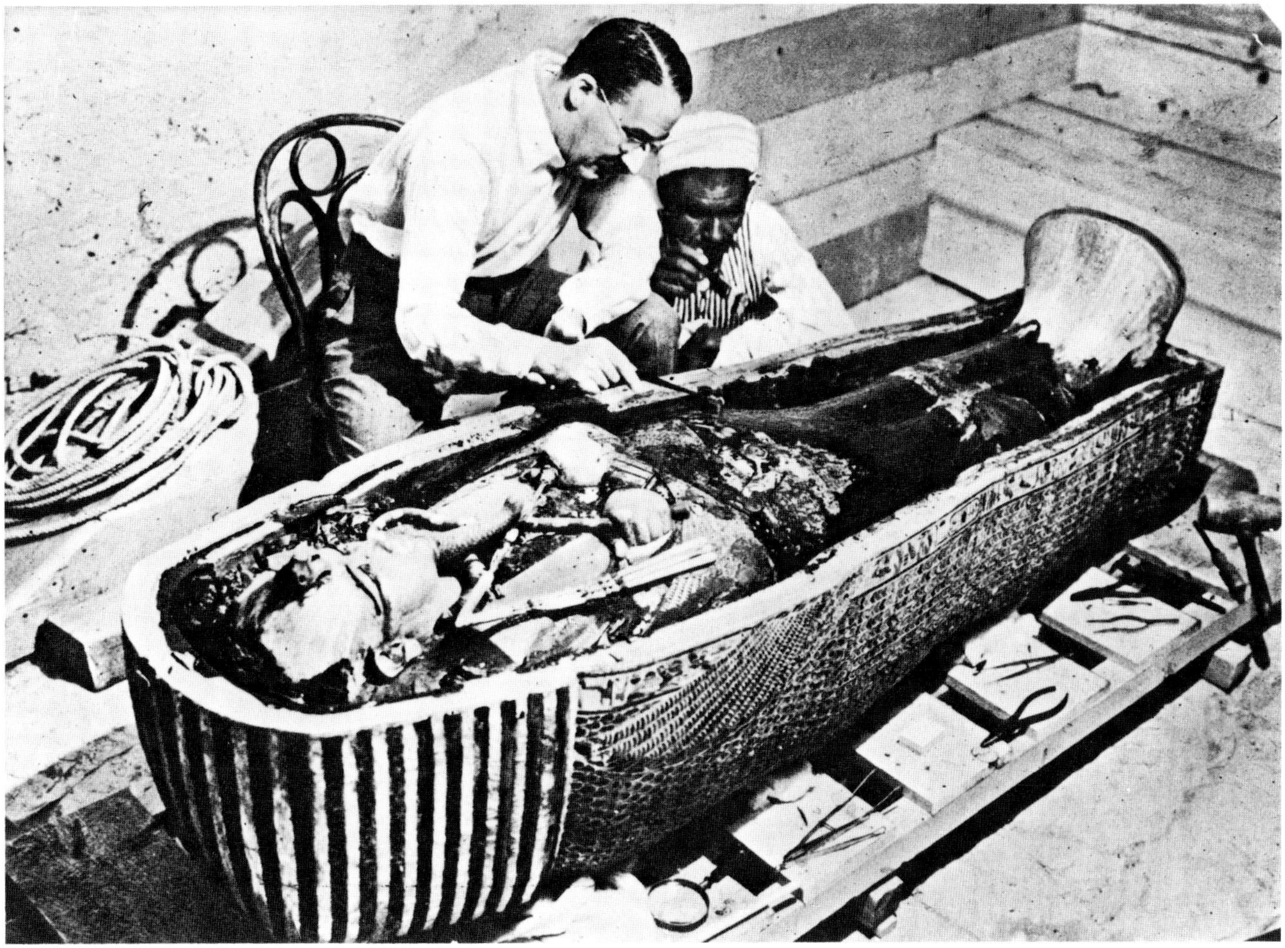

Howard Carter am Sarg des Tut-ench-amun *(Ullstein Bilderdienst, Berlin).*

Mumienbildnis einer vornehmen Dame aus Fayum, 1. Jh. v. Chr. *(Archiv für Kunst und Geschichte, Berlin).*

Kindermumie aus den Gräbern von Luxor *(Deutsche Presse Agentur).*

Peruanische Mumie mit prachtvollem Haar *(J. Frank)*.

Textilfragment der Paracas-Kultur („Der fliegende Trophäenjäger", *Ullstein Bilderdienst, Berlin).*

Die Kopftrophäen („Tsantsa") der Jívaro sollten Kraft und Stärke des toten Feindes verleihen *(Deutsche Presse Agentur* [oben]; *Museum f. Völkerkunde, Wien* [links]).

tenfischen, die ja jenen des Menschen stark ähneln. Bei größeren Festen wurden die Mumien, wie *H. Leicht* aufgrund spanischer Chroniken berichtet, „von den Priestern herausgeholt, gereinigt, geschmückt und auf den Tempelplätzen aufgestellt, auch in feierlichem Umzug herumgetragen als die heiligen Leiber der Vorfahren, . . . Pater *Juan Añello Oliva* endlich berichtet von diesem Kultus, daß die Mumien bei den Chimú ‚Muñaos' genannt und in kleinen, reich mit Federschmuck verzierten Beinhäusern aufbewahrt wurden, wo man sie hinter kostbaren Stoffen verbarg. Diese Gewebe . . . erzählten in Bildern von den Taten der Toten und stellten sie hinein in das lebendige Geschlecht. Zu ihrem Dienst waren besondere Priester bestellt, die ihnen in gleicher Weise Opfer darbrachten wie den Huacas (Götterwesen). Die Abgeschiedenen waren von Geräten umgeben, deren sie sich zu Lebzeiten bedient hatten. Als eigentliche Gottheiten galten sie indes nicht, wohl aber als verehrungswürdige Ahnen, denen die noch Lebenden vieles zu verdanken hatten und deren Geister über die Nachfahren wachten."

Mumienbündel aus dem Chimú-Reich *(nach H. Leicht).*

Der Chronist *Antonio de la Calancha* berichtete, daß die Bestattung fünf Tage nach dem Tode erfolgte. Die Leiche wurde sorgfältig gewaschen, dann in Hockstellung mit zum Kinn hochgezogenen Knien fixiert und mit Umhüllungen aus Rohrgeflecht und Geweben eingewickelt. Habseligkeiten der Verstorbenen wurden in Ballen aus Seetang oder Laub beigegeben. Frauen bekamen Arbeitstäschchen mit Nähzeug und Webegeräte mit, Männer meist Fischleinen und Angelhaken sowie Kriegswaffen, wie etwa Steinschleudern. Normalerweise wurden aus Lehmziegeln kleine Mausoleen errichtet, sonst wenigstens Schutzdächer aus Rohr, Lehm oder Matten, wenn nicht ein über die Leiche gestülptes großes Tongefäß einen Grabbau ersetzte. Das trockene Klima trug dazu bei, die sorgfältig bestatteten Leichen zu Trockenmumien zu machen. Unklar ist, aus welchen Gründen manche Mumienbündel aus dem Chimú-Gebiet nicht eine, sondern mehrere Leichen enthalten. Wir wissen nicht, ob es sich um Bestattungen von gleichzeitig verstorbenen Menschen handelt oder ob etwa einem Verstorbenen Diener oder Angehörige mitgegeben wurden, um ihn in das Totenland zu begleiten. Immer jedoch wurden Gefäße aus Ton, überaus formschön modelliert und detailreich Einzelheiten des nordperuanischen Lebens wiedergebend, den Toten mitgegeben. Was einst als pietätvolles Opfer an die Verstorbenen gedacht war, ernährt heute vielfach die fernen Nachkommen, die als illegale Ausgräber das Land durchstreifen und nach „Huacas" suchen, um sie Sammlern aus aller Welt zu verkaufen . . .

Älter als die Trockenmumien der nordperuanischen „Reiche Chimor" sind jene aus dem südperuanischen Küstenland, wo sich im Bereich der *Paracas*-Kultur das zweite große Zentrum der andin-südamerikanischen Mumienfunde befindet. Die Paracas-Halbinsel liegt südlich der Hafenstadt Pisco und ist heute reines Wüstengebiet. Die Archäologen sprechen von „Paracas-Cavernas" und „Paracas-Necropolis" wie von zwei verwandten Kulturen, die jedoch nur Varianten einer zwischen 900 und 200 v. Chr. blühenden Küstenkultur darstellen. Einflüsse der älteren, früher erwähnten Kultur von Chavín sind unverkennbar. Allein in dem „Necropolis" genannten Gräberfeld wurden 429 kegelförmige Mumienbündel entdeckt, die bisher nur zu einem kleinen Teil geöffnet wurden. In jedem dieser Bündel kauerte eine verschnürte Leiche, reichlich mit Geweben umhüllt, die zahlreiche Beigaben verbergen: Federfächer, Felle, Früchte, Schmuckgegenstände. Die noch nicht geöffneten und konservierten Mumienbündel werden in klimatisierten Panzerkammern in Lima aufbewahrt, um sie nicht in größerer Feuchtigkeit als auf der Paracas-Halbinsel rasch zerfallen zu lassen.

Berühmt wurde die systematische Auflösung eines der Mumienbündel, die Ende der vierziger Jahre in New York vorgenommen wurde. Zuerst kam eine turbanartige Kopfbedeckung mit feiner Stickerei zutage, dann das Fell eines Fuchses, das noch immer als weicher Pelz in Erscheinung trat. Fünfzig Kleidungsstücke, darunter siebzehn Ponchos, wurden schichtenweise abgehoben, vielfach zwischen großen Baumwolltüchern verborgen. Die Ornamentik der Paracas-Gewebe überraschte durch die dämonischen Jaguargestalten zwischen Menschen- und Vogelmotiven, und die Farben waren unglaublich frisch und leuchtend. Ein 26 Meter langer Baumwollstreifen umhüllte endlich den Toten selbst, wohl ein bedeutender Priester, der auf einem Stück Leder saß, den Kopf durch einen Polster gestützt. Pergamentähnliche Haut umhüllte das hockende Gerippe, dessen Schädel im Säuglingsalter künstlich deformiert worden war, wie es der Sitte entsprach. „Die Stirn des Toten umgab ein teilweise vermodertes, ursprünglich rot gefärbtes Kopfband, das noch Spuren von Stickerei erkennen ließ. Dazu fanden sich Überreste eines weiteren, mit gelben Papageienfedern besetzt gewesenen Bandes. Flache Goldplättchen lagen auf den Augenbrauen und der Nase, weitere fanden sich neben der Leiche im Korbe [der den Bestatteten aufrecht hielt]. An Waffen hatte man ihm eine lederne Schleuder und eine Art Keule mitgegeben" *(K. Lange)*.

Durch die Untersuchungen des Archäologen *Julio Tello*, der als Pionier der Erforschung der Paracas-Gräberfelder zu gelten hat, sind wir auch über die Methoden der Mumifizierung im alten Südperu unterrichtet. Gelegentlich wurde das Haupt vom Rumpf der Leiche abgetrennt und die Gehirnmasse durch das Hinterhauptloch entfernt. Fast immer wurde der Brustkorb durch einen Querschnitt geöffnet, um Herz und Lunge zu entfernen. Der Unterleib wurde ebenfalls durch lange Schnitte geöffnet, darauf wurden die Eingeweide entnommen. Aus den andernorts in der Neuen Welt bekannten Konservierungspraktiken fällt ein Detail heraus: „Gelegentlich sieht man an den Extremitäten Einschnitte, durch die Muskeln entfernt wurden" *(Wedemeyer)*. Nach dieser Vorbehandlung wurde die Leiche durch Hitze und Rauch konserviert, also eigentlich richtig geräuchert, und es ist möglich, daß dabei bestimmte aromatische Kräuter verkohlt wurden. Schließlich wurde der Körper in eine mit hochgezogenen Knien sitzende Position gebracht und fest zusammengebunden, gewissermaßen in einer embryonalen Haltung. Hohlräume wurden mit Miniatur-Kleidungsstücken ausgepolstert, bis ein annähernd eiförmiges Bündel entstand. Dies war der innerste Kern der Paracas-Mumienpakete, um den dann schichtenweise die gewaltigen Mengen von Textilien gelegt wurden, die jene Art des Kultes der Verstorbenen auszeichnen. Wir wissen nicht über die spirituellen Hintergründe dieser eigenartigen Glaubenswelt Bescheid; es ist unklar, ob ein Verstorbener schon durch seinen Eintritt in eine andere Weltebene als übernatürlichmachtvolles Wesen galt oder ob er gewissermaßen als Bote angesehen wurde, der einem großen Götterwesen die Wünsche der Überlebenden überbringen sollte.

„Der Totenkult“, schreibt der deutsche Amerikanist *H. D. Disselhoff,* „erreichte ein ungewöhnliches Ausmaß. Die Lebenden scheinen oft ihr ganzes Leben mit dem Spinnen feinster Garne verbracht zu haben, um damit Tunikas, Lendenschurze und vor allem die riesigen Totentücher zu weben und zu besticken. Alle Textilien sind überaus kostbar, Schleiergewebe und Brokat, bemalte und bestickte Kleidungsstücke. Außer Baumwolle wurde in geringerem Maße auch Agavefaser und menschliches Haar, und auch schon aus dem Bergland bezogene Wolle von Lama und Alpaka versponnen und verwebt . . . Ein künstlicher Mumienkopf aus Baumwollstoff, mit Federn, Schneckenhäusern und dergleichen verziert, ist dem inneren Mumienbündel aufgesetzt. Prächtige Gewebe liegen zusammengefaltet als Opfergabe neben dem Totenbündel; sie sind ungetragen, neu und müssen eigens für die Toten angefertigt worden sein.“

In den letzten Jahren wurden Totentücher gefunden, die das erwähnte an Fläche noch übertreffen. Eine Breite von bis zu vier Metern legt bereits bedeutende webtechnische Probleme nahe, und die Länge von über 40 Metern, die beobachtet wurde, läßt nur noch an eine unglaubliche Hypertrophie des Totenkultes denken, die den Lebenden vergleichsweise wenig Raum übrigließ . . .

Trockenmumien, die weiter im Süden gefunden wurden, wirken im Vergleich dazu sehr bescheiden und dürftig ausgestattet. Die Paracas-Mumien hingegen wurden meist mit roter Farbe, der Farbe des Lebens, bemalt, die Körperöffnungen mit Goldplättchen verschlossen. Der Reichtum dieser Bestatteten äußert sich aber nicht in den vergleichsweise kleinen Mengen an Edelmetall, sondern in den riesigen Textilien. Große Flächen des bewässerten Landes müssen von Baumwollstauden bestanden gewesen sein, die für die Totentücher gebraucht wurden. Es wurde berechnet, daß für die Herstellung eines einzigen reich bestickten Totenmantels die Arbeitszeit von zwei Jahren nötig war! Wir müssen uns fragen, ob wir in diesem Zusammenhang noch an Pietät und Verehrung der Verstorbenen denken dürfen oder ob diese nicht schon wie unersättliche Wesen angesehen wurden, die von den Lebenden schließlich unerfüllbare Leistungen forderten, ehe jüngere Kulturen (*Moche,* später dann das *Inkareich*) neue Ordnungen einführten.

Erwähnt soll noch werden, daß die weitaus meisten Mumienfunde in Südperu nicht von Archäologen gemacht werden, sondern von haupt- oder nebenberuflichen Grabräubern, *Huaqueros* genannt. Der Name stammt von dem Quechua-Wort *„huaca“,* das im weitesten Sinn „heilig, erhaben“ bedeutet. Heilig waren in der Zeit des Inkareiches die Ahnen und die Tempel, die Opfer und die Grabbeigaben. Die arme Bevölkerung von heute verdient sich vielfach einen Teil ihres Lebensunterhaltes durch das illegale Ausgraben von einst mit reichen Beigaben bestatteten Toten; die Funde, die für die Wissenschaft naturgemäß nur begrenzten Wert haben – sind doch die Fundumstände meist nicht rekonstruierbar –, werden dann an Touristen verkauft oder wandern auf Umwegen in den Kunsthandel. Auf diese Weise helfen die Ahnen aus vergangenen

Jahrhunderten ihren fernen Nachkommen, den Lebensunterhalt zu fristen – so bedauerlich dies für den Archäologen auch ist.

Der deutsche Peruanist *Hans D. Disselhoff* schrieb einst, er erinnere sich der professionellen Grabräuber im nordperuanischen Küstenland, die berichteten, sie könnten die „Totenerde auf der Zunge schmecken, fast wie man alten Wein schmeckt. Diese Huaqueros waren so kundig, daß sie zu schmecken vorgaben, was unter der Erde auf sie wartete . . . Ein alter Mann erzählte mir einmal, daß er in seiner Jugend durch glücklichen Zufall ein Riesengrab mit zwanzig prunkvoll bekleideten Mumien entdeckt habe. Nach seiner Beschreibung muß es ein Grab der Tiahuanaco-Periode gewesen sein. Das Grab war sehr tief. Nachdem der Glückliche im Dunkel des Grabes fiebernd an Schätzen zusammengerafft hatte, was er packen konnte, suchte er vergeblich den Aufstieg zum Tageslicht. Die steilen Grabwände drohten einzustürzen. Da sei er auf den rettenden Gedanken gekommen, ein Mumienbündel auf das andere zu türmen. Die Toten dienten dem Verzweifelten als Treppe. Das Knirschen und Knakken der morschen Knochen hätte ihn derart erschreckt, daß er, oben angelangt, Hals über Kopf davonrannte. Die Stimmen der Totengeister hätten ihm in den Ohren geklungen . . ."

Disselhoff hat selbst beim südperuanischen Fundort „Cabezas Achatadas" über 120 Mumien ausgegraben, und die besterhaltene war die eines Jünglings aus der Zeit um 100 n. Chr., wie Radiokarbon-Untersuchungen erwiesen. Die Untersuchung ergab, daß der junge Mann an verschiedenen Parasiten gelitten hatte, unter anderem auch an Läusen; es dürften, so Disselhoff, dies „die ältesten bekannten Kopfläuse der Welt" sein . . .

Nördliches Andengebiet: Menschliche Trophäengalerien der Kaziken

Aus dem nördlichen Andengebiet, dem heutigen Kolumbien, wurden von den spanischen Kolonisatoren haarsträubende Berichte über die Einheimischen überliefert. So wurde von dem Geschichtsschreiber *Cieza de León* eine Szene beschrieben, die deren barbarisches Herrentum extrem anschaulich vermitteln sollte:

„Als zum ersten Male Christen und Spanier diese Täler betraten – und das waren meine Begleiter und ich –, kam gutwillig ein großer Herr, der Nabunuco hieß, und brachte Frauen mit; und als es Nacht wurde, legten sich zwei von ihnen der Länge nach auf einen Teppich oder eine Matte nieder; und die andere querum; als Kopfkissen zu dienen; der Indio aber legte sich ausgebreitet auf ihre Körper und nahm eine vierte, schöne Frau, die bei anderen seiner Leute zurückgeblieben war und dann kam. Und als der Lizentiant Juan Vadillo ihn dergestalt sah, fragte er ihn, wozu er jene Frau mitgebracht, die er an der Hand hielt, und ihm in das Gesicht schauend, antwortete der Indio sanft: ‚um sie zu verzehren'; und wenn Vadillo nicht gekommen wäre, so hätte er es bereits getan. Als Vadillo dies hörte, fragte er ihn unter Anzeichen des Erstaunens: ‚Wie? du wolltest sie wirklich verspeisen, wo sie doch deine Frau ist'. Mit erhobener Stimme erwiderte der Kazike [Fürst]: ‚Denke nur, und das Kind, das sie gebiert, verzehre ich noch dazu.'"

Wie weit diese Antwort des Kazikenfürsten ernstzunehmen gewesen ist, bleibe dahingestellt. Die Spanier zitierten sie jedenfalls als Beweis für das Barbarentum der Eingeborenen. Möglicherweise berief man sich auf solche Berichte, um die eigenen Grausamkeiten zu entschuldigen. Sollte diese Überlieferung jedoch der Wahrheit entsprechen, dann ist sie heute höchstens ein anschaulicher Beleg dafür, welch unterschiedliche Einstellung zum menschlichen Leben diese Völker – wahrscheinlich bedingt durch die ständige Konfrontation mit dem Tod – gewissermaßen haben *mußten:* Nicht nur andauernde Kriege, sondern allein die Lebensbedingungen in einer Umgebung, die dem Menschen das Äußerste abverlangte, hatten eine für heutige Begriffe ungewöhnliche Einstellung zum Sterben zur Folge. Die Behauptung von der Grausamkeit der Urbevölkerung läßt sich außerdem durch einige wenige Vergleiche mit dem Verhalten der Vertreter der abendländischen (christlichen) Kultur relativieren:

Immerhin gelang es den Spaniern selbst, innerhalb von weniger als hundert Jahren die Anzahl der Urbewohner der entdeckten Gebiete auf ein Minimum zu reduzieren. Oder denken wir an die Gladiatorenspiele im Römischen Reich oder an die Begleiterscheinungen der Kreuzzüge im Mittelalter, in deren Verlauf im Namen der „christlichen Nächstenliebe" innerhalb von zwei Jahrhunderten Millionen von Menschen umgekommen sind. Dabei stellt sich noch die Frage, ob der Grausamkeit und Unmenschlichkeit nicht in unserem Jahrhundert die Krone aufgesetzt wurde. Man erinnere sich nur an die beiden Weltkriege, an die Judenverfolgungen, an die Schrecken der Konzentrationslager, die heute noch in vielen Ländern – wenn auch unter anderen Namen – bestehen . . .

Hingegen darf man Menschenopfer und das Sammeln von menschlichen Trophäen durch die Ureinwohner nicht nur als Ausdruck von Grausamkeit verstehen. Vielmehr glaubte man, daß die Kraft des getöteten Gegners auf den Träger solcher Trophäen übertragen wurde – eine Ansicht, von der sich die primitiven Völker lange Zeit nicht abbringen ließen. Menschentrophäen schmückten vor allem die Paläste von Stammesfürsten. So wurden z. B. die Köpfe der im Krieg umgekommenen Feinde auf lange Bambusstangen, die man vorher flötenartig durchbohrt hatte, aufgespießt. Der Wind erzeugte in ihnen Töne, die so klangen, als gäben die Köpfe traurige, klagende Laute von sich. Diese makabre Kulisse behielt über lange Zeit ihre Wirksamkeit, da die Köpfe durch das Ausbluten und die Einwirkung der trockenen Winde nicht verwesten, sondern austrockneten. Sogar die aasfressenden Tiere wurden durch die klagenden Töne dieser „Äolsflöten" derart irritiert, daß sie auf die sonst sichere Beute verzichteten.

Eine andere, nicht minder makabre Sitte bestand darin, aus Menschenhaut Trommeln herzustellen. Im Palast des Königs von Lile (unweit vom heutigen Cali) wurden 680 solcher Trommeln gefunden. Auch die mit Menschenhaut bespannte Trommel sollte beim Ertönen die ehemalige Kraft des unterlegenen Kriegers auf den Trommler übertragen. In derselben Trophäengalerie fanden sich – zum Entsetzen der Europäer – vierhundert „ausgestopfte" Körper von getöteten Menschen. Dabei wurde so vorgegangen, daß man den besiegten Kriegern zuerst die Haut abzog und dann deren Fleisch verzehrte. Dies geschah aber wieder nicht aus kulinarischen Gründen, sondern weil man glaubte, daß man sich auf diese Weise der Kraft des Verstorbenen bemächtigen könne.

Die abgezogenen Häute wurden mit Asche gefüllt, dann vernäht und die abgetrennten Köpfe wieder aufgesetzt. Die Gesichtsformen modellierte man mit Wachs nach. Diesen „Menschen" drückte man sogar ihre Waffen wieder in die Hände, nachdem sie in eine möglichst „lebensnahe" Position gebracht und aufgestellt worden waren. Derartige „dermoplastische Präparate" füllten die Trophäengalerien der Kaziken in jeder Menge. Auch hier drängt sich freilich ein Vergleich mit der Trophäensucht des sogenannten „kultivierten" Menschen unserer Zeit auf, der, nach der Tötung eines Beutetiers, dieses oder wenigstens Teile desselben als (fragwürdigen) Schmuck verwendet. Im Grunde scheint kein großer Unterschied zwischen dem Geschmack der Kaziken und dem unserer Jäger und Jagdpächter, die Häuser und Wohnungen mit Jagdtrophäen schmücken, zu bestehen, außer man berücksichtigt, daß die „Barbaren" ihre Trophäen nicht nur aufstellten, um die eigene Tapferkeit herauszustreichen und sich damit zu brüsten, sondern um den getöteten Feinden durch den Wunsch, deren Kräfte zu übernehmen, Ehre und Respekt zu erweisen.

Früher hatte die Sitte, Tiertrophäen aufzustellen oder aufzuhängen, einen verständlichen Grund: der Stolz über die Tapferkeit des Jägers, welcher mit primitiven Waffen, wie Lanze, Speer, Messer etc., wilde und oft kräftige Tiere erlegen mußte. Wenn sich ein solcher Jäger, der, wie ein Massai in Ostafrika, einen Löwen oder ein Jäger in unseren Breiten einen Bären im offenen Kampf besiegt hat, gerne mit den „Waffen" des erlegten Tieres – etwa in Form einer Kette, die er voll Stolz um den Hals trägt – schmückt, so ist dies eine natürliche Reaktion. Was aber bewegt so manchen Jäger heute, der in skrupelloser Ausnützung technischer Errungenschaften, wie z. B. Hochrasantmunition, Zielfernrohr oder Hubschrauberjagd, dem Tier jegliche Chance eines fairen Kampfes nimmt? Wenn sich solche Menschen ihrer – mühelos erworbenen – Trophäen rühmen, drängt sich unwillkürlich die Frage auf, ob es sich dabei nicht um reine Angeberei, wenn nicht gar um bloße Lust am Töten handelt . . .

Ähnlich wie in Ägypten, bestand vermutlich auch bei den südamerikanischen Hochkulturen der Glaube, daß die Unsterblichkeit der Seele von einem lebensähnlichen Fortbestand des Körpers abhängig sei. Er bewegt auch hier die Menschen, die Leichen zu mumifizieren. Für sein Weiterleben bedurfte der durch Mumifizierung „am Leben erhaltene Verstorbene" außerdem verschiedener praktischer Utensilien und Wertgegenstände, wie Waffen, Geschirr, Schmuck etc., die als Grabbeigaben mitgegeben wurden. Ranghöchsten Persönlichkeiten folgte auch deren komplettes Geleit – Frauen und Sklaven – mit ins Grab.

Über die Technik der Mumifizierung ist leider nichts überliefert. Untersuchungen haben lediglich gezeigt, daß der Körper nach Entfernung der Eingeweide mit verschiedenen Harzen imprägniert wurde. Hier zeigen sich Parallelen zur ägyptischen Kunst des Mumifizierens.

Daß diese „lebenden Toten" sogar noch in das Leben ihrer Nachfahren eingriffen und Einfluß auf deren Handlungen, wie etwa Krieg, hatten, bewies der Brauch, die Mumien der verstorbenen Kaziken auf die Kampfstätten als Helfer mitzutragen. Welch ein Unterschied zu den mitgeführten Reliquien der Kreuzzüge! Dies erklärt auch, warum die einflußreichsten Personen nicht, wie üblich, in der Erde beigesetzt oder in den Lagunen versenkt, sondern in den Tempeln bestattet und aufbewahrt wurden.

Die Vorstellung vom Weiterleben der Verstorbenen war rein materialistisch, das heißt es wurde nicht in abstrakter Weise ein geistiges Prinzip anerkannt, sondern der körperliche Fortbestand als eine Bedingung für die Unsterblichkeit angesehen. Wie im Abendland empfand man für die Geister der Abgeschiedenen außer Zuneigung hauptsächlich Furcht. Um diese zu mindern, ergriffen die Menschen entsprechende Maßnahmen. So haben z. B. die *Cara*-Völker im heutigen Ekuador prinzipiell verschiedene Wege zur und von der Bestattungsstätte gewählt, um die Geister in die Irre zu führen. In anderen Gebieten Südamerikas wieder fühlte man sich hingegen durch die Anwesenheit der verstorbenen Vorfahren geradezu geborgen. Das beweisen die Ahnengalerien der *Cueva* im Gebiet des Isthmus von Panama oder die selteneren der Volksgruppen im Caucatal (Kolumbien).

Einen besonderen Platz in der Aufzählung der Motivationen für die Erhaltung von Körperteilen im nördlichen Südamerika nehmen zweifellos die Schrumpfkonservierungen der Köpfe *(Tsantsa)* bei den *Jívaro*-Indianern in der Montaña des Grenzgebietes von Ekuador und Peru ein, die sich selbst *Shuar* nennen. Es wurde behauptet, erst die „Raritätensammler" aus Europa hätten die Kriegslust dieses Indianerstammes geweckt, indem sie die Jívaro gegen entsprechende Bezahlung motivierten, eine ausreichende Menge gut erhaltener „Ware" zu liefern. Diese Behauptung, die für damalige Verhältnisse eine außerordentlich kritische Einstellung gegenüber dem Ideal, die „zivilisierte Kultur Europas" zu verbreiten, darstellte, war ausnahmsweise fehl am Platz. Es handelte sich nämlich in erster Linie um religiöse Gründe, die zu diesem makabren Akt den Ausschlag gaben. Das Streben der erwachsenen männlichen Mitglieder dieses Stammes war nämlich gänzlich auf die sogenannte Erhöhung der Seelenkraft ausgerichtet. Dies wurde durch bestimmte Konzentrationsübungen – verbunden mit der Einnahme von Drogen – angestrebt. Das Erlangen dieser erhöhten Seelenkraft bedeutete einen Prestigegewinn innerhalb der Gemeinschaft und äußerte sich in Visionen, die im eindeutigen Befehl, zu töten, gipfelten. Derartige Aggressionen kamen gerade bei den Festen der Jívaro zum Ausbruch, die somit den Rahmen zu einem ungezügelten Morden bildeten. Unter den Opfern befanden sich – was den Fall noch interessanter erscheinen läßt – oft auch Menschen mit ebenfalls erhöhter Seelenkraft. Sie besaßen nämlich angeblich eine *Racheseele,* die nach dem Tod ihres Trägers aus seinem Mund austrat, um in einer von vielen möglichen Gestalten Rache zu nehmen. Nur wenn der Kopf des Getöteten abgetrennt, die Knochen entfernt und die Kopfhaut verkleinert wurde, indem man heißen Sand in den Balg hineinfüllte, verringerte sich die Möglichkeit der Racheausübung. Das anschließende Vernähen des Mundes sollte die schon geschwächte Racheseele an ihrem Austritt hindern und damit ihre Initiative lähmen. So verhielt es sich zumindest ursprünglich. Später war die religiös motivierte Lust am Töten allerdings kaum mehr von den ökonomischen Verlockungen zu trennen. Wenn allerdings heute in südamerikanischen Andenkenläden Tsantsas angeboten werden, so handelt es sich um geschickt hergestellte Fälschungen aus rasierten und in Formen gepreßten Affen- oder Ziegenhäuten.

Eine auf Faustgröße reduzierte „Tsantsa"-Schrumpfkopftrophäe der Shuar (Jívaro) mit vernähten Lippen *(Archiv Biedermann).*

Der mittlere Andenraum: Gottkönigtum der Inka

Die spanischen Eroberer erfuhren von den Kaziken im Norden, daß das Gold, welches sie suchten, in kaum vorstellbaren Mengen im Süden zu finden sei. Dieser Hinweis stimmte nur zum Teil, denn die Kaziken aus dem Gebiet des heutigen Panama bemühten sich so, die Aufmerksamkeit der Spanier von den eigenen Schätzen abzulenken. Vermutlich deuteten diese Hinweise auf das großperuanische Inkareich, das rege Handelsverbindungen mit den nördlichen Völkerschaften pflog. *Francisco Pizarro* gelang es in den dreißiger Jahren des 16. Jahrhunderts, in dieses legendäre Gebiet vorzudringen. Wie bereits in den nördlichen Gebieten, haben die Soldaten, die Missionare und auch die Beamten die Kultur, mit der sie konfrontiert wurden, sorgfältig studiert und ihre Eindrücke schriftlich überliefert.

Als die europäischen Eroberer im Gebiet des heutigen Peru eintrafen, stand das gesamte mittlere Andengebiet vom Rio Aucasmayu (im heutigen Südkolumbien) bis zum Rio Maule (im mittleren Chile) unter der Oberherrschaft der *Inka*dynastie. Wenn wir vom „Inkareich" sprechen, so ist zu bedenken, daß wir damit keinen Volksnamen gebrauchen. Die Inka waren die herrschende Familie des im südlichen Peru und in Bolivien beheimateten *Ketschua*-Volkes. Neue Ausgrabungen an verschiedenen Fundorten haben gezeigt, daß die ersten, noch nicht als Hochkultur zu bezeichnenden Anfänge dieses Volkstums bis in die Epoche der vorkeramischen Pflanzerkultur zurückreichen, und Radiokarbon-Altersbestimmungen ergaben erste Daten um 4000 v. Chr. die für den Andenraum Südamerikas charakteristischen Kulturelemente sind freilich wesentlich jünger.

Die Ausdehnung des Inkareiches in seiner Blütezeit war gewaltig. Es umfaßte den Westen Südamerikas in einer Nord-Süd-Erstreckung, die in der Alten Welt der Distanz vom Nordkap bis Kairo entspräche. Etwa acht Millionen Menschen in den verschiedensten Klimazonen waren dem in der Stadt *Cuzco* regierenden Inka untertan. In seiner größten Machtentfaltung war dieses Imperium freilich nicht sehr alt – es existierte erst seit etwa einem Jahrhundert, ehe es unter dem Ansturm einer relativ kleinen Truppe eisengepanzerter spanischer Eroberer zusammenbrach.

Die Regierungsform wurde vielfach als Gottkönigtum bezeichnet, was freilich nicht ganz richtig ist; es stimmt aber, daß der Inka als Nachkomme und irdischer Statthalter des Sonnengottes angesehen und *Intip-Churin,* Sonnensohn, genannt wurde. Der mythische Ahne *Manco Capac,* direkter Sproß des Sonnengottes, soll jegliche höhere Zivilisation eingeführt und Kulturgüter, wie Ackerbau, Bewässerung und den Bau fester Häuser, gelehrt haben. Seit der mythischen Vorzeit war in der Herrscherfamilie die Geschwisterheirat üblich, wobei die „Schwestern" der Inka freilich nicht immer in unserem Sinne leibliche Blutsverwandte gewesen sein dürften. Der *Sapa-Inka,* der einzige Herrscher (Alleinregierende), war jedenfalls ein gottähnliches Wesen, das über Millionen von Untertanen in einem wohlorganisierten Reich regierte und im Auftrag des Sonnengottes die irdischen Geschicke lenkte. Die kulturellen Leistungen älterer Andenvölker waren vergessen, das Wort des Inka war Gesetz. Auch nach seinem Tod sollte er herrschen helfen.

Die Sorge um die Körper der Toten oblag im Inkareich dem *Ayllú*-Verband; das war eine auf Verwandtschaftsverhältnissen gegründete Menschengruppe, meist mit dem „Clan" totemistischer Gesellschaften verglichen. Der Ayllú legte besonderen Wert auf seinen Gründer, betrachtete dessen Mumie als Heiligtum und verehrte ihn mit besonderen Zeremonien. Den spanischen Missionaren war dieser Kult der großen Ahnen naturgemäß ein Ärgernis; noch in den Jahren zwischen 1615 und 1619, etwa hundert Jahre nach dem Sturz des Inkareiches, wurden von den Spaniern 1365 mumifizierte Tote konfisziert.

Besondere Sorgfalt wurde den Leichen verstorbener Inka gewidmet. Die Mitglieder der adligen Ayllú-Gruppe beaufsichtigten die komplizierten Beisetzungszeremonien. Dabei wurden die Eingeweide entfernt und in besonderen Behältern aufbewahrt – ein Brauch, der wieder an die Verwendung der *Kanopen* in Ägypten erinnert. Der ausgetrocknete Leichnam wurde sorgfältig in feine Gewebe gehüllt und dann im Palast aufbewahrt. „Anschließend wurde die Mumie bedient wie zu ihren Lebzeiten. Es wird sogar berichtet, daß an ihrer Seite dauernd Frauen mit Fächern standen, die die Fliegen verjagten . . . Von den Lieblingsfrauen und -dienern des Kaisers wurde erwartet, daß sie ihm freiwillig in den Tod folgten. Vermutlich werden sie alle diese Pflicht erfüllt haben, in der sicheren Erwartung einer Belohnung im Jenseits. Sie wurden auf einem großen Tanzfest berauscht, wahrscheinlich mit Chicha-Bier, und dann erdrosselt" *(J. Alden Mason).* Der Staatskult erforderte es, daß die verstorbenen Inka bei öffentlichen Feiern auf dem großen Platz der Hauptstadt Cuzco ausgestellt wurden, um auf diese Weise die Kontinuität des legitimen Gottkönigtums zu demonstrieren. Die Vorfahren des regierenden Inka sollten auch dazu bewogen werden, die Schicksale des Reiches mitzulenken, herrschten sie doch „in göttlichem Auftrag" und wurden auch nach ihrem Tode nicht als bloß historische Größen betrachtet – vielmehr waren sie als weiterhin wirkende Mittler zur Himmelsgottheit angesehen.

Ein grausig wirkendes Detail der Konservierungstechniken im Inkareich war einerseits die Herstellung von Kopftrophäen, die vermutlich an jene der *Jívaro* erinnerten, jedoch ohne einem Schrumpfungsprozeß unterworfen gewesen zu sein. Andererseits gab es auch Menschenhauttrommeln in den Trophäensammlungen, Ausdruck der imperialen Macht und des Triumphes über besiegte Feinde und Rebellen. Diese sollten nach ihrem Tod gezwungen werden, dem siegreichen Inka zu dienen und neue Widersacher in Schrecken zu versetzen.

Kopf und Arme toter Feinde wurden bei der Herstellung dieser monströsen Gestalten unversehrt belassen, dem Rumpf jedoch Eingeweide und Knochen entnommen und der Bauch in eine Trommel verwandelt. „Man hängte die ‚lebende Leiche' so auf, daß, wenn der Wind darüberstrich, die Arme auf der Trommel wirbelten. Aber nicht nur der schaurige Laut der Trommel war Stimme und Gesang des Toten; man setzte auch in den Mund eine Pfeife ein, die der Wind betätigte . . . Die unheimliche Macht, die von der Menschenhauttrommel ausgeht, wurde sehr gefürchtet, und es heißt, daß mancher vor Schreck gestorben sei, der sie gehört hat" *(Wedemeyer).* Selten wurde im Lauf der gesamten Menschheitsgeschichte die Rache an überwundenen und getöteten Feinden im Glauben an ein Leben nach dem Tod so konsequent ausgelebt wie im Inkareich.

Abschließend soll noch ein Fund erwähnt werden, bei welchem es nicht ganz klar ist, ob die jahrhundertelange Erhaltung eines Menschenkörpers beabsichtigt war oder ob es sich dabei um eine zufällige Begleiterscheinung der klimatischen Bedingungen handelt.

Bekanntlich wurde im Inkareich die lebensspendende Sonne als Gottheit verehrt, und es ist naheliegend, daß auf den Gipfeln der Anden, die morgens zuerst vom Sonnenlicht berührt werden, dem Sonnengott Opfer dargebracht wurden. Dies war zumindest in der letzten Zeit des Inkareiches der Fall, als dieses unter dem Angriff der eisengepanzerten Eroberer des Francisco Pizarro zusammenbrach.

In den fünfziger Jahren entdeckten hoch oben in den Anden, in einer Höhe von 5800 Metern, Schatzsucher Inkabauten, Statuetten und schließlich unter einem Mauerwerk aus mörtellos geschichteten Steinblöcken die wohlerhaltene Leiche eines Indianerknaben. Die „Eismumie von *El Plomo*", wie der Fund nach dem betreffenden Gipfelplateau genannt wurde, mag einen letzten verzweifelten Versuch der Inkaherrscher darstellen, die Gottheit durch Opferung eines Kindes aus adligem Geschlecht zu beeinflussen und zur Hilfe aufzurufen. Der kleine Körper, welcher in das Naturkundemuseum von Santiago de Chile gebracht wurde, war weder verfallen noch geschrumpft, sondern durch das eisige Klima des Hochlandes vollständig konserviert worden, handelt es sich doch bei der Fundstätte praktisch um eine Region des ewigen Eises (nur während zweier Sommermonate steigt die Temperatur etwas über den Nullpunkt).

Der etwa zehnjährige Junge war mit einem dunklen, mit Lamawolle befransten Hemd bekleidet; sein Haar war in Hunderte von dünnen Zöpfchen geflochten, und er trug Silberschmuck an den Armen, um den Hals und auf der Stirn. Es ist anzunehmen, daß er mit starkem Alkohol oder einer Droge betäubt wurde und dann in kauernder Haltung erfror, ehe er

Die Grabanlage auf dem Gipfel des El Plomo mit der Eismumie eines Knaben aus der Inka-Zeit *(Archiv Biedermann)*.

unter einem einfachen Steinbau begraben wurde. An Beigaben erwähnen die Archäologen einen Beutel mit Coca-Blättern, eine kleine Tasche mit Haarlocken und abgeschnittenen Fingernägeln, eine „Geisterfigur" aus Silber mit Federkopfschmuck, Gewand und einer Schmucknadel sowie Lamastatuetten aus Gold. Was den Fund so ergreifend macht, ist die Tatsache, daß die Jahrhunderte den Ausdruck des sorglosen Schlummers nicht aus dem Gesicht des Indianerknaben auslöschen konnten. Trotz einiger Entstellungen wirkt das dunkle Kindergesicht noch immer gelöst und friedlich, nichts Böses ahnend. Die kleine Eismumie kauert, leicht sich anlehnend, „wie schlummernd, die Hände auf das angezogene Knie gelegt, die beschuhten Füßchen übereinandergeschlagen . . . Ist die ganze uns so trostlos erscheinende Opferzeremonie für die Teilnehmer überhaupt etwas Trauriges gewesen? Oder beging man sie gehobenen Herzens und in freudiger Stimmung als ein Glaubensfest; fühlte das Opfer sich vor Menschen und Göttern ausgezeichnet?" *(K. Lange).*

Kinderopfer – aus welchen Gründen immer sie einer übernatürlichen Macht dargebracht wurden – wirken für uns besonders grausam. Wir sollten dennoch nicht nur die negativen Züge im Auge behalten, wenn wir es uns überhaupt anmaßen, Gepflogenheiten in fremden Kulturen mit Zensuren zu versehen. In der Tat wurde der Inka nicht als ein grausamer und rachsüchtiger Mensch angesehen, sondern als Repräsentant der Gottheit, und Widerstand gegen ihn oder gar Rebellion der eigenen Untertanen galt folgerichtig als ein widergöttliches Verbrechen. Schließlich stehen den Bräuchen, die wir als barbarisch empfinden, auch Großleistungen auf zivilisatorischem Gebiet gegenüber – auf dem der Verwaltung, der Baukunst, der Keramik, Weberei und Goldschmiedekunst. Auch die Bodenbebauung mit ihrer hochentwickelten Bewässerungstechnik beweist, daß es sich bei den alten Völkern Südamerikas vielfach um hochentwickelte Kulturen handelte, die freilich eine für uns fremdartige Einstellung zu Leben und Tod besaßen.

Zentralamerika: Blumenkriege, Menschenopfer und Jade

Früher noch als die indianischen Hochkulturen Südamerikas und das Inkareich fielen die großen Zivilisationen des alten *Mexiko* den spanischen Konquistadoren zum Opfer. Die europäischen Eroberer suchten in erster Linie Reichtümer, Gold und Edelsteine, in zweiter Linie glaubten sie zumindest zum Teil selbst daran, der Verbreitung höherer Gesittung und des christlichen Glaubens zu dienen. In der Tat waren sie weder zahlreich noch brutal genug, um die großen Eingeborenenvölker mit ihren in vieler Hinsicht sehr hochstehenden Kulturen auszurotten. Wie schon früher im Hinblick auf die Ureinwohner der Kanarischen Inseln bemerkt, gab es auch hier keine Auslöschung der alten Stämme, sondern diese wurden hispanisiert und akkulturiert (d. h. der neuen Kultur angepaßt). Die Menschen nahmen spanische Namen und Sitten an, blieben aber in der Tat weitgehend die gleichen wie vor der spanischen Eroberung. Im Lauf der Zeit bricht das indianische Erbe aus dem Untergrund immer mehr hervor, und vor allem die heutigen Mexikaner sind stolz auf ihre toltekischen, mixtekischen und aztekischen Vorfahren.

Es ist in diesem Rahmen nicht möglich, die Kulturgeschichte der zahlreichen Völker des alten Mittelamerika auch nur andeutend darzustellen. Von der Zeit der olmekischen Anfänge an, die etwa der Epoche der Mykener und des trojanischen Krieges in der Alten Welt gleichzusetzen sind, blühten und starben in diesem Raum zahllose große und kleine Zivilisationen, mit einem unterschiedlichen Repertoire an Kulturgütern ausgestattet, aber innerlich in vieler Hinsicht verwandt. Sie wirken für uns archaisch, starr und prunkvoll, doch ist zu bedenken, daß von dem Alltagsleben der mittelamerikanischen Menschen mit seinen kleinen Freuden und Leiden viel weniger überliefert wurde als von den Gütern der Fürsten, Priester und Könige. Dies mag dazu beigetragen haben, ein Gesamtbild von Überweltfixierung, Prachtentfaltung und Strenge hervorzurufen, das der Wirklichkeit des indianischen Maisbauern wohl kaum entsprochen haben kann.

Im Hinblick auf die Erhaltung der Körper von toten Menschen bieten die reichen Kulturen Mittelamerikas wenig Basismaterial. Zwar ist in den mexikanistischen Werken wiederholt von *Mumienbündeln* die Rede, doch ist dieser Ausdruck nicht wörtlich zu nehmen. Mumifizierung im eigentlichen Sinn scheint nirgends vorgekommen zu sein; vor allem im *Azteken*reich wurden die Toten verbrannt. Im Kultus spielten die erwähnten „Mumienbündel" eine Rolle, doch handelt es sich dabei lediglich um künstliche Gebilde aus Gewebe, Rindenbastpapier und Schmuckstücken, die vielfach die Rolle eines verehrten Toten zu spielen hatten.

Bei den echten Totenritualen wurden die Leiber von Verstorbenen in Hockstellung zusammengeschnürt, mit besonderen Kleidern aus Feigenbastpapier umhüllt und mit Beigaben versehen, die den Weg in die Unterwelt *Mictlan* erleichtern sollten: Speisen, ein Krug mit Wasser, ferner ein geopferter kleiner Hund, der den Toten über den Unterweltstrom zu tragen hatte. Dadurch sollten die Toten eine gute Reise gewährleistet bekommen, um sicher zu gehen, daß sie nicht wiederkehrten und die Lebenden beunruhigten. Nach acht Tagen wurde das Totenopfer wiederholt, wobei dann bereits ein kenotaphartiges künstliches Totenbündel die Hauptrolle spielte, ebenso bei späteren Totenfeiern. Diese wurden vier Jahre hindurch an den Jahrestagen der Totenverbrennung abgehalten – denn so lange brauchte der Abgeschiedene, um in die tiefste Unterwelt zu *Mictlantecuhtli*, dem Herrn des Totenreiches, zu gelangen.

Mictlan war bei den Azteken die Hadesregion, die der „gewöhnliche" Tote zu erreichen hatte. Wer eine mit dem Wasser zusammenhängende Todesart erfuhr, also etwa Ertrunkene, gelangte in das Totenreich *Tlalocan*, das dem Regengott *Tlaloc* zugeordnet war. Solche Tote wurden nicht verbrannt, sondern in der Erde bestattet. Privilegiert waren jedoch im Kampf gefallene, auf dem Opferstein geschlachtete oder im Kindbett verstorbene Menschen. Um diese eigenartige Zusammenstellung zu begreifen, muß erwähnt werden, daß die *Azteken* im Hochland Mexikos noch kein altes Kulturvolk waren, sondern daß es sich um Eindringlinge handelte, die sich nur durch blutige und verlustreiche Kämpfe und grausame Opferriten den Respekt ihrer höher kultivierten Nachbarn hatten verschaffen können. Die von den Azteken hinterlassene Lyrik ist von einer melancholischen, düsteren, aber dennoch beeindruckenden Todesbereitschaft geprägt. Der Tod auf dem Opferstein ist keineswegs schimpflich; er gibt die Gewähr dafür, daß der so Gestorbene nicht den Hades Mictlan aufsuchen muß, sondern mit dem Sonnengott über den Himmel wandern darf. Der Sonnengott nährt sich, dem aztekischen Weltbild zufolge, vom Blut der ihm geopferten Menschen und gewinnt dadurch an Kraft, um seinen Weg über das Himmelsgewölbe absolvieren zu können. Die Sonne erleidet im Verlauf ihrer nächtlichen Reise durch die Unterwelt das Schicksal der Toten – sie wird zum Skelett und kann am Morgen nur durch freigiebig gespendetes Opferblut und Menschenherzen wieder lebendig und stark gemacht werden. Somit ergab sich für die Menschen die religiöse Pflicht, durch immer neue Blutopfer für den Fortbestand der Weltordnung zu sorgen.

Die Menschenopfer wurzelten also in einem urtümlichen Weltbild, dem sich allem Anschein nach die Azteken und viele ihrer Nachbarvölker ohne Widerspruch unterwarfen, und nebenbei verbreiteten sie in ganz Mittelamerika Schrecken vor jenem blutdürstigen Volksstamm, der sich seiner Grausamkeit offenbar gar nicht bewußt war. Der Tod auf dem Opferstein stellte ja keine Strafe dar, sondern bildete eine Ehrenpflicht des tapferen Kriegers. Wer als Gefangener dafür ausersehen wurde, gehörte der Sonne; wäre es ihm gelungen, sich der Opferung durch Flucht vor seinen Überwindern zu entziehen, so hätte ihm in der Heimat ein schimpflicher Tod gedroht. Ein aztekischer Text, nach der spanischen Eroberung niedergeschrieben, schildert das Herzopfer so:

„Sie schneiden ihm [dem zu Opfernden] die Brust mit einem dicken, breiten Feuersteinmesser auf; das Herz des Gefangenen nennt man ‚kostbare Adler-Kaktusfrucht'. Sie heben es zur Sonne empor, zum Türkisprinzen und aufsteigenden Adler, geben es ihr und ernähren sie damit. Und nachdem es dargebracht worden ist, legt man es in die [steinerne] Adlerschale; die Gefangenen, die geopfert werden, nennt man ‚Adlerleute'."

Die kompromißlose Todesbereitschaft des Kriegers prägte die aztekische Kultur in hohem Maße. Menschenopfer gab es zwar auch bei anderen Volksstämmen des alten Amerika, aber ihre Zahl und das Ausmaß der blutigen Riten erreichten bei den Azteken ein Ausmaß wie bei keinem anderen Volk aller Länder und Zeiten. „Bei der Weihe des Haupttempels [der Stadt Tenochtitlan, heute Mexico City] durch den König *Ahuitzotl* im Jahre 1487 sollen nach den bescheidensten Angaben in vier Tagen 20.000 Menschen – andere Berichte sprechen von 80.000! – auf den Altären verblutet sein; wenn diese Zahl auch zweifellos stark übertrieben ist, weil, ihre Richtigkeit vorausgesetzt, bei einer zwölfstündigen Tagesdauer der Schlächterei stündlich 416 Menschen hätten geopfert werden müssen, bleibt noch immer eine entsetzliche Bilanz übrig" *(Krickeberg).* Zwei Offiziere aus dem Heer des spanischen Eroberers Hernan Cortés zählten auf dem großen Schädelgerüst vor der Tempelpyramide der Stadt Tenochtitlan nicht weniger als 136.000 Menschenschädel.

Daß „normale" Eroberungskriege nicht ausreichten, um eine derart große Zahl an Gefangenen zu erbringen, ist klar. So wurde zwischen dem aztekischen Dreistädtebund Tenochtitlan, Tetzcuco und Tlacopan einerseits und den Stadtstaaten Tlaxcala und Huexotzinco andererseits ein vertraglich genau geregelter Krieg vereinbart, der „Blumenkrieg" *(Xochiyaoyotl).* Bei den regelmäßig wiederholten Kämpfen auf einem abgegrenzten Schlachtfeld kam es in erster Linie darauf an, die Opfersteine beider Parteien mit einer genügend großen Anzahl von Gefangenen zu versorgen. Daß sich die aztekische Kriegsführung daran orientierte, möglichst unversehrte Gefangene zu sammeln, bedeutete in den Kämpfen mit den Spaniern den ersten Schritt zum Untergang des Imperiums. Die Spanier dachten zum Entsetzen der Azteken und ihrer Hilfstruppen nicht daran, die rituellen Kampfregeln zu befolgen, sondern töteten möglichst rasch möglichst viele Feinde – und dieser Umstand, zusammen mit der waffentechnischen Überlegenheit der Eroberer, führte zu immer neuen Siegen der Konquistadoren, die sonst unerklärlich gewesen wären.

Trotz der mythisch fundierten Todesnähe der aztekischen Welt gab es dort offenbar keine Bestrebungen, Leichen Verstorbener zu konservieren. Ältere Kulturvölker Mittelamerikas, etwa die *Tolteken,* hatten ein andersartiges Verhältnis zu den Verstorbenen. Ein Fürstengrab bei der Stadt Cholula aus dem 13. Jahrhundert in Gestalt einer kleinen Pyramide barg je ein weibliches und ein männliches Skelett, Tongefäße und Knochen eines Hundes. Eine Tonröhre verband das Innere der Grabkammer mit der Außenwelt, vielleicht in der Absicht eingebaut, den Totenseelen einen dauernden Durchgang zu erlauben.

Bei dem weiter im Süden lebenden Hochkulturvolk der *Maya* wurden gewöhnlich Sterbliche meist unter dem Boden des eigenen Wohnhauses begraben, mit einer Jade-Perle im Mund, die vermutlich eine Art Garantie für den Fortbestand des Wesens darstellen sollte. Gräber von Priestern sollen auch Hieroglyphen-Faltbücher enthalten haben. In der klassischen Zeit war die Beerdigung des Körpers die Regel, und die Reichhaltigkeit der Beigaben hing vom Rang des Verstorbenen ab. Später wurden die Leichen von Adligen verbrannt – vermutlich eine aus dem Norden stammende Sitte – und über den Aschenurnen Grabtempel errichtet. In der Spätzeit kam nach dem Jahr 1238 bei der Mayadynastie der *Cocom* und ihren nordmexikanischen Söldnern, die im Umkreis der Stadt Mayapán lebten, eine Sitte auf, die an altweltiche Gepflogenheiten des Toten- bzw. Ahnenkultes erinnert, etwa an das vorgeschichtliche Jericho. Um zu zeigen, auf welche Weise die Geschichtsquellen aus der Zeit knapp nach der spanischen Eroberung die Bestattungsbräuche der Maya schildern, soll an dieser Stelle die Übersetzung aus dem 23. Kapitel eines interessanten Buches wiedergegeben werden – der „Relación de las Cosas de Yucatán" des Bischofs *Diego de Landa,* der im 16. Jahrhundert über die Sitten der Maya-Indianer berichtete.

Beim Tod eines gewöhnlichen Sterblichen,

schreibt der Bischof, „verhüllten sie die Leiche, füllten den Mund mit gemahlenem Mais und einem ‚koyem' genannten Getränk, sowie mit bestimmten Steinen, die für sie Geldeswert haben [Jade!], damit im anderen Leben kein Mangel an Nahrung herrsche; sie begruben ihn in ihren Häusern oder in der Nachbarschaft, warfen auch einige ihrer Götzenbilder in das Grab, und einige ihrer Bücher, falls er ein Priester war, und seine Orakelsteine und andere Sachen seines Dienstes, wenn er ein Wahrsager war. Normalerweise verließen sie nach dem Begräbnis das Haus, außer dann, wenn viele Leute darin lebten, in deren Gesellschaft sich die Todesfurcht verlieren konnte.

Beim Tod eines Häuptlings oder Mannes von Rang verbrannten sie die Körper und gaben die Asche in große Urnen . . . Andere der oberen Klassen machten Statuen aus Holz, ließen den Raum des Hinterhauptes darin hohl für ihre Väter, verbrannten dann einen Teil des Körpers, legten die Asche in den Hohlraum und verschlossen ihn. Dann lösten sie die Kopfhaut des Hinterhauptes ab und befestigten sie dort, und sie begruben den Rest der Leiche auf gewöhnliche Weise. Die Figuren bewahrten sie mit viel Ehrfurcht unter ihren Idolen. Unter den Herren der Cocom aus der alten Zeit wurde nach dem Tod der Kopf abgetrennt und gekocht, bis sich das Fleisch löste. Dann wurde der Hinterkopf abgesägt, der Gesichtsschädel mit Wangen und Zähnen belassen, wobei an diesen Schädelhälften das losgelöste Fleisch durch eine Art von Pech ersetzt wurde, was ihnen fast die völlige Erscheinungsform des Lebens verlieh. Diese [modellierten Schädel] bewahrten sie mit den Statuen und der Asche auf, und zwar in den Gebetsstätten ihrer Häuser unter den Idolen, und erwiesen ihnen große Ehrerbietung und Zuneigung. Bei Feiern und Festen legten sie Nahrung vor sie hin, damit es ihnen im anderen Leben an nichts mangeln möge . . ."

Diese Art der Konservierung oder Rekonstruktion des Antlitzes eines Verstorbenen stellt jedoch im Kulturbesitz der Völker des alten Mittelamerika eine Ausnahme dar. Die Regel waren entweder Leichenverbrennung oder Erdbestattung.

Bekanntlich sind fast alle der altmexikanischen „Pyramiden" Unterbauten von Heiligtümern und Altären, und sie ähneln in dieser Hinsicht nicht den Pyramiden der ägyptischen Pharaonen, sondern eher den wesentlich älteren *Zikkurat*-Tempelbergen des Zweistromlandes. Freilich gibt es auch in Mittelamerika Ausnahmen; die kleine Begräbnispyramide von Cholula wurde bereits erwähnt. Auch die Fundstätte von *Kaminaljuyú* im Hochland nahe der Stadt Guatemala weist unter aufgeschütteten Erdhügeln, auf welchen einst Tempel standen, Begräbnisse von hochgestellten Persönlichkeiten auf. Eines dieser pyramidenartigen Bauwerke ist über 18 Meter hoch und besteht aus sieben Schichten, deren jede Fürstengräber birgt. „Der Leichnam", schreibt *Coe*, „wurde geschmückt und kostbar ausgestattet, von Kopf bis Fuß mit Zinnoberfarbe bestreut, auf eine hölzerne Bahre gelegt und in das Grab gesenkt. Geopferte Erwachsene und Kinder begleiteten die vornehmen Toten, daneben befinden sich Grabbeigaben von erstaunlichem Reichtum. In einem Grab waren über 300 schön gearbeitete Gegenstände . . . zu finden, aber schon in älterer Zeit hatten Grabräuber die Jadestücke, die einmal auf Brust und Kopf des Leichnams gelegen hatten, gestohlen . . . Unter den aufgefundenen Stücken befanden sich die Reste einer Maske oder eines Kopfputzes aus Jadestücken, ferner Jadeschmuck für die Ohren . . ."

Die rote Zinnoberfarbe, die Farbe des Blutes und des Lebens, mag ein Hinweis auf einen magischen Versuch sein, dem Toten eine Art Lebensessenz zu verleihen. Auffällig ist auch die reichliche Beigabe des edlen Jadesteins.

Francisco Pizarro, der Eroberer Perus *(Archiv für Kunst und Geschichte, Berlin).*

Fünfhundert Jahre alte Eismumie einer Inka-Prinzessin *(Ullstein Bilderdienst, Berlin).*

Inka-Skelette aus dem 16. Jh., wahrscheinlich Mutter mit Kind und Tier am Schoß *(Deutsche Presse Agentur)*.

Menschenopfer der Azteken vor einer Tempelpyramide *(Bildarchiv Preußischer Kulturbesitz, Berlin)*.

Hernan Cortés, der Eroberer Mexikos *(Archiv für Kunst und Geschichte, Berlin).*

Maya-Kultstätte („Pyramide der Inschriften"), Mexiko, Palenque *(Ullstein Bilderdienst, Berlin).*

Modell des Pueblo Aztec, New Mexico *(National Park Service).*

In Flechtwerk verpackte Mumie aus dem Pueblo Aztec *(National Park Service).*

Die Ruinen des Pueblo Bonito, New Mexico *(Ullstein Bilderdienst, Berlin).*

Ein Jahrhundertfund gelang dem mexikanischen Archäologen *Alberto Ruz Lhuillier* im Jahre 1952, als er in der berühmten Mayastadt *Palenque* die etwa 20 Meter hohe Stufenpyramide des „Tempels der Inschriften" durchforschte. Steinplatten mit hieroglyphischen Jahreszahlen, die dem Jahr 692 n. Chr. unserer Zeitrechnung entsprechen, geben offenbar das Alter des Bauwerkes an. Alberto Ruz sah eine Steinplatte, die Bohrungen, mit steinernen Stöpseln verschlossen, aufwies. Sie verbarg den Anfang einer Stiege, die in einem Gang in das Innere der Pyramide führte, doch mit Geröll vollgefüllt worden war. Die Treppe wechselte die Richtung und führte auf der Höhe der Pyramidenbasis zu einer Kammer, auf deren Boden die Skelettreste von fünf oder sechs jungen Menschen lagen. Diese Kammer war mit einer großen dreieckigen Steinplatte abgeschlossen, nach deren Entfernung erst die eigentliche Grabkammer sichtbar wurde.

Ihr Boden liegt 27 Meter unter dem Niveau des Tempelbodens; eine über vier Meter lange reliefierte Steinplatte bedeckte einen monolithischen Sarkophag, und darin wurden die Reste eines großgewachsenen Mannes entdeckt, der mit ungewöhnlich reichen Jade-Beigaben umgeben gewesen war. Sein Gesicht bedeckte eine Mosaikmaske aus Jadestükken; Scheiben aus Jade und Perlmutter bildeten die Ohrgehänge, aus Jade gefertigte röhrenförmige Perlen den Brustschmuck. Überdies hielt der Tote (den Inschriften nach zu schließen der Mayaherrscher *Pacal*, d. h. „Schild") ein Stück Jade in jeder Hand, und ein anderes lag in seinem Mund. Zwei Jadefiguren lagen neben ihm. Wir dürfen annehmen, daß der Jade die Eigenschaft zugeschrieben wurde, die Leiche zu behüten und auf magische Weise zu konservieren. Im alten China dürften, wie wir später sehen werden, ähnliche Vorstellungen geherrscht haben.

Der bereits zitierte Mayaforscher *Coe* schließt aus dem Fundbericht, daß der „Tempel der Inschriften" von Palenque offenbar ein „Grabmonument mit genau demselben Zweck wie die ägyptischen" gewesen sei. Freilich trug er oben, auf der höchsten Plattform, ein Heiligtum, was in Ägypten – Jahrtausende früher! – nicht der Fall gewesen war. Als Kuriosum soll noch erwähnt werden, daß der Schweizer Sensationsautor *Erich von Däniken* die Reliefdarstellung auf der Deckplatte des Sarkophages, einen kauernden Mann in reichem Schmuck, aus dessen Seite ein kreuzförmiger Baum wächst, als vorgeschichtlichen Weltraumfahrer gedeutet wissen wollte. Die Mayaforscher können sich jedoch mit dem Gedanken, daß im Jahr 692 n. Chr. die Ruinen von Palenque von Extraterrestriern besucht wurden, verständlicherweise nicht befreunden . . .

Von den konservierten Ahnenschädeln der Cocom-Maya abgesehen, gibt es im alten Mittelamerika nichts, was an echte und funktionierende Mumifizierung erinnert – wenn wir nicht den eher magischen als im wissenschaftlichen Sinne wirksamen Brauch heranziehen, Leichen mit roter Farbe und Jade zu umgeben.

Es gibt freilich Beispiele für eine Art von „Leichenkult" aus jüngerer Zeit: die Gruft der Kirche La Valenciana in der mexikanischen Stadt Guanajuato enthält eine Anzahl von luftgetrockneten Leichen, an die Mumien in der Kapuzinergruft von Palermo erinnernd. Diese Art der Bestattung, ein auffallendes und beeindruckendes „Memento mori", wurde, wie bereits erwähnt, bis zum Ende des 19. Jahrhunderts in verschiedenen Ländern und Gesellschaften gepflogen, vorwiegend durch den Kapuzinerorden.

Nach Abschluß des Buchmanuskriptes erreichte uns folgende Agenturmeldung, die den Lesern nicht vorenthalten werden soll, obwohl noch keine präziseren Nachrichten vorliegen: Chile – Bei

Ausgrabungen haben Archäologen der chilenischen Universität Tarapaca mehr als hundert Mumien geborgen. Die gut erhaltenen Menschenleiber wurden mit Hilfe komplizierter Techniken konserviert. Die Datierung durch die chilenischen Forscher ist zunächst nur als vorläufiger Anhaltspunkt zu betrachten; ihr zufolge handelt es sich um die Reste von Menschen, die um 5000 v. Chr. gelebt haben und die daher wesentlich älter sind als etwa die Mumien des dynastischen Altägypten. Eine genauere Untersuchung des sensationellen Mumienfundes dürfte längere Zeit in Anspruch nehmen und wird von den Fachleuten in aller Welt mit großer Spannung erwartet . . .

In Baldachin-Sänften wurden im Inkareich die Mumien der Herrscher durch die Straßen der Stadt Cuzco getragen, ehe sie im Palast – der nun zum Mausoleum wurde – ausgestellt wurden *(Archiv Biedermann)*.

Nordamerika: Erdbauwerke, Naturmumien und ein falscher Riese

Vor rund fünfhundert Jahren wurden die großen Kulturen Süd- und Mittelamerikas durch die spanischen Eroberer fast völlig vernichtet, ihre Träger missioniert und europäisiert, soweit nicht die Unzugänglichkeit ihrer Wohnsitze sie für einige Zeit der Einflußnahme entzogen. Niemand weiß, wie sich die vorkolumbischen Hochkulturen der Neuen Welt entwickelt hätten, wären sie nicht in ihrem Werdegang durch den Zusammenprall mit den zivilisatorisch weiter fortgeschrittenen Kolonisatoren aus ihrer Bahn geworfen worden.

In den letzten hundert Jahren haben jedoch die Archäologen auch in Nordamerika Belege für alte Kulturen gefunden. Es gelang, die Spuren der ersten Amerikaner bis in die Epoche der Mammutjäger, also bis in die Eiszeit, zurückzuverfolgen. Auch in diesem Raum stellen (meist durch natürliche Konservierung entstandene) Mumien vielfach wertvolles Forschungsmaterial für den Archäologen dar. Nicht nur Menschenkörper, sondern auch Kleidung und mannigfache Grabbeigaben blieben nicht selten erhalten und helfen, das Alltagsleben der Urbewohner Nordamerikas zu rekonstruieren.

Es ist klar, daß es eine grobe Vereinfachung darstellt, bloß von „den Indianern Nordamerikas“ zu sprechen. Die ungeheuren Räume und vielfältigen Landschaftsformen brachten von der Eiszeit an eine Unzahl von Völkern, Rassen und Sprachen mit allen nur erdenklichen Einzelkulturen hervor, was sich auch in den vielfältigen Bestattungsformen äußerte. Von der Brandbestattung über die Deponierung von Leichen auf Baumplattformen, Erdbestattung und Mumifizierung waren im Laufe der Jahrtausende wohl alle Arten der Beschäftigung mit dem Phänomen des Todes und die verschiedensten spirituellen Auseinandersetzungen damit im nordamerikanischen Großraum vertreten. Um 3000 v. Chr. bildete sich im Nordosten des Subkontinents ein Totenkult heraus, der offenbar von den Vorfahren der *Algonkin*-Stämme getragen wurde. Die *Rotfarbleute* dieser Epoche haben ihre Bezeichnung durch den Brauch erworben, die Totengruben tief auszuschachten, mit leuchtend rotem „Blutstein“-Ocker auszukleiden und den Bestatteten reiche Beigaben (Beile, Querbeile, Feuerzeuge aus Pyrit und Feuerstein, Speerspitzen, Schieferplatten, Werkzeuge aus Quarzit) mitzugeben. „Rote Farbe, die sofort an Blut und Leben denken läßt, benutzte man in ähnlicher Form Tausende von Jahren, und dies nicht nur in Amerika. Das hing überall von natürlichen Farbstoff-Vorkommen ab“ *(D. Snow).* Vermutlich haben wir es mit einer Art „magischer Konservierung“ zu tun, getragen von dem Bestreben, die Lebensfarbe in das Totenreich hineinzutragen, wie dies schon in der Epoche des Neandertalers (Homo sapiens neandertalensis) gelegentlich der Fall gewesen war. Auch im alten Illinois rekonstruierten die Archäologen eine *Rotocker-Kultur*, die etwa um 500 v. Chr. blühte und später die mannigfachen Kulturen der *Mound Builders* (Erdhügelbauer) begründen half. Die *Hopewell*-Kultur, die um 100 v. Chr. vor allem im heutigen Ohio entstand und später zur Errichtung großartiger Figurenhügel *(effigy mounds)* führte, zu großen Erdhügeln in Tiergestalt, zeichnet sich durch ebenso wertvolle Grabbeigaben in Form plastischer Kunstwerke aus wie die etwas jüngeren *Mississippi-Kulturen*, bei welchen kulturelle Einflüsse aus dem mittelamerikanischen Hochkulturengebiet unverkennbar sind. Die Häuptlingstümer der *Natchez*-Indianer bestanden bis in das 18. Jahrhundert hinein, und französische Kolonisatoren wie Antoine *Le Page du Pratz* beschrieben die Bestattung eines Adligen, einer „Großen Sonne“:

„Wie bei anderen Anlässen entsprechender Größenordnung wurden Menschenopfer dargebracht. Einige Natchez begingen Selbstmord . . . Frauen und Diener der ‚Großen Sonne‘ aber waren zum Opfer ausersehen und bereiteten sich entsprechend vor. Tagelang standen sie entweder auf besonderen Gerüsten auf der Plaza oder stiegen herab, um miteinander zu tanzen. Schließlich trug man die tote ‚Große Sonne‘ mit seiner Gemahlin auf einer Bahre in den Tempel. Den Weg dahin hatte man mit Leichen erdrosselter Kinder gepflastert. Die zum Opfer Auserwählten nahmen eine aus Tabak bereitete Droge zu sich, verloren die Besinnung und wurden von ihren nächsten Angehörigen erwürgt. Alle bestattete oder verbrannte man, auch das Haus der ‚Großen Sonne‘ äscherte man ein. Schließlich grub man die Gebeine des toten Häuptlings wieder aus und setzte sie, wie es einer Person seines Standes zukam, im Tempel bei“ *(D. Snow).* – Auch hier zeigt sich, daß wir nicht von unserem Standpunkt aus beurteilen sollten, was in fremden Kulturen mit einem andersartigen Verhältnis zum Todeserlebnis allgemein akzeptiert war. Berauschung durch Drogen mag auch in anderen Räumen dazu beigetragen haben, die Todesbereitschaft jener Menschen zu erhöhen, die zum Geopfertwerden bestimmt waren.

Die Berichte aus historischen Quellen, in noch nicht allzu ferner Vergangenheit verfaßt, tragen dazu bei, das von den Archäologen erschlossene Fundgut aussagekräftiger zu machen. Vermutlich spielten sich die Bestattungszeremonien, die beim Bau der großen Begräbnishügel im Süden der heutigen USA abgehalten wurden, in ganz ähnlicher Weise ab.

Charakteristisch für viele Erdbauwerke dieser Art ist der *Grave Creek Mound* in West Virginia. Er war 20 Meter hoch und von mehreren Erdwällen umgeben, die vermutlich einen heiligen Bezirk einfriedeten; in aus Holz gebauten Totenhäusern und Grabkammern sind sowohl Brandbestattungsurnen als auch Skelette nachzuweisen. „Alle Beisetzungen enthielten reiche Beigaben, unter denen jedoch Tongefäße fehlen. Die meisten Beigaben waren rituell zerbrochen. Den Toten wurde offenbar große Ehrfurcht bezeugt, denn die Bestattungshügel *[burial mounds]* bildeten den Mittelpunkt von Siedlungen, und der Reichtum an Grabbeigaben läßt auf einen weitverbreiteten Jenseitskult schließen“ *(W. Lindig).* Die den Toten mitgegebenen Opfergaben waren vor allem Schmuckscheiben und Amulette aus poliertem Stein, Pfeifenköpfe, Axtklingen und Schmuckstücke aus kaltgehämmertem Kupfer sowie handtellergroße Steintafeln mit Gravierungen, die vermutlich zum Aufstempeln von Ornamenten auf Leder oder auf die Haut dienten. Dieser Fundbestand ist vor allem für die *Adena-Kultur* charakteristisch, die um etwa 200v. Chr. von der bereits erwähnten *Hopewell-Kultur* abgelöst wurde.

Zu den ersten Erforschern der „mounds“ gehört übrigens *Thomas Jefferson,* der dritte Präsident der Vereinigten Staaten (1734–1826). Hier ein Zitat aus seinen bereits im Jahre 1781 erschienenen „Notes on Virginia“:

„Sie [die Erdhügel] sind von verschiedener Größe, einige aus Erde aufgeschüttet, andere aus losen Steinen errichtet. Daß sie einmal letzte Ruhestätten für Tote gewesen sind, ist jedermann klar gewesen. [Dies trifft jedoch nur auf die *burial mounds* zu, nicht auf Aufschüttungen für Tempelbauten und Wohnanlagen.] Einige glaubten, sie [die Hügel] bedeckten die Überreste derer, die einst an Ort und Stelle in der Schlacht gefallen waren; andere erklärten sie mit einem angeblich weit verbreiteten indianischen Brauch, nämlich zu bestimmten Zeiten die Gebeine aller ihrer Toten an einem Ort zusammenzutragen, mochten sie auch zunächst nach dem Sterben andernorts aufbewahrt worden sein . . . Da sich einer dieser Grabhügel in meiner Nachbarschaft befand, wollte ich mich vergewissern, ob eine, und welche dieser Meinungen richtig war. Aus diesem Grund entschloß ich mich, ihn zu öffnen und zu untersuchen . . . Ich grub zuerst oberflächlich an mehreren Stellen des Hügels und stieß in verschiedenen Tiefen zwischen 15 und 90 cm (der Hügel war 13 m im Durchmesser und ursprünglich etwa 4 m hoch, später dann, durch Abtragen der Erde, reduzierte sich die Höhe auf 2,5 m) auf menschliche Gebeine. Es herrschte ein völliges Durcheinander, die einen lagen senkrecht, die anderen schräg, wieder andere waagrecht, sie wiesen in sämtliche Himmelsrichtungen, zusammengehalten nur durch das Erdreich . . . Knochen der verschiedensten Körperteile wurden nebeneinander gefunden, so z. B. kleine Fußknochen in der Höhlung eines Schädels; zuweilen berührten einander viele Schädel, lagen auf dem Gesicht, auf der Seite, auf dem Hinterkopf, oben oder unten, sodaß der Eindruck entstand, die Knochen seien unterschiedslos aus einem Sack oder Korb ausgeschüttet und mit Erde bedeckt worden, ohne Rücksicht auf ihre Zusammengehörigkeit. Am zahlreichsten waren Schädel, Unterkiefer und Zähne sowie Knochen von Armen, Oberschenkeln, Beinen, Füßen und Händen. Nur wenige Rippen waren erhalten, dazu etliche Hals- und Rückenwirbel . . . und nur in einem einzigen Exemplar der Knochen, der die Basis der Wirbelsäule bildet. Die Schädel waren so spröde, daß sie meistens bei Berührung zerfielen. Die anderen Knochen waren fester . . ."

Schließlich berichtet Jefferson, daß er einen senkrechten Schnitt durch den Grabhügel führte, um dessen Aufbau zu erforschen. Er war damit der erste, der eine solche Ausgrabungstechnik – wie sie auch heute noch praktiziert wird – anwendete. Ihre Beschreibung im authentischen Bericht Jeffersons ist äußerst interessant.

„Dieser [der Schnitt] verlief ungefähr einen Meter von der Mitte entfernt, war bis zur einstigen Erdoberfläche offen und so breit, daß ihn ein Mensch durchschreiten und seine Wände untersuchen konnte . . . Der Augenschein bewies mit Gewißheit, daß der Hügel sowohl seiner Entstehung als auch seinen Ausbau dem Brauch verdankte, die Gebeine der Toten zu sammeln und gemeinsam zu bestatten; daß die erste Knochenansammlung einfach auf ebener Erde ausgebreitet, mit ein paar Steinen belegt und dann mit einer Schicht Erde zugedeckt worden war; daß die zweite Knochenschicht darübergebreitet worden war und die untere Schicht mehr oder weniger überlagert hatte, je nachdem wieviele Knochen sie [die obere Schicht] im Verhältnis zur Unterlage umfaßte, und dann mit Erde bedeckt worden war; usw. Dieses Bild ergibt sich im einzelnen aus den folgenden Grabungsbefunden:

1. Anzahl der Knochen.
2. Ihre verworrene Lage.
3. Ihr Vorkommen in verschiedenen Schichten.
4. Die fehlende Übereinstimmung zwischen den Schichten in einem Teil [des Hügels] und den Schichten in einem anderen Teil.
5. Der unterschiedliche Verwesungsgrad in diesen Schichten, der auf Zeitunterschiede zwischen den einzelnen Beerdigungen zu deuten scheint.
6. Das Vorhandensein von Kinderknochen . . ."

Mit dieser Grabungstechnik wurde Jefferson der Begründer der Stratigraphie. Diese Methode ermöglicht die Altersbestimmung der einzelnen Gegenstände nach ihrer Plazierung in den Horizonten (Strati = Erdschicht), die sich voneinander deutlich unterscheiden und deren Alter nicht schwer bestimmbar ist. Der Verdienst des amerikanischen Präsidenten um die Archäologie wurde bis auf wenige Ausnahmen von den wissenschaftlichen Kreisen Europas kaum zur Kenntnis genommen; seine Forschungstätigkeit verblaßte gegenüber seinen staatsmännischen Aktivitäten. Neben der ersten Anwendung der Stratigraphie hat Jefferson eine der wichtigsten Fragen über die Vergangenheit seines Landes richtig beantwortet: daß nämlich die ersten Bewohner Amerikas auf dem nördlichen Weg, über die Beringstraße, aus Asien in ihre spätere Heimat eingewandert sind. Die Vernichtung der Indianerkulturen, vor allem des Südostens der USA, die in vieler Hinsicht Erben der *mound builders* früherer Jahrhunderte waren, geht auf das Konto der europäischen Einwanderer, die keine Konkurrenz durch zivilisierte Eingeborenenkulturen dulden wollten und sich durch diese wohlorganisierten Häuptlingstümer bedroht fühlten. Was in der Zeit der Kolonisation noch lebende Kultur war, ist heute nur noch archäologisch zu erforschen.

Dies gilt übrigens in ähnlichem Sinn auch für die Indianerkulturen des Südwestens der heutigen USA, also für Arizona, Colorado und New Mexico, wo sich in heute weitgehend trockenen und fast wüstenartigen Gebieten die von den Spaniern als *Pueblos* bezeichneten großen Trockenziegelbauten befinden. Hier waren von der Zeit um 200 v. Chr. an mehrere Kulturen beheimatet, die von den Forschern mit den Namen *Mogollon, Anasazi* und *Hohokam* bezeichnet werden. Durch verfeinerte Methoden der künstlichen Bewässerung verstanden es diese Indianervölker, einen recht ertragreichen Ackerbau zu betreiben und die Basis einer respektablen Zivilisationsstufe zu schaffen.

Die Blütezeit der Pueblo-Kultur entspricht etwa jener des Mittelalters in Europa (1100–1300 n. Chr.); damals entstanden mehrstöckige, ausgedehnte Wohnanlagen wie der *Pueblo Bonito* im Chaco Canyon, New Mexico, mit über 800 Räumen und vielen unterirdischen Tempeln (Kivas). Die spanischen Eroberer dieses Gebietes vermeinten, hier Gold zu finden wie in Mexiko, wurden aber bitter enttäuscht. Viele der Bauten wurden zerstört und verfielen, wofür aber Dürreperioden und auch die kriegerischen Einfälle anderer Indianerstämme die Ursachen waren. In neuerer Zeit erschien es den europäischen Eindringlingen zunächst als unerklärlich, daß nordamerikanische Indianer die Erbauer der großen Wohnkomplexe gewesen seien; eine solche Leistung traute man nur den Azteken Mexikos zu, und Namen alter Bauwerke der Indianervölker des Südwestens, wie *Montezuma Castle* (Arizona) und *Pueblo Aztec* (New Mexico) beweisen diese Unterschätzung der bodenständigen Bevölkerung.

Die Trockenheit des Südwestens trug dazu bei, daß manche Überreste toter Menschen bei ihrer Auffindung ausgezeichnet konserviert waren, und es hat sich eingebürgert, sie als „Mumien" zu bezeichnen, obwohl sie natürlich nicht im „klassischen" Sinn einbalsamiert worden waren. *Earl H. Morris* entdeckte um 1900 in der *Tseahatso-Höhle* einen Korb mit Kinderleichen, außerdem fand man in unmittelbarer Nähe weitere 14 Mumien von Kindern. Da keine Gewaltanwendung festzustellen war, nimmt man an, daß eine infektiöse Krankheit alle Kinder der Gemeinschaft hinweggerafft hat. Interessant ist auch die Tatsache, daß Mumienfunde, bei denen Gewalteinwirkung festzustellen ist, in Nordamerika sehr selten sind. Dies scheint zu beweisen, daß die vorkolumbischen Völker – im Gegensatz zu den Hochkulturen Mittel- und Südamerikas – sich nur selten in kriegerische Handlungen einließen.

Von den wenigen Fällen, die auf einen solchen Umstand schließen lassen, soll ebenfalls ein Fund von Morris erwähnt werden. Auf kleinstem Raum fand er mehrere Schädel, die Spuren von Schlägen einer Steinaxt aufwiesen. Besonders grausam ist der Umstand, daß sich unter ihnen auch Kinder- und Säuglingsschädel befanden, ebenso der Körper einer alten Frau, die ein Pfeil durchbohrt hatte. Dieser war vermutlich beim Versuch, ihn zu entfernen, abgebrochen. Pfeilspitze und -schaft blieben Jahrhunderte hindurch im Körper stecken.

Wie gut die moderne Wissenschaft in der Lage ist, Mumienfunde auszuwerten, beweist ein Fall aus dem Jahre 1931: E. H. Morris schickte eine kurz zuvor geborgene Mumie an *Roy L. Moodie* nach Santa Monica in Kalifornien, um den Körper, an dem etwas nicht zu stimmen schien, untersuchen zu lassen. Moodies Ergebnis lautete: Der etwa 27jährige Mann hatte einen Stirnbruch erlitten, der lange nicht heilte und eiterte, zur Zeit des Todes aber doch schon verheilt war. Seine Zähne wiesen folgende Mängel auf: Karies, Zahnfleischeiterung, Abnützung der Schneidezähne sowie Zahnstein. Das schwerste Leiden des jungen Mannes aber war *Ostitis fibrosa,* eine Krankheit, in deren Verlauf die Knochen durch ein Fasergewebe ersetzt werden. Einer der beiden Oberschenkelknochen war bereits verbogen. Als Todesursache schließlich stellte Moodie eine Blutvergiftung fest.

Von *Morris* allein wurden innerhalb von neun Jahren Hunderte von Mumien gefunden. Die wichtigsten Fundplätze waren: Canyon del Muerto, Antilopenhaus, Weißes Haus, Mumienhöhle (alle im heutigen Teil des „Canyon de Chelly National Monument" im Nordosten von Arizona).

Am interessantesten aber waren jene Mumien, die 1933 in den Türmen des Schweigens zufällig entdeckt wurden. Diese Monumente fand *Joe Areano,* ein Farmer auf Goldsuche, der sich im Norden New Mexicos, am Ufer des Gallina-River, in diese noch unerforschte Gegend verirrt hatte. Er schätzte die Höhe der Türme auf 8 bis 9 Meter. In der Hoffnung, das kostbare Edelmetall zu finden, durchsuchte er die Ruinen oberflächlich, fand aber nichts, abgesehen von acht bemalten, gut erhaltenen Schalen. Als er diese dem Museum von Santa Fe verkaufen wollte, erlebte er eine Enttäuschung, denn er erfuhr, daß alle gefundenen Altertümer dem Gesetz nach Eigentum des Staates seien. Auf die Frage nach der Herkunft der Schalen behauptete Areano, er habe sie nicht in den ohnehin schon bekannten Pueblos, sondern in einer bisher unentdeckten Ruinenstadt gefunden. Diese Behauptung bewog eine Gruppe von Studenten unter der Führung von *Frank C. Hibben,* eine Expedition in dieses Gebiet zu unternehmen. Hibben beschreibt die Szenerie, die sich den Augen der Teilnehmer darbot, folgendermaßen:

„Die Felswände an beiden Seiten waren in einer Reihe langer zackiger Spitzen zerschnitten, die von beiden Seiten des Beckens vorsprangen, wie die Bügel einer großen, weit geöffneten Stahlfalle. Das Fuhrwerk wankte heraus [aus dem Canyon] auf eine niedrige Terrasse am oberen Ende des Beckens, und dort sahen wir unseren ersten Torreon gegen blauen Himmel. Dieser Turm saß auf der Spitze einer dieser Felsnadeln, direkt an einer Felsenwand. Obwohl er hoch über uns stand, konnten wir ihn als ein künstliches Bauwerk erkennen, trotzdem er aus dem Felsen herauszuwachsen schien. Vom Grunde des Canyons aus betrachtet, hob er sich scharf gegen den blendenden Himmel ab und sah wie ein mittelalterlicher Turm aus . . ."

Die Untersuchung des gesamten Gebietes ergab ein durchaus überraschendes Ergebnis. Im Umkreis von 55 × 80 km gab es 500 solcher Türme. Bei der Erforschung der ersten fiel vor allem auf, daß

Eingänge fehlten, was auf die Verteidigungsfunktion der Bauwerke schließen ließ. Die einzige Möglichkeit, das Innere zu erreichen, war, mit Hilfe einer Leiter zum Dach zu steigen und dann mittels einer zweiten Leiter innen wieder herunterzuklettern. Überreste von Leitern wurden auch in den Innenräumen gefunden. Zur allgemeinen Überraschung aber waren die kahlen und zweckmäßig wirkenden Türme innen verputzt und reichlich ausgeschmückt, die Einrichtung beinahe vollständig erhalten. Vor allem fiel die große Menge religiöser Gegenstände auf, wie Glückssymbole, Amulette, Gebetsstöcke, Erdfarben für rituelle Körperbemalung sowie Tanzmasken, wie sie bis heute von den Indianern verwendet werden. Erschreckend aber war, daß unter den zahlreichen Gebrauchsgegenständen die mumifizierten Leichen der ehemaligen Bewohner in den verschiedensten Stellungen lagen.

„Was uns wirklich nach Luft schnappen ließ, als wir sie sorgfältig freilegten, waren die Bewohner des Turmes selber. Sie waren immer noch da, und ihre Geschichte mit ihnen. Insgesamt waren 16 Menschen im Turm in verschiedenen Stellungen und Haltungen verteilt“, schreibt F. C. Hibben. Genaue Untersuchungen der auf natürlichem Weg mumifizierten Leichen deckten das tragische Ende der Turmbewohner auf. Ihre Behausung war gestürmt, die Dächer waren angezündet worden, und die herunterstürzenden Dachbalken hatten die Verteidiger auf den Brustwehren in die Tiefe gerissen. Jene aber, die sich im untern Teil des Turmes befanden, wurden durch die herabfallenden Bauteile zum größten Teil erschlagen. So lag z. B. eine von Steinen zerdrückte Frau über einem Vorratsbehälter, deren Schädel so gut erhalten war, daß ihr Gesichtsausdruck den Todeskampf deutlich widerspiegelte. Brustkorb und Bauch waren überdies von 16 Pfeilen durchbohrt; in einer Hand hielt sie noch Bogen und Pfeil, mit denen sie sich zuletzt verteidigt hatte. – Dieser Fund beleuchtet auch ein wenig die gesellschaftliche Stellung der Frau in jener Zeit, als sie nicht nur Hausarbeit und Kindererziehung zu bewältigen hatte, sondern auch an der Seite der Männer im Notfall zu kämpfen verstand.

Hibben erforschte bis zum Ausbruch des Zweiten Weltkrieges 17 Türme. Überall fand er Zeugnisse für das gewaltsame Ende ihrer Bewohner. Im Kopf steckende Steinäxte, von Pfeilen durchsiebte Körper, durch herabstürzende Steine und Balken zerschmetterte Leiber waren die schrecklichen Bilder, die sich den Expeditionsmitgliedern in den untersuchten Türmen immer wieder darboten. Vor allem die letzten Tätigkeiten der sterbenden Menschen drücken deren Verzweiflung so deutlich aus, daß jeder Betrachter vergißt, daß diese erstarrten Bilder über Jahrhunderte unberührt dalagen, und er glaubt, einen Hauch des Todeskampfes zu verspüren. Wer könnte schon ungerührt die halbverkohlte Leiche eines etwa 15jährigen Jungen ansehen, der mit den brennenden Dachbalken herabstürzte und sich im Rauchfang vor dem Feuer schützen wollte? Sein gut erhaltenes Gesicht drückt eine unbeschreibliche Mischung aus Angst, Verzweiflung und Vorwurf aus.

Das Alter der Türme des Schweigens konnte mit Hilfe der Baumring-Chronologie – welche aufgrund der Jahresringe über trockene Jahre Auskunft gibt – genau bestimmt werden, und Hibben stellte fest, daß die Bäume, die man für die Dachkonstruktion verwendet hatte, zwischen 1143 und 1248 gefällt worden sind.

Wer die Menschen vom Gallina-River wirklich waren, ist bis heute ungeklärt. Ihre Gebrauchsgegenstände unterscheiden sich von denen der Pueblo-Kultur sehr stark, und alles deutet darauf hin, daß sie Einwanderer waren. Sorgfältige Vergleiche, vor allem der Keramiken, ergaben eine große Ähnlichkeit mit Arbeiten der Mississippi-Kultur. Dennoch bleibt die Herkunft der Turmbewohner ungewiß, nur über ihr Ende herrscht Klarheit. Die Angreifer waren, wie die gefundenen Pfeile beweisen, Träger einer Pueblo-Kultur. Für die hervorragende Erhaltung der mumifizierten Körper sorgten in erster Linie das trokkene, windreiche Klima des südwestlichen Hochlandes sowie deren Einbettung in Schutt und Asche.

Unsere Aufzählung von nordamerikanischen Mumienfunden kann selbstverständlich bei weitem nicht vollständig sein. Wie in Europa, wurden auch in Amerika hunderte Einzelstücke gefunden. Fast immer handelt es sich um natürliche, zufällig entstandene Mumifizierungen. Von den wichtigen Fundorten, deren Bedeutung meist nach der Anzahl der Leichname gemessen wurde, soll noch der Pueblo Aztec erwähnt werden. Diese geheimnisvolle, von Morris ausgegrabene Stadt wurde zufolge der Baumring-Chronologie zwischen 1110 und 1124 n. Chr. gegründet. In den darauffolgenden Jahren wurden vorwiegend Zubauten errichtet, die den „Komfort" der Familien vermutlich vergrößern sollten. Doch plötzlich, um 1150, stand das Pueblo wie eine Gespensterstadt verlassen da. Ungefähr hundert Jahre lang war die Stadt unbewohnt, und die einzige Erklärung dafür, warum ihre Einwohner sie verlassen hatten, ist wohl in einer anhaltenden Trockenperiode zu suchen. Erst für die Jahre 1225–1250 lassen sich wieder Bauaktivitäten nachweisen. Aufgrund der völlig andersartigen Gebrauchsgegenstände sowie der Ansprüche, die die neuen Bewohner an die Wohnräume stellten, war bald klar, daß sie nicht Nachkommen der ursprünglichen Bewohner gewesen sein konnten. Sie unterteilten die alten Räume und fügten Anbauten hinzu. Andererseits wurden viele verschüttete alte Räumlichkeiten nicht erneuert oder erst gar nicht entdeckt. Auch dies scheint ein Beweis dafür zu sein, daß die Bauwerke viele Jahre hindurch unbewohnt geblieben sind.

1252 haben auch die Neuankömmlinge Pueblo Aztec wieder verlassen; vermutlich ebenfalls wegen Wassermangels. Morris entdeckt 149 Gräber unter den Fußböden der Zimmer, in denen die Verstorbenen ursprünglich gelebt hatten. Dies erinnert uns an Bestattungsgepflogenheiten im Nahen Osten, wie sie über mehrere tausend Jahre hindurch (seit etwa 7000 v. Chr.) praktiziert wurden. Den Grund dafür können wir nur vermuten: Ausschlaggebend war wohl die Annahme, daß die Hinterbliebenen durch die körperliche Anwesenheit des Toten geschützt seien.

Einige Tote von Pueblo Aztec waren in geflochtene, netzartige Matten eingehüllt und sehr gut erhalten. Sie wurden zusammen mit zahlreichen Grabbeigaben, vor allem keramischen Gebrauchsgegenständen, bestattet, die ihnen den letzten Weg erleichtern sollten. Auch E. H. Morris, der etliche Ausgrabungen im Canyon del Muerto durchführte, fand dort neben Skeletten mehrere Mumien, die wie die von Pueblo Aztec in netzartiges Flechtwerk eingewickelt waren.

Wir haben im Verlauf unseres Streifzuges durch den großen Bereich der Konservierung von Menschenkörpern schon davon gehört, daß gelegentlich Mumien hergestellt wurden, um damit Heilmittel zu bereiten. Dabei handelte es sich um Verfälschungen dessen, was die Pharmazeuten früherer Jahrhunderte eigentlich haben wollten. Kurios ist jedoch, daß zumindest einmal eine komplette Fälschung eines Menschenkörpers aus alten Zeiten fabriziert wurde, und zwar nicht zu pharmazeutischen Zwecken, sondern aus völlig irrationalen Gründen. Die Geschichte spielte sich in den Vereinigten Staaten ab, und dort gibt es für derartige Tricks und pfiffige Täuschungen den Ausdruck *hoax*, der etwa mit „Schabernack" oder „Schwindel“ zu übersetzen ist. Im Laufe der letzten Jahrzehnte wurden in Nordamerika nicht selten *hoaxes* zelebriert, zum Teil aus Motiven der Scharlatanerie, um auf mühelose Weise zu Gewinn zu kommen, zum Teil auch, um irgendwelchen Ideen und Vorstellungen zum Durchbruch zu verhelfen. So wurden abenteuerliche Geschichten von gelandeten außerirdischen UFO-Fahrzeugen in die Welt gesetzt, oder es wurde von Begegnungen mit zottigen Affenmenschen berichtet, die angeblich die großen Waldgebiete des Nordwestens durchstreifen sollen. Es mag sein, daß manche Initiatoren von solchen Schwindeleien der Meinung waren, sie müßten einer von ihnen erkannten Wahrheit auf die Sprünge helfen, die von der Mehrheit der Zeitgenossen nicht akzeptiert werde. Wenn etwa Amerikaner skandinavischer Herkunft der Meinung waren, es sollte ein Dokument geliefert werden, das die normannische Entdeckung Amerikas beweise, so stellten sie einen Runenstein als Beweisstück her – den berühmten *Kensington-Stein*, der jahrzehntelang auch von wissenschaftlichen Autoritäten als echt angesehen wurde. In diese Kategorie der *hoaxes*, die in Europa kaum vorstellbar wären, gehört auch die künstliche Herstellung eines „Leichnams aus der biblischen Vorzeit“ – eine abenteuerliche Geschichte, die noch in den letzten Jahrzehnten zu Diskussionen führte. Es handelt sich um den sogenannten *Onondaga-Riesen* oder *Cardiff-Giganten*, der auch scherzhaft als Amerikanischer Goliath bekannt wurde. Die Umstände seiner Entstehung entbehren nicht einer gewissen Komik und sollen schon aus diesem Grund geschildert werden.

Alles begann im Jahre 1866, als sich ein Streit zwischen einem Pfarrer namens *Turk* und einem Tabakfarmer entspann. Der Pfarrer, der sich auf die Bibel berief, behauptete, daß auf der Erde in prähistorischen Zeiten Riesen gelebt hätten. Der Farmer *George Hull* hielt von dieser Behauptung wenig, entschloß sich aber – und es blieb unklar, was ihn wirklich dazu bewogen hat –, einen solchen Riesen zu kreieren. Möglicherweise erhoffte er sich von der dadurch ausgelösten Diskussion eine klare Unterstützung seiner Ansichten – und damit die Niederlage seines Gegners. Im Jahre 1868 beschaffte er sich aus den Gipsbrüchen bei Fort Dodge im Staate Iowa einen fünf Tonnen schweren Block und ließ diesen nach Chikago bringen. Der Transport gestaltete sich äußerst schwierig, vor allem die ersten 40 Meilen bis zur Eisenbahn. Zahlreiche Fuhrwerke brachen auseinander, und auch eine Brücke stürzte durch die Last des Steines zusammen. In Chikago begann der Bildhauer *Edward Burckhardt*, den Block zu bearbeiten, und er schuf einen 3,17 Meter großen und etwa 1360 kg schweren Riesen. Mit einem extra hergestellten, mehrspitzigen Hammer wurden die Hautporen eingekerbt. Durch Behandlung mit verschiedensten Chemikalien verlieh man dem Ungetüm eine Alterspatina, woraus sich für den Farmer nicht unbeträchtliche Kosten, ungefähr 2.000 US Dollar, ergaben. So präpariert, verließ der Gigant Chikago per Bahn in Richtung Syracuse im Bundesstaat New York. Empfänger der riesigen, mit Eisen beschlagenen hölzernen Kiste war *William C. Newell*, ein Verwandter von Hull, der in der Kleinstadt Cardiff südlich von Syracuse eine Farm besaß. Für ein Jahr verschwand der Riese in der Erde, um am 16. Oktober 1869 („nach einigen Jahrtausenden“) wieder ans Tageslicht gebracht zu werden. Zwei Arbeiter, denen Newell den Auftrag gegeben hatte, an einer bestimmten Stelle einen Brunnen zu graben, entdeckten mit Erschrecken den „Giganten“. Schon nach wenigen Tagen strömten Tausende von Neugierigen zu der betreffenden Stelle.

Die ersten Reaktionen waren – wie stets bei mysteriösen Funden – sehr unterschiedlich. Die Vermutungen erstreckten sich vom „Abbild des Kindes Gottes“ bis zum vergessenen Denkmal des George Washington bzw. einem Machwerk der Jesuiten, das die Indianer hatte erschrecken sollen. Favorisiert wurde jedoch die Meinung, daß es sich um die Versteinerung eines ehemaligen Ureinwohners oder um ein Wesen aus einer anderen Welt handle. Wenn auch die Wissenschaft ihre Zweifel anmeldete, beschrieben die Zeitungen doch ausführlich die willkommene Sensation. Und auch das Geschäft kam natürlich nicht zu kurz: Nahe der Fundstelle wurden zwei Restaurants errichtet – „The Giant Saloon“ und „The Goliath House“. Die Besichtigung des Giganten war nur gegen Eintrittsgeld gestattet, und aus dem nahen Syracuse beförderte ein Pferdeomnibus die Besucher zum Riesen von Cardiff. Doch schon nach kurzer Zeit waren sich die Wissenschafter einig, daß es sich bei dem Giganten um einen Scherz handelte, und auch der geistige Vater der Schöpfung, der Farmer Hull, gab zu, diesen Spaß inszeniert und finanziert zu haben. Leider schweigen die Informationen aus jener Zeit über die Reaktion des Pfarrers, der mit Hull in diesen Streit verwickelt gewesen war. Möglicherweise wurde seine fundamentalistische Einstellung davon überhaupt nicht berührt.

Doch trotz des Geständnisses des exzentrischen Farmers wurden schon von anderen Seiten weitere Hypothesen geschmiedet, und nach wie vor stand die vom versteinerten Ureinwohner an erster Stelle. So bohrte der berühmte Arzt und Schriftsteller *Oliver Wendell Holmes* dem Riesen ein Loch hinter das Ohr und sagte nach gründlicher Untersuchung, er sei anatomisch perfekt. Ein Student wollte in der Gipsfigur sogar den phönizischen Gott Baal erkennen; er fand unter seinen Armen Hieroglyphen, die außer ihm jedoch niemand sah. Man sollte annehmen, daß der Goliath nach Abflauen des Interesses und der Spekulationen in Vergessenheit geraten wäre. Aber das war noch lange nicht der Fall. Erst wurden von dem Zirkusagenten *Ph. T. Barnum* für ihn 60.000 Dollar geboten, doch ging er ins Eigentum eines anderen Unternehmers über. Als dieser seine Attraktion am Broadway ausstellte, war er nicht wenig überrascht, daß Barnum schon einen anderen Goliath – eine genaue Kopie des ersten – in dem nahe gelegenen „Wood's Museum“ mit der Bezeichnung „Das Original aller Cardiff-Riesen“ zur Schau gestellt hatte. Ein Prozeß lag in der Luft, doch unter den Beschuldigungen von Publikum und Presse, die sich nun gegen beide „Riesen“ richteten, zogen beide Besitzer es vor, New York samt ihren Schaustücken zu verlassen. Für den „echten“ Riesen begann eine lange Reise durch die Vereinigten Staaten, bis er jegliche Attraktivität verloren hatte. Im Jahre 1934 erlebte der Cardiff-Riese eine Wiedergeburt, als er in dem Unterhaltungsfilm „The Mighty Barnum“ seine letzte große Rolle spielte. Heute ruht er im „Farmer's Museum“ in Cooperstown, New York, und seine Besichtigung ist gegen Eintrittsgeld möglich.

Diese kuriose Geschichte vom Cardiff-Giganten soll selbstverständlich kein falsches Licht auf die Beziehung der amerikanischen Öffentlichkeit zu archäologischen Forschungen oder auf das Niveau der Forschung selbst werfen. Sie beweist – im Gegenteil – das enorme Interesse der Amerikaner an der Vergangenheit ihres Landes sowie die Bereitschaft der breiten Massen, an der Lösung von Geheimnissen mitzuarbeiten. Daß – im Fall des Cardiff-Riesen – auch der Wunsch vorhanden war, die Urgeschichte des Kontinents, in der „lediglich“ Indianer eine Rolle spielen, wenn auch nur mit einem – dafür um so größeren – Beweisstück zu belegen, kann unter Berücksichtigung des amerikanischen Gesellschaftssystems mit Vorbehalt verstanden werden . . .

Zum Abschluß aber noch eine echte archäologische Sensation aus den USA:

Gegen Ende des Jahre 1984 gelang amerikanischen Archäologen im Südosten, in Florida, ein überaus interessanter und wissenschaftlich bedeutsamer Fund. Im Torfboden eines Teiches wurden zwei Menschenschädel aus der Zeit um 5000 v. Chr. entdeckt, die äußerlich von den Huminsäuren gebräunt und wenig „sensationell" aussahen. Erst bei näherer Untersuchung mit Hilfe des Tomographen, eines neurologischen Instruments zur Gehirnuntersuchung, stellte sich heraus, daß der säurehaltige Torfmoorboden Floridas die Gehirne der beiden Ur-Indianer fast unverändert konserviert hatte. Ungeklärt ist zunächst noch, wieso – im Gegensatz zu den Moorleichen, die in Nordeuropa gefunden wurden – die übrigen Weichteile der Indianer nicht erhalten geblieben sind.

Jedenfalls wurden die beiden Gehirn-Naturmumien an Ort und Stelle tiefgefroren, um die sonst leicht zerfallende Gehirnsubstanz zu retten. Die Annahme der Anthropologen geht dahin, daß die Gehirne gewebskundlich studiert werden können und daß sie auch die Großmoleküle der DNS, der Desoxyribonukleinsäure (des zentralen Informationsspeichers aller Lebewesen), in den Zellkernen mikroskopisch zu untersuchen erlauben. Mit Hilfe der beiden sieben Jahrtausende alten Indianergehirne hoffen die Neurologen und Biochemiker, die „molekulare Uhr der Menschheitsentwicklung" wesentlich genauer studieren zu können, als dies bisher der Fall war. Bedauerlich ist, daß bei den Moorleichen-Funden Nordeuropas, die schon mehrere Jahrzehnte zurückliegen, diese verfeinerten Untersuchungsmethoden noch nicht verfügbar waren, wenn konservierte Gehirne entdeckt wurden.

4. ASIEN

Die Totenhügel der Skythen

In dem riesigen Kontinent Asien liefert uns ein Volk des Altertums die wertvollsten Dokumente einer Jenseits-Orientierung, die – ungeachtet aller Lebensfreude dieser Menschen – einen eigenartigen Grundakkord des Weltbildes bildete; ein Volk, das keine Städte baute und keine steinernen Tempel auftürmte, sondern in den Steppen und Wäldern nördlich des Schwarzen Meeres das Wiehern der Pferde mehr liebte als Musik: die *Skythen*.

Herodot, der Vater der Geschichtsschreibung, widmete ihnen einen großen Teil seiner Historien. Als sich der Perserkönig *Dareios I.* mit einem riesigen Heer anschickte ihr Land zu überfallen, ließen ihm die Skythen die drohende Botschaft zugehen: Wagt es nur, die Gräber unserer Ahnen zu zerstören . . .!

Das Steppenreitervolk, von den Griechen „Stutenmelker" und „Pferdebogner" genannt, kämpfte jahrhundertelang tapfer und erfolgreich, hängte die Skalpe getöteter Feinde an das Zaumzeug, sammelte bei Überraschungsangriffen auf feindliche Volksstämme große Schätze und sorgte auf eine Weise für die Toten, die den Völkern der Antike sonst nicht bekannt war. In großen Grabhügeln, in Osteuropa *Kurgane* genannt, legten sie den Verstorbenen alle Gegenstände „griffbereit" hin, die sie im Leben gebraucht und geschätzt hatten: Waffen, Geräte, Zaumzeug, Schmuck, Prunkgewänder, Pelze, Lederarbeiten und dazu nicht nur geopferte Pferde, sondern auch Menschen: Diener und Sklaven. Bei der Bestattung eines Königs wurden sein Koch, sein Mundschenk, der Stallmeister, der Diener, der Überbringer der Nachrichten und eine der Nebenfrauen erdrosselt, und ein Jahr später folgten fünfzig Jünglinge auf dem Weg in das Jenseitsland, wie noch zu schildern sein wird. Vielleicht wurden sie mit Alkohol oder Haschisch in einen Rauschzustand versetzt; jedenfalls wird von den Historikern angenommen, daß die Todesfolge nicht als grausames, sondern als ehrenvolles Ritual galt. Einzelne Kurgane enthielten überdies die Überreste von bis zu 400 geopferten Pferden. Die Erdhügel von solchen Königsgräbern erreichten die Höhe von vier- bis fünfstöckigen Häusern und einen Umfang von 350 Metern, was etwa einem Rauminhalt von 50.000 Kubikmetern entspricht. Große südrussische Kurgane, wie jene von Tschertomlyk, Melitopol, Ordschonikidse und Solocha, enthielten große Schätze, auch an Edelmetallen. „Einige Männerbestattungen", schreibt *R. Rolle*, „erwecken den Eindruck, als habe man die ganze Person förmlich ‚vergolden' wollen. Diese vornehmen Krieger der Skythen waren durch die Kleidung, die sie trugen, durch ihren Schmuck und ihre Prunkwaffen – goldbelegte große Pfeil-Bogen-Köcher, Schwerter, vergoldete Schuppenpanzer und breite, an den Lenden schützende Kampfgürtel – in einen strahlenden Glanz getaucht, der sie auf ihren reich geschmückten Pferden in der Steppe als ‚goldene Reiter' erscheinen lassen mußte."

Die Skythen, die dem – wie uns die antiken Quellen schildern – großen Dareios die Besetzung ihres Landes verwehrten (513 v.Chr.) und unübersehbare Gebiete im heutigen Südrußland beherrschten, wurden in Europa lange Zeit als ein halb mythisches Volk angesehen, bis die Archäologie bestätigte, was die Texte berichtet hatten. Sie waren meist kleinwüchsig, untersetzt, kleideten sich in eng anliegende, mit goldenem Zierat dekorierte Hosen und Umhänge. Die Schuhe bestanden aus weichem Leder, ebenso die Kappen. Wie erwähnt, spielten in ihrem Leben Pferde eine wesentliche Rolle: nicht nur als Reittiere, sondern auch als Nahrungsquelle (Fleisch, Stutenmilch, Butter und Käse, vergorene Stutenmilch *Kumys*). Die kunstgewerblichen Fähigkeiten der Skythen waren, wie die Grabfunde beweisen, sehr groß, was der Prunkliebe dieser Steppenreiter entgegenkam. Das Kernland der südrussischen Skythen war das Gebiet um den Dnjepr, und von hier aus reichte es westwärts bis zur Donau und ostwärts bis zum Don. Im Süden, am Schwarzen Meer, entwickelten sich rege Handelsbeziehungen mit den Griechen.

Noch interessanter sind jedoch die Funde, die asiatische Skythen (*Saka*) und verwandte Stämme im Gebiet des Mittleren Altai, im Pazyryk-Tal und in Badaschar hinterlassen haben. Acht große Hügelgräber, vor allem der berühmte „Kurgan 5" von Pazyryk, lieferten großartige Dokumente eines reichen, verfeinerten Kunststils in Form von Filz-Applikationen, Wollteppichen, Metallarbeiten und Tätowierungen auf der Haut der in den Erdhügeln bestatteten Menschen, im „ostskythischen Tierstil" ausgeführt. Das Klima des südlichen Sibirien und die besondere Bestattungsform trugen dazu bei, daß wir die Ostskythen und ihre eindrucksvolle Kunst besser kennen als die Lebensweise vieler berühmterer Völker Asiens.

Die Hügelgräber sind alle vollkommen gleich gebaut, und abgesehen von der Größe findet sich kein Unterschied zwischen den Ruhestätten der höheren und der niederen Bevölkerungsschichten. Die Grabkammern sind rechteckig und mit horizontal liegenden Balken gegen das Nachgeben des Erdreiches abgestützt. In die so entstandenen Kammern wurde ein Holzboden gelegt und später, nach der Bestattung, eine Holzdecke aufgesetzt. Die Holzkammern waren immer streng nach den Himmelsrichtungen ausgerichtet. Der zu bestattende Leichnam lag auf dem Rücken, mit dem Kopf nach Osten.

Die Toten wurden in Baumsärgen, auf einem Tisch mit reich verzierten Beinen, aufgebahrt. Für die Konservierung der Körper waren folgende wichtige Voraussetzungen gegeben: Der Plafond der Grabkammer wurde vor Aufschüttung des Erdreiches zu einem Hügel mit mehreren 10 bis 12 cm hohen Schichten aus Birkenrinde und Zweigen des Teestrauches oder mit Lärchenrinde bedeckt. Diese Schicht veränderte zweifellos die chemische Zusammensetzung des durchsickernden Regenwassers. Es bildete sich Gerbsäure, die eine positive Rolle bei der Konservierung der biologischen Substanzen spielte. Nachdem die hölzerne Grabkammer zugedeckt und das Erdreich zu einem Hügel aufgeschüttet worden waren, wurde dieser mit vielen mächtigen Steinen vergrößert und geschützt. Nach der feierlichen Bestattung wurden die Steine – bei der Beerdigung wichtiger Persönlichkeiten – von oft bis zu tausend Trauergästen zusammengetragen und auf den Grabhügel gelegt.

Der Archäologe *J. Wiesner* aus Freiburg i. Br. hat die besonderen Fundumstände der Pazyryk-Kurgane, ihre Verwandtschaft mit jenen des südrussischen Skythenreiches und die Rauschhaftigkeit des skythischen Weltgefühls so charakterisiert:

„Die sibirischen Kurgane erheben sich über einer unterirdischen Holzkonstruktion, die die Balkenarchitektur frühzeitlicher Grabanlagen monumental vollendet. Die mächtigen Grabhügel waren mit Steinen umrandet und mit Steinplatten bedeckt, so daß auch bei sommerlicher Sonneneinstrahlung der Prozeß der Frostkonservierung nicht beeinträchtigt wurde. Das alljährlich sich bildende Schmelzwasser verstärkte die im Grabinneren wachsende Eisschicht . . . Wenn auch Unterschiede in den Grabanlagen bestehen, so ist doch den sibirischen und südrussischen Kurganen die Grundform des monumentalen Grabhügels über einer Bestattungskammer gemeinsam. Ein engerer Zusammenhang ergibt sich in der Mitbestattung von Pferden, die in Pazyryk aus einheimischem Bestand und aus iranischer Zucht stammen, aber auch in dem von Herodot beschriebenen Hanfrauschritual, das durch die Fundbeobachtungen in Pazyryk bestätigt wird. Fand sich doch ein Bronzekessel mit ausgeglühten Steinen und verkohlten Hanfkörnern, die auf das auch bei den südrussischen Skythen übliche Einatmen von Hanfrauch weisen. Dazu wurde wie im skythischen Totenkult eine mit Lederbehängen abgedeckte Stangenzeltkonstruktion benutzt . . . Die Elch- und Greifenbilder eines Zeltumhanges bekunden den engen Zusammenhang zwischen dem Hanfrauscherlebnis und den Vorstellungen des schamanistischen Weltbildes, dessen Mächte und Kräfte in charakteristischen Tiermotiven erfaßt wurden. In ihren Bereich konnte sich der Schamane vor allem im Haschischrausch begeben, der unter Aufhebung aller Raum- und Zeitbezüge das Gefühl des Schwebens im Unendlichen hervorrief, zugleich aber die Begegnung mit phantastischen, sich wechselnd verändernden Tierwesen vorspiegelte." Wir können annehmen, daß der Hanfrausch nicht nur die skythische Tierstilkunst beeinflußte, sondern auch dazu beitrug, den für das Totenbegleitopfer ausersehenen Menschen den Schritt in die andere Welt weniger schmerzlich fühlbar zu machen.

Über die Gründe für die beabsichtigte Mumifizierung, die meist nur bei Persönlichkeiten durchgeführt wurde, welche eine bedeutende Rolle in der Hierarchie einnahmen, herrscht bis heute Ungewißheit. Es wird vermutet, daß die Konservierung den Verwesungsprozeß zwischen dem Augenblick des

Schematische Darstellung eines Grabhügels der Skythen *(nach T. Rice).*

Ablebens und der Bestattung verhindern sollte. Dieser Zeitraum war bestimmt nicht kurz, da es einige Zeit in Anspruch nahm, die Grabkammer auszuheben und mit Balken zu verkleiden.

Der zweite Grund für die späte Bestattung lag in der Gepflogenheit der Skythen begründet, ihre Toten im ganzen Land umherzuführen, um auch jenen Menschen, die an der feierlichen Beerdigung nicht würden teilnehmen können, die Möglichkeit zum Abschied zu geben. Einen dritten Grund überliefern chinesische Chroniken. Sie berichten, daß Bestattungen nur zweimal im Jahr stattgefunden hätten, und zwar zur Baumblüte im Frühjahr sowie im Herbst, wenn die Bäume ihre Blätter verloren hatten.

Der „Amerikanische Goliath“ im „Farmers Museum“ *(New York State Historical Association).*

Zwei reich tätowierte Kopftrophäen aus Borneo *(Museum f. Völkerkunde, Wien).*

Goldschmiedearbeiten der Skythen *(Ullstein Bilderdienst, Berlin).*

Totenkleid der chinesischen Prinzessin Tou Wan *(G. Rainbird Ltd.)*.

Maori vor ihrem reich verzierten Haus *(Ullstein Bilderdienst, Berlin)*.

Zusammengebundene Mumie einer Frau aus Queensland, Australien *(Museum f. Völkerkunde, Wien).*

Schädeltrophäe aus Neuguinea *(Museum f. Völkerkunde, Wien).*

Diese Möglichkeit der Mumifizierung aus Glaubensgründen wird von der sowjetischen Forschung nicht erwähnt, obwohl die zahlreichen Grabbeigaben dafür sprechen.

Der Totenkult hatte im Leben der Skythen entscheidende Bedeutung. Ihre Bestattungszeremonien waren kostspielig und grausam zugleich. Aufgrund der Berichte des *Herodot* und der Einheitlichkeit des Kulturgutes bei den West- und den Ostskythen läßt sich das Geschehen nach dem Tode eines Fürsten etwa so rekonstruieren: Da er durch das Reich zu Verwandten und Freunden gefahren wurde, war es notwendig, den Leichnam zu konservieren. Brust und Bauchhöhle wurden ausgenommen und die entfernten Organe durch verschiedene Kräuter ersetzt. Danach hat man den Toten mit Wachs übergossen und auf die Reise geschickt. Die Stammesangehörigen begleiteten den Trauerzug mit geschorenem Kopf, sich selbst Ohren und Nasen zerfleischend. Um böse Geister zu vertreiben, wurden schrille Schreie ausgestoßen, Trauermusik von Pauken und Flöten ertönte. An der Spitze trugen Männer bronzene Standarten, welche Raubvögel und andere Tiere darstellten. Ein Pferdegespann zog den Leichenwagen, über den ein Baldachin gespannt war. Die Leibdiener, die mit dem Fürsten bestattet werden sollten, folgten dem Toten und danach kamen die Pferde, ebenfalls dazu bestimmt, geopfert zu werden. Nach etwa vierzig Tagen erreichte der Konvoi die Begräbnisstätte, wo mittlerweile die Grabkammern ausgehoben worden waren. Nachdem der Verstorbene auf seinen Platz in der Grabstätte gebracht worden war, wurde eine der Frauen des Fürsten erwürgt oder durch Gift getötet. Dann tötete man die Leibdiener (Koch, Mundschenk, Reitknecht, usw.), die entweder in separierten Kammern oder in eigenen Grababteilungen bestattet wurden. Rund um den Fürsten legte man, für ihn griffbereit, die Grabbeigaben. Nun wurden alle Pferde, die der Verstorbene zu Lebzeiten geritten hatte, erschlagen und außerhalb der Kammer, aber noch im Bereich des Grabhügels beigesetzt.

Die Opfer, die dem Fürsten ein Jahr später dargebracht wurden, waren noch makabrer. Etwa fünfzig Mann seiner Leibgarde samt ihren Pferden wurden getötet, imprägniert und die aufgezäumten und gesattelten Pferde mit den Gardisten auf Pfählen aufgespießt, damit sie eine schaurige Wache rund um den Hügel hielten. Dieses grausig-allegorische Bild beendeten erst die Geier und andere aasfressende Tiere, für die dieser Totenbrauch sicher eine willkommene Beute und eine Bereicherung ihrer monotonen Ernährung darstellte.

Über den Prozeß der Balsamierung überliefert uns *Herodot* einige Einzelheiten, die aber nicht immer durch die Forschung bestätigt werden konnten. Der Körper wurde durch einen Schnitt rechts vom Ende des Brustbeines und etwa 5-6 cm seitlich des Nabels bis zum Beckenknochen geöffnet, die Eingeweide entfernt und der Körper mit Safran, Weihrauch, Selleriesamen und Anis gefüllt (diese Zusammensetzung nach Herodot erwies sich als falsch; die tatsächlichen Ingredienzien sind aber bis heute nicht bekannt). Weitere Schnitte führte man an den Innenseiten der Arme und Beine aus und ermöglichte so das Einbringen konservierender Substanzen. Vereinzelt wurden aus den gleichen Gründen auch andere starke Muskelpartien, wie z. B. Gesäß, Nackenmuskulatur etc., aufgeschnitten.

Bis auf die Funde aus dem Zentral-Altai weisen fast alle Bestattungen auf Schädeltrepanationen hin: die Haut am Hinterkopf wurde aufgeschnitten und zur Seite geschoben; mit groben Instrumenten (Hammer, Meißel) stemmte man in die Schädeldecke ein mehrere Zentimeter großes Loch. Durch dieses entfernte man das Gehirn und ersetzte es durch Erde und Steinchen. Die Kopfhaut wurde anschließend – wie auch alle anderen Schnitte am Körper – mit Sehnen oder Roßhaar vernäht. Bekannt sind auch Fälle, in denen die Augen entfernt und die Augenlider zusammengenäht worden sind.

Im Pazyryk-Tal (östlicher Altai) wurden Mumien gefunden, bei denen größere Muskelpartien (Oberschenkel usw.) nicht nur aufgeschnitten, sondern zur Gänze entfernt worden sind. Einige Forscher neigen zu der Ansicht, daß diese von den nächsten Angehörigen in einer zeremoniellen Handlung verzehrt worden seien, wodurch die Kräfte des Verstorbenen auf sie übergehen sollten. Die fehlenden Muskeln wurden dann durch pflanzliche Fasern ersetzt. In seltenen Fällen (5. Hügelgrab in Pazyryk) sind fast alle Muskeln entfernt und, wie bereits erwähnt, durch pflanzliche Substanzen ersetzt worden. Bei diesen Fällen handelt es sich um Anfänge der uns heute bekannten dermoplastischen Präparation von Tieren.

Einen äußerst interessanten Fund machte man im 1. Grabhügel von Bachshadar. Es wurden menschliche Knochen gefunden, die regelrecht perforiert worden waren. Alle Wirbelknochen, größeren Extremitäten sowie Beckenknochen sind mit 8 bis 52 mm tiefen Löchern, die einen Durchmesser von 6 mm aufweisen, versehen. Diese Bohrungen sollten es zweifellos ermöglichen, ein flüssiges Konservierungsmittel besser eindringen zu lassen. Leider hat diese Methode die Erwartungen, die in sie bezüglich der Erhaltung gesetzt worden waren, nicht erfüllt. Sie beweist aber, wie sorgfältig die Bemühungen waren, eine perfekte Konservierung zu erreichen. Erstaunlich ist auch die Präzision der Bohrungen, die auf beträchtliche anatomische Kenntnisse schließen läßt. Es ist heute schwierig, zu beantworten, ob sie durch die Muskeln geführt, ob diese vorher entfernt wurden oder ob durch deren Aufschneiden und Auseinanderziehen der Knochen freigelegt worden ist.

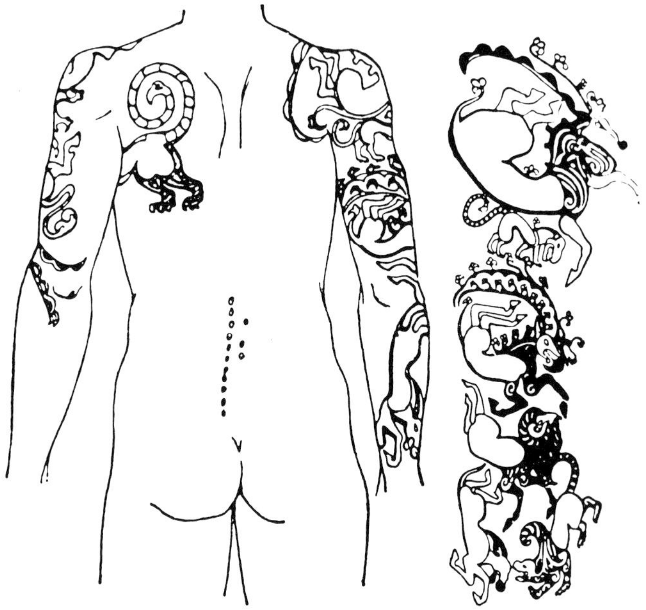

Skythische Tierstil-Tätowierungen *(nach K. Jettmar).*

Parallel zu den Funden aus Bachshadar entdeckte man in Ost-Kasachstan unweit von Sarigut im Jahre 1948 ein Skelett aus dem 3. Jahrhundert v. Chr., welches ebenso perforiert war. Eine ethnische Bestimmung war leider unmöglich, da der Schädel nicht erhalten blieb. Eine echte Sensation stellte jedoch die Entdeckung des relativ gut erhaltenen Leichnams eines Fürsten in Pazyryk dar, die dem sowjetischen Forscher *S. T. Rudenko* im Jahre 1942 gelang. Diese Mumie war am ganzen Körper reichlich tätowiert.

Der Brauch, den Körper durch Bemalen oder Tätowieren zu verzieren, reicht bis in die Jüngere Steinzeit zurück. Aus späteren Zeiten werden von verschiedenen Autoren derartige Praktiken schriftlich überliefert. So z. B. beinhaltet der Bericht *Hero-*

dots über die Thraker einige Erwähnungen über solche Körperverzierungen, ebenso wie Stellen bei *Plinius d. J.* über die Daker und Sarmaten. Ähnliche Überlieferungen gibt es auch über die Gallier. Aus diesen Aufzeichnungen läßt sich aber nicht feststellen, ob es sich um Bemalungen oder Tätowierungen gehandelt hat. Bei den Tätowierungen, die auch heute noch bei Naturvölkern gebräuchlich sind, geht es meist nicht nur um die Verzierung des Körpers, sondern vielmehr um Rangabzeichen innerhalb eines Stammes oder sogar um Unterscheidungsmerkmale bestimmter Gruppen. Am besten läßt sich dies mit den verschiedenartigen Uniformen unserer Zeit vergleichen.

Leider war bei dem von Rudenko gefundenen Leichnam nicht mehr der ganze Körper erhalten. Der Fürst hatte sein Leben vermutlich im Kampf verloren, wie eine große Kopfwunde sowie die Tatsache, daß er skalpiert worden war, zu beweisen scheinen. Die Skalpe gefallener Feinde wurden als hochgeschätzte Kampftrophäen am Sattel befestigt und stets mitgeführt, wobei sie – auch durch entsprechende Behandlung mürbe gemacht – als Handtuch dienten. Die an Armen, Brust, Rücken und Unterschenkel dicht angebrachten Tätowierungen stellen kunstvoll stilisierte Tierbilder im skythischen Stil dar.

Außerdem stellten die Forscher fest, daß zwischen den Bildern auch Linien und Punkte gezeichnet waren, die eine bemerkenswerte anatomische Bedeutung hatten und an die Einstichstellen bei der Akupunktur erinnern. Allerdings kann dies nicht als Beweis für die Kenntnis dieser Heilmethode bezeichnet werden, denn Linien und Punkte können auch rein zufällig entstanden sein.

Da es bei den Skythen selbstverständlich war, die Verstorbenen mit den wertvollsten Grabbeigaben für die Zeit nach dem Tode auszustatten, ist es nur logisch, daß die Grabstätten – wie in Ägypten – ein begehrtes Ziel für Plünderer waren. So kam es, daß von den tausend skythischen Grabhügeln kaum einer verschont geblieben ist. Leider wurden nicht nur Grabbeigaben, sondern oft auch die ganze Mumie verschleppt oder auf brutale Weise zerstückelt, damit man an die Schmuckstücke besser herankam. So fielen z. B. alle ausgegrabenen Hügelgräber von Pazyryk frühen Plünderungen anheim, und obwohl mehr als dreißig von ihnen wissenschaftlich noch nicht ausgewertet wurden, weiß man schon jetzt, daß auch diese beraubt wurden.

Die Grabungen im 2. Hügel geben uns genaue Informationen über das Vorgehen der Grabräuber. Sie trieben einen Schacht durch den Hügel bis zu den hölzernen Decken der Grabkammer vor, die anschließend durchbrochen wurden. Nachdem die Eindringlinge in die etwa einen Meter hohe mit schwarzem Filz ausgeschlagene Kammer eingedrungen waren, standen sie vor einem 4,2 Meter langen, aus einem Lärchenstamm ausgehöhlten Sarg, der in eine ca. 10 cm hohe Schicht aus ewigem Eis eingebettet war. Nach Entfernen des Sargdeckels und Abreißen der Filzdecke fanden die Grabplünderer zwei Mumien: eine männliche und eine weibliche (zu Füßen des Mannes), beide in einer Eisschicht festgefroren. So zertrümmerten die Grabräuber die Seitenwände und zerrissen auch die eingefrorenen Kleidungsstücke. Dennoch war es unmöglich, den Leichen die Schmuckstücke zu entwenden. Daher halfen sich die Plünderer, indem sie den Toten die Köpfe abschlugen, um an die Halsketten besser herankommen zu können. Außerdem trennten sie der Frau die rechte Hand, die Füße und die Unterschenkel ab, damit alle Schmuckstücke erbeutet werden konnten.

Zu derartigen Grabschändungen kam es wiederholt, und die Plünderer raubten auch wissenschaftlich unbezahlbares Material, das uns ein vollständiges Bild über das Leben der asiatischen Steppenvölker übermitteln hätte können. Diese Raubzüge fanden viele Jahrhunderte hindurch statt. Allgemein kann aber gesagt werden, daß die meisten Grabstätten bereits kurz nach den Bestattungsfeierlichkeiten den Plünderern zum Opfer gefallen sind. An einem Grabhügel bei Kertsch auf der Krim läßt sich der Einbruch sogar einwandfrei datieren. Es wurden nämlich zwei männliche Skelette der Räuber in einem ausgegrabenen Gang gefunden, durch den sie in die Grabkammer hatten gelangen wollen. Der Eingang des Schachtes stürzte jedoch ein, und die Räuber sind vermutlich erstickt. Zu ihren Füßen lagen noch Schaufeln und einige Bronzemünzen, die aus der Zeit des bosporanischen Königs *Mithridates Eupator* (111 – 63 v.Chr.) stammen.

Das zuvor beschriebene Konservierungsverfahren war für die Erhaltung der Leichen gewiß nicht allein ausschlaggebend; vielmehr wirkten mehrere Komponenten zusammen, die durchaus bemerkenswerte Erhaltungen hervorbrachten. Die Zusammensetzung der Konservierungsmittel, welche leider nur zum Teil bestimmt werden konnten, ist uns unbekannt, da sich die von den Grabräubern aufgebrochenen Kammern relativ schnell mit Wasser füllten und somit das eigentliche Konservierungsmittel ausgeschwemmt wurde. Die mehrfache Schicht aus Birkenrinde und Teesträuchern, die über der Holzdecke aufgeschüttet worden war, hatte, wie erwähnt, konservierende Wirkung. Außerdem war die Bodenbeschaffenheit dafür ebenso von Bedeutung wie die klimatischen Bedingungen. Die niedrigen Temperaturen, welche zur Folge hatten, daß die biologischen Substanzen – wie im Fall von Pazyryk – in eine Eisschicht eingebettet wurden, sind schon für sich allein Grund genug für die Erhaltung der Körper, und zwar bei jenen Bestattungen, auf die die anderen Komponenten nicht zutrafen.

Das ostindoeuropäische Volk der Skythen ist von der Bühne der Weltgeschichte abgetreten, doch etliche Kunstgegenstände und handwerkliche Arbeiten, nicht zuletzt aber die mumifizierten Toten selbst haben es uns ermöglicht, die Kultur dieses Volkes zu rekonstruieren.

Die Osseten und ihre Totenstädte

Die Osseten (oder Ossen), ein Volk des iranischen Stammes der indoeuropäischen Sprachfamilie mit nicht ganz einer halben Million Menschen, sind eines der vielen kaukasischen Völker, über deren Herkunft noch manche Unklarheiten bestehen. Sie wurden bisher ethnologisch nicht ausreichend erforscht, und infolge ihrer Anpassung an das moderne Leben sind viele ihrer charakteristischen Kulturmerkmale verlorengegangen. Über die Herkunft der Osseten gibt es zahlreiche Hypothesen. Unter anderem behaupten viele Forscher, daß sie ursprünglich germanischen Ursprungs waren. Die neueste Forschung neigt zu der Annahme, daß sie Nachkommen der Alanen sind, die zur Zeit der Völkerwanderung gemeinsam mit den germanischen Stämmen nach Westen vorrückten und sich zum Teil in der kaukasischen Ebene angesiedelt haben. Sie leben heute in der Nordossetischen Autonomen Sowjetrepublik und im autonomen Gebiet der Südosseten in der UdSSR als Acker- und Weinbauern und Viehzüchter.

Im Mittelalter wurden die Osseten im Verlauf kriegerischer Auseinandersetzungen von mongolischen Stämmen in den unfruchtbaren Süden abgedrängt, wo sie gezwungenermaßen ausschließlich von Raub und Überfällen leben mußten. Zu Beginn des 11. Jahrhunderts gründete ihr Herrscher *Hordurs* einen blühenden und mächtigen Staat, der aber schon nach kurzer Zeit – nicht zuletzt wegen der Überhandnahme barbarischer Sitten, wie z. B. der Blutrache – zerbrach. Im 12. Jahrhundert erschien *Dschingis Khan* in Transkaukasien und zwang die Osseten, sich zu unterwerfen. Zwei Jahrhunderte später siedelten sich die *Karbadiner* in den Wohngebieten der Osseten an, wo sie vorerst friedlich mit diesen zusammenlebten. Nach einiger Zeit zerbrach jedoch diese Eintracht, und es begann ein folgenschwerer Krieg, der sich über Jahrhunderte erstreckte, für die Osseten äußerst verheerende Folgen hatte und ihnen nahezu den Untergang brachte. Der Haß der beiden Völker wurde, wie so oft, durch die verschiedenen religiösen Bekenntnisse genährt. Die Ossen waren vorwiegend christlich-orthodox, die Karbadiner hingegen Mohammedaner. Zum islamischen Glauben übergetretene Osseten wurden von der eigenen Sippe aufs heftigste bekämpft. Da bei beiden Völkern Blutrache herrschte, führte dies zur völligen Ausrottung ganzer Sippen, was eine echte Bedrohung für den Weiterbestand der Osseten bedeutete. Die Religion der heutigen Osseten ist ein Gemisch aus orthodoxem Christentum und Islam, wobei ersteres von ihnen nur rein äußerlich angenommen wurde. Zweifelsohne widerspricht jedoch der Orthodoxismus in jeder Hinsicht ihren durch Jahrhunderte geformten Moralbegriffen.

Besonders interessant sind bei den Osseten die Vorstellungen vom ewigen Leben und die damit verbundenen Beerdigungszeremonien. *Georg Nioradze*, ein eifriger Erforscher dieses Volkes, beschreibt sie sehr anschaulich in einem Buch aus dem Jahre 1923:

„Nach ihrer Meinung ist die Seele als etwas vom Körper Getrenntes zu unterscheiden. Wenn ein Mensch im Sterben liegt, versammelt sich irgendwo im Himmel ein aus sechs Männern bestehendes Gericht, welches über das Geschick des Kranken entscheidet. Sobald das Todesurteil ausgesprochen ist, muß der Kranke sterben. Der Tod erscheint in der Todesstunde in Gestalt eines Wolfes, der dem Sterbenden große Angst einflößt. Solange die Leiche sich im Hause befindet, schwebt die Seele über ihr, kehrt aber beim Begräbnis wieder in den toten Körper zurück, der sich dann im Grabe noch drei Mal aufrichtet. Darauf verläßt die Seele von neuem den Körper und drückt ihre Verwunderung darüber aus, daß sie überhaupt solange diesen ‚Eichen-Klotz' mit ihrem Odem beleben konnte, und fliegt dann himmelwärts. Im Himmel muß sie sieben Ringe durchfliegen und nimmt dann wieder menschliche Gestalt an. Sie wird vom ‚Barastir', dem Vorgesetzten aller Toten, empfangen und bekommt von diesem ihren Platz entweder in der Hölle, ‚Sundome', oder im Paradiese, ‚Dsenete', angewiesen. Mit der Erlaubnis des ‚Barastir' dürfen die Toten hin und wieder die Erde besuchen, müssen aber vor Sonnenuntergang wieder zurückgekehrt sein; wer sich verspätet, muß vor der Pforte bis Sonnenaufgang bleiben, da diese die Nacht über verschlossen ist . . .

Sobald ein Dorfbewohner gestorben ist, ertönt im Aul die Stimme des ‚Kargenega', des Herolds, der alle Verwandten und Bekannten zusammenruft, um den Verstorbenen zu beweinen. Bald hört man in den Straßen Lärm und lautes Schluchzen. Alle versammeln sich in dem Hause des Verstorbenen und bringen verschiedene Gaben mit. Zum Leichnam tretend, sprechen sie die Worte: ‚Im Paradiese sei dein künftiger Platz, und Friede sei dir dort beschert.' Dann wenden sie sich an das Familienoberhaupt und drücken ihm ihr Beileid aus. Zum Begräbnis wird der Leiche das beste Kleid angezogen, denn der Verstorbene soll sich nicht zu schämen brauchen, wenn er im Himmelreich unter seinesgleichen erscheint . . .

Nachdem dann der Sarg versenkt worden ist, beginnt die eigentliche Gedächtnisfeier, welche bei den Osseten immer sehr kostspielig ist. Der Verstorbene wird von jedem Osseten als Beschützer der Familie angesehen. Das Volk glaubt fest daran, daß er, falls er von seinen Hinterbliebenen in Ehren gehalten wird, auch ferner für seine Familie sorgt, indem er sie vor Dürre, Hagel und anderem Unglück bewahrt und mit reicher Ernte segnet; ja die Osseten glauben felsenfest daran, man müsse nur eifrig beten und den Verstorbenen mit alledem immer wieder versorgen, was er bei Lebzeiten gern hatte. In diesem Sinne begeht der Ossete die ganze lange Gedächtnisfeier, immer bestrebt, den Toten keinerlei Mangel leiden zu lassen und keinerlei Kosten zu scheuen. Kein Wunder, wenn nach all diesen Feierlichkeiten die Familien der Verstorbenen verarmen und zu Bettlern werden. Da man ein ganzes Jahr hindurch den Toten immer wieder mit Festlichkeiten ehren muß, so verbraucht das Familienoberhaupt allmählich sein ganzes Vermögen.

‚Es ist Sitte', erzählt Gotieff, ‚nicht nur die Bewohner des betreffenden Dorfes einzuladen, sondern auch diejenigen der Nachbardörfer. Andernfalls sinkt die Familie in aller Achtung und jeder Knabe ist berechtigt, ihr vorzuwerfen, daß ihre Toten nur Gras essen, da sie weder geheiligtes Brot noch schwarzes Bier oder Araki haben.' Die Zahl solcher Feierlichkeiten zu Ehren des Verstorbenen steigt bis zwölf im Jahr; außerdem ist noch am Freitag in der 6. Woche, der sogenannten ‚Großen Fastenzeit', das Fest, welches den Namen ‚Versammlung der Toten' trägt. Bei diesem Feste wird eine große Puppe angefertigt, der man Kleider des Verstorbenen anzieht und die man auf einen weit sichtbaren Platz hinsetzt. Die Verwandten und Bekannten setzen sich im Kreise um sie herum, wo sie die ganze Nacht mit Erinnerungen an den Verstorbenen und Gedanken an das ewige Leben verbringen. Es würde als persönliche Beleidigung angesehen werden, wenn man dem Osseten sagte, daß seine Toten hungerten. Die Witwe muß ein schwarzes, grobes Hemd tragen und ein Jahr lang fasten. Ihre täglichen Versorgungen müssen dieselben bleiben, wie sie bei Lebzeiten des Gatten waren. So muß z. B. die Witwe allabendlich des Mannes Bett aufdecken, eine Waschschüssel und einen kupfernen Krug mit Wasser unter dasselbe stellen, eine Kerze anzünden und auf sein Kommen harren bis zum ersten Hahnenschrei. Dann erhebt sie sich, nimmt Waschbecken, Wasserkrug, Seife und Handtuch und geht zu dem Ort, an dem ihr verstorbener Gatte sich immer gewaschen hatte; dort verharrt sie in der Stellung, als ob sie ihm die zum Waschen nötigen Handreichungen machte. Jeden Freitagabend aber verbringt sie am Grabe ihres Gatten.

Das Begräbnis einer Braut hat einige Abweichungen von der soeben beschriebenen Leichenzeremonie. Auf dem Kirchhof wird die Leiche von den weiblichen Verwandten aufgerichtet und eine von ihnen gibt dem Bräutigam im Namen der Verstorbenen das ihr einst gegebene Wort zurück, spricht ihn dadurch von seinem Verlöbnis frei, ihn aber gleichzeitig für die Verstorbene um die Erlaubnis bittend, im ewigen Leben einen anderen Bräutigam wählen zu dürfen . . ."

Die Begräbnisstätten der Osseten wirken äußerst eigenartig; man kann sie als Totenstädte bezeichnen. Die Verstorbenen wurden in meist quadratischen, mit einem spitzen Dach bedeckten Leichenhäusern aufbewahrt und der Verwesung preisgegeben. Eine Ausnahme bildeten lediglich die durch Blitzschlag getöteten Menschen. Man betrachtete sie als Individuen, die beim heiligen Ilja, dem Herrscher des Donners und des Blitzes, in Ungnade gefallen und von ihm dann durch die „göttliche Kugel" bestraft worden waren. Um Menschen, die durch Blitzschlag starben, versammelten sich Freunde und Angehörige und begannen zu lamentieren. Sie hüteten sich aber, tatsächlich zu weinen, um den heiligen Ilja ja nicht zu verärgern. Der Tote wurde entweder gleich an der Unglücksstelle begraben, oder man legte ihn auf einen kleinen, von zwei jungen Böcken gezogenen zweirädrigen Wagen und ließ die Tiere frei laufen. Dort, wo sie stehenblieben, wurde der Leichnam begraben, da man annahm, daß dieser Platz vom heiligen Ilja bestimmt war, was als Versöhnung mit ihm gedeutet wurde.

Für unser Buch sind vor allem jene Bestattungen interessant, die mit einer Erhaltung des Körpers verbunden waren. Solche finden wir hauptsächlich im nördlichen Kaukasus. Dort gibt es regelrechte Totenstädte aus Totenhäusern – Ruhestätten, in denen die Toten in Särgen liegen, die aus ausgehöhlten Baumstämmen bestehen. Diese Särge sind übereinander aufgeschichtet und bilden sozusagen die Seitenwände der „Häuser", welche zwar überdacht, aber sonst nach allen Seiten hin offen sind. Der Wind hat die Austrocknung der Leichen und die damit verbundene Mumifizierung zur Folge. Allerdings handelt es sich hier nur um eine rein zufällige, durch die klimatischen Verhältnisse begünstigte Nebenerscheinung, denn eine Verbindung zwischen der Konservierung der Toten und dem Weiterleben der Seele ist bei den Osseten nicht festzustellen. Ihre Vorstellungen vom Jenseits sind wohl sehr konkret, und auch an der Weiterexistenz der Seele gibt es bei ihnen keinen Zweifel, doch scheint sich ihr Glaube auf einer mehr abstrakten Ebene zu bewegen.

Bestattung und Mumifizierung in Südasien, Vorder- und Hinterindien

Der volkreiche Großraum des *südlichen Asien* mit Vorderindien, Hinterindien und Indonesien ist im Hinblick auf konservierende Bestattungsmethoden wenig ergiebig. Weder der Buddhismus noch der Hinduismus legten aus religiös-weltanschaulichen Gründen Wert auf eine Erhaltung der Körper Verstorbener. Diese sollten vielmehr möglichst konsequent aufgelöst und verteilt werden, um Verkettungen mit der momentanen irdischen Existenz zu verhindern. Natürlich gab und gibt es im Hinblick auf Jenseitsvorstellungen und Totenkult zahllose Varianten und Abstufungen, wie auch die Palette der Menschen Südasiens in geistiger Hinsicht von einfachen Jägern, Pflanzern, Bauern über Stadtmenschen und Priester bis zu abgeklärten Mystikern und Philosophen reicht. Bei den *Hindus*, die in Vorderindien etwa 88 Prozent der Bevölkerung ausmachen, herrscht als Ideal einer Bestattung der Brauch, die Leichen zu verbrennen und ihre Asche in den Ganges zu streuen. Daß in der Praxis westliche Hygienevorstellungen nicht damit in Einklang zu bringen sind, da oft nicht genügend Holz zur vollständigen Verbrennung vorhanden ist, muß nicht eigens erwähnt werden.

Freilich gab es früher in *Vorderindien* Volksstämme, die andersartige Jenseitsvorstellungen hatten und den Totenkult daher auch in anderer Form ausübten. Großsteinbauten *(Megalithen)*, den Dolmen und Hünengräbern Nordwest- und Nordeuropas vergleichbar, gab es auch in einigen Bereichen des südlichen Vorderindien, und viele davon sind bis in unsere Zeit erhalten geblieben und imponieren durch ihre Monumentalität. Freilich sind sie viel jünger als die vom Typus her vergleichbaren Bauten Europas, die aus der Jungsteinzeit und Bronzezeit stammen. Die indischen Großsteingräber sind, soweit wir wissen, durchwegs eisenzeitlich. Immerhin ist unverkennbar, daß auch in Vorderindien, und zwar vermutlich bei drawidischen Stämmen, einst ein Weltbild üblich war, das auf ein festes, steinernes Totenhaus Wert legte. Daß dabei auch die Körper der Toten auf irgendeine Weise behandelt wurden, ist möglich, aber nicht nachweisbar.

Erdbestattung war bei den *Nuristani* („Kafiren") des Hindukusch üblich, ebenso bei den Moslimen. Die *Parsen* im Iran praktizierten eine eigenartige Bestattungsform in den „Türmen des Schweigens", wo die Toten auf Plattformen aufgebahrt und die Weichteile von Geiern verzehrt wurden; in Indien gibt es diese Türme stellenweise noch heute. Erst die entfleischten Knochen wurden bestattet, damit die Erde nicht durch den Kontakt mit den Leichen verunreinigt würde.

Hinterindien umfaßt, politisch gesehen, Birma, Siam, Malaysia und die Nachfolgestaaten des ehemaligen Französisch-Indochina (Laos, Kambodscha sowie Nord- und Südvietnam). So verschieden die Sprachen und Rassen seiner Völker sind, ist auch deren Kultur von großer Vielfalt. Es gibt kaum eine Tätigkeit – vor allem bei den weniger entwickelten Völkern –, die nicht von irgendwelchen magischen oder religiösen Vorstellungen geleitet wäre. Kultische Handlungen werden daher regelrecht in den Alltag „integriert". Als solche muß auch die Kopfjagd angesehen werden, die allerdings weit über die Grenzen Hinterindiens hinausreicht. Sie war noch im

19. Jahrhundert bei den Völkern Assams und Nordwestbirmas, deren Rituale aufs genaueste erforscht wurden, weit verbreitet. Aber auch heute noch werden bei den Stämmen der *Naga* (Assam, Grenzgebiet Indien-Birma) und der *Wa* (an der birmanisch-chinesischen Grenze) Jagden auf Köpfe registriert, wobei vor allem die Schädel von im Kampf gefallenen Feinden begehrte Beuteobjekte sind.

Es gab – und gibt – viele Beweggründe für die Kopfjagd. Der wichtigste war zweifellos der, daß ein erbeuteter Kopf die Erträge im Feldbau steigere. Maßgebend dafür war die Annahme, daß die Ahnen – indem man ihnen einen Schädel opferte – günstig gesinnt würden und magische Kräfte freisetzten, die das Wachstum der Pflanzen in positivem Sinn beeinflußten. Diese Fruchtbarkeitsmagie war auch bei den früheren Pflanzenbauern weit verbreitet. Sie basierte auf der Gleichstellung von pflanzlichem, tierischem

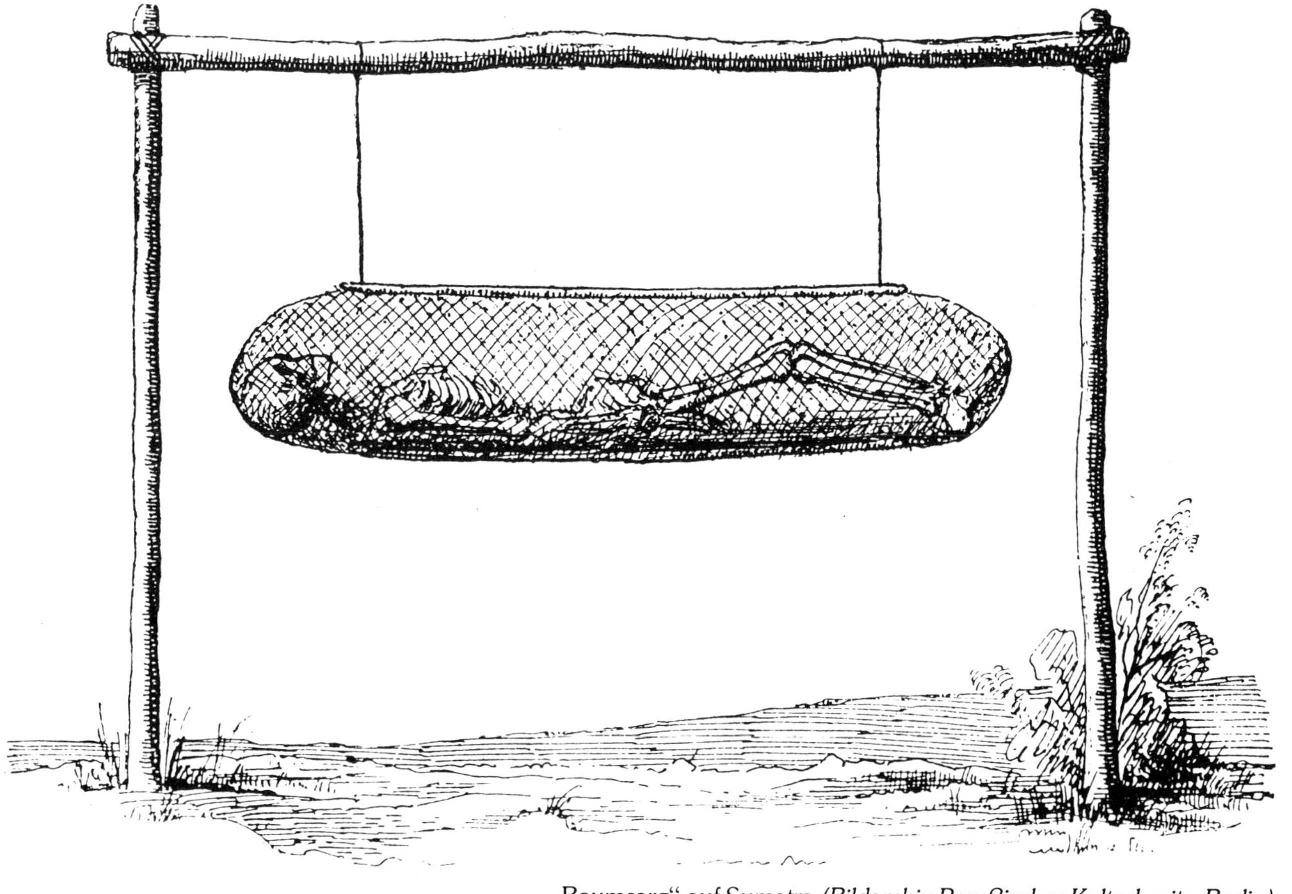

„Baumsarg" auf Sumatra *(Bildarchiv Preußischer Kulturbesitz, Berlin)*.

und menschlichem Leben. Neues Leben könne sich unbehindert erst nach der Tötung eines anderen Lebens entfalten. Aber auch mit dem Jenseitsglauben steht die Kopfjagd in enger Verbindung, denn der getötete, seines Hauptes beraubte Krieger mußte seinem erfolgreichen Gegner im Jenseits dienen.

Die Aufbewahrung der Schädel war und ist von Stamm zu Stamm verschieden. Sie erfolgt im *Männerhaus,* im Geisterhaus, in den sogenannten *Schädelbäumen,* auf Holzpfählen, oder (aufgehängt) auf alten Bäumen. Die Kopfjäger der Wa pflegten sogar ganze Schädelalleen anzulegen.

Mumifiziert, eigentlich bloß luftgetrocknet, wurden die Köpfe meist, indem man sie auf hohen Stäben aufspießte. Manche Völker, wie z. B. die *Konyak-Naga* im nördlichen Assam, führten als Vorsichtsmaßnahme Bambusspieße in die Augenhöhlen ein, die die Geister blenden und somit an Racheakten hindern sollten. Manchmal wurden die Schädel auch über einer Feuerstelle getrocknet. Die bakterientötende Wirkung verschiedener Kräuter, welche anstelle des zuvor entfernten Gehirns in die Schädelhöhle eingebracht wurden und einen relativ guten Erhaltungszustand bewirkten, scheint ebenfalls bekannt gewesen zu sein.

Indonesien gehört in natur- und kulturgeschichtlicher Hinsicht zu Südostasien. Ungeheure tektonische Bewegungen am Ende der Eiszeit riefen morphologische Veränderungen sowie einen Zusammenbruch größerer Landkomplexe hervor, der die Entstehung der meisten heutigen Inselgruppen verursacht hat. Fast alle Kulturen Indonesiens sind durch asiatische Hochkulturen – vor allem die indische und die chinesische – sowie durch europäische tiefgreifend beeinflußt worden. Die Mumifizierung als Usance der Bestattung finden wir nur auf den Kleinen Sundainseln von Bali im Westen bis Timor im Osten. Beinahe auf jeder dieser Inseln sind andere Bestattungssitten festzustellen; sie reichen von der Erdbestattung (auf fast allen Inseln) über die Baumbestattung (Flores, Lomblem, Timor) und den Kannibalismus (Rokka) bis zur Mumifizierung (Adonare). Letztere ist hier als ein „Extrakt" der Ahnenverehrung anzusehen, ein Ersatz für die Ahnenbilder, welche häufig vor allem auf den Molukken angefertigt wurden und die Verbindung zwischen Volk und Jenseits aufrechterhalten und pflegen sollten. Die Mumifizierung wurde, wie bei Naturvölkern üblich, durch Austrocknen, Räuchern oder (seltener) mit Hilfe diverser Kräuter erreicht.

Ostasien: Die „elastischen Toten" Altchinas

Die alten Hochkulturen *Ostasiens* bieten ein breites Spektrum von Phänomenen im Zusammenhang mit dem Totenkult im allgemeinen und dem Ahnen- und Herrscherkult im besonderen. In Europa ist wenig bekannt, daß es in Alt-Japan wie auch in Teilen Südindiens die Bauidee des *Megalithikums* gab, des Willens, toten Fürsten und Kaisern aus gewaltigen Steinblöcken monumentale Grabbauten zu errichten, die an die Dolmen Nordwesteuropas erinnern. Ob die Körper der bestatteten Großen des vor- und frühgeschichtlichen Japan im Sinne einer Balsamierung behandelt wurden, ist leider nicht bekannt.

Die an archäologischen Schätzen unglaublich reichen Kaisergräber des alten China würden eigene Monographien erfordern, um auch nur andeutend geschildert zu werden. Die Forschungsarbeiten an diesen geradezu überwältigenden Schatzhäusern der Kulturgeschichte sind zum Großteil auch erst seit wenigen Jahrzehnten im Gange und erlauben noch keine zusammenfassende Darstellung. In einigen Jahren wird die Ausgrabungs- und Publikationsarbeit hoffentlich weit genug gediehen sein, um auch dem „Westen" die Resultate dieser Forschungen zugänglich zu machen.

Jedenfalls stellt sich bereits jetzt heraus, daß in Altchina der edlen *Jade* große Bedeutung beigemessen wurde, vor allem in der *Han*-Dynastie (206 v. Chr. – 220 n. Chr.). Offensichtlich herrschte der Glaube vor, die Jade würde durch ihre natürlichen Eigenschaften die Leichen bestatteter Menschen vor Zerfall und Verwesung schützen – eine Vorstellung, die uns bereits von mittelamerikanischen Bestattungen her bekannt ist. Ob es zwischen den alten Kulturen Ostasiens und Zentralamerikas Kontakte gegeben hat, die diese und andere Gemeinsamkeiten erklären könnten, ist freilich in der Ethnologie und Kulturanthropologie ebenso umstritten wie die Frage, ob es in vorkolumbischer Zeit Kontakte zwischen dem Mittelmeeraum und den Kanarischen Inseln zu den Hochkulturgebieten der Neuen Welt gab, wie bereits an anderer Stelle angedeutet wurde.

Zwei Grabfunde aus Altchina sollen als Beispiele für konservierende Bestattungsformen aus diesem Raum besondere Erwähnung finden. Im Jahre 1968 wurden in der Provinz *Hobei* (Hubei) Gräber entdeckt, die aus der Epoche der westlichen Han-Dynastie stammen. Sie bargen die Reste des Prinzen *Liu Sheng*, der im Jahr 113 v. Chr. gestorben war, und seiner Gemahlin *Tou Wan*. Die Gräber waren in einen Felshang eingetiefte Schächte, deren Eingangspassage Seitenkammern mit reichen Beigaben (Wagen, Tongefäßen usw.) aufwiesen. Die eingestürzten Holzbauwerke in der eigentlichen Grabkammer enthielten kostbare Totenbeigaben aus Bronze, Jade, lackiertem Holz, Keramik und Stein und liegen vor dem kleineren Sargraum. Der dort Jahrtausende hindurch ungestört ruhende Leichnam des Prinzen Liu Sheng war in einen Panzer aus 2.498 Jadeplättchen gehüllt; durch feine Bohrungen an ihren Rändern waren Golddrähte gezogen, die jene edlen Steinplatten zusammenhielten – ein Beweis für den Glauben an die magische Schutzwirkung von Jadegewändern, wie sie auch in Chroniken aus dieser Zeit erwähnt werden.

Noch berühmter als dieser Fund, meist mit dem Namen des Fundortes *Man-Ch'eng* bezeichnet, ist jener von *Ma-wang-tui* (Ma Wang Dui), vier Kilometer östlich von Ch'ang sha (Shang Sha) in der Provinz *Hunan* gelegen. Dort wurden im Verlauf von Bauarbeiten an einem Krankenhaus drei Gräber entdeckt, die für einen Fürsten von Ta (Tai), seinen Sohn und die kaiserliche Nebenfrau *Hsin-Chin* zwischen 193 und 186 v. Chr. angelegt worden waren.

Besonders interessant ist das Grab der Frau, ein etwa 20 Meter tiefes Schachtgrab, das mit Kaolin und Holzkohle ausgefüllt und dadurch praktisch luftdicht abgeschlossen war. Diese Isolierung, die auch eine konstante Temperatur von etwa 18 Grad Celsius bewirkte, konnte auch die reichen Grabbeigaben erhalten. Selbst Birnen und Pfirsiche, die der Verstorbenen mitgegeben worden waren, konnten noch einwandfrei identifiziert werden. Über den mumifizierten Leichnam war eine Seidenrolle gebreitet, das älteste chinesische Gemälde, das Unterwelt, Menschenwelt und das Himmelsland zeigt. Unter den Grabbeigaben sind vor allem zum Teil mit Lack überzogene Holzarbeiten, Eßgeräte und 162 Dienerfiguren aus Holz mit bemalten Gesichtern zu nennen, die u. a. Musikinstrumente halten.

Interessant ist jedoch vor allem die Leiche selbst, die mit Hilfe einer dunkelroten Flüssigkeit aus Quecksilber, Säuren und organischen Substanzen konserviert worden war (die Angaben in den betreffenden Publikationen sind leider nicht sehr präzise). Sie wies keine Deformation der Körperteile auf, und die Gelenke waren – wie im Falle des „Mädchens von der Via Appia" – beweglich geblieben. Für die Bestattung war die verstorbene Dame, aufwendig gekleidet und sorgfältig frisiert, in zwanzig Tücher gehüllt worden. Dennoch muß es Furcht vor einer Wiederkehr der Toten gegeben haben, denn der Leichnam war an Händen und Füßen gefesselt.

Chinesische Ärzte haben die mumifizierte Adlige obduziert und ein Protokoll veröffentlicht, das in der obligaten Diktion der Volksrepublik China abgefaßt ist: „Diese aristokratische Frau war etwa 50 Jahre alt und hatte das müßige, ausschweifende Leben der herrschenden Klasse geführt; wohlgenährt, hatte sie eine Menge von Unterhaut-Fettgewebe . . ." Weiter wurde festgestellt, daß die Dame in jüngeren Jahren Kinder geboren hatte, wegen eines Defektes im Lendenbereich nicht gerade stehen konnte, einen schlecht verheilten Bruch des Unterarmes aufwies und an Tuberkulose sowie an starker Verkalkung gelitten hatte. Die Herzarterie war zu etwa 75 Prozent blockiert, und die Todesursache war offenbar ein Herzinfarkt gewesen.

Die benachbarten Gräber des Fürsten und seines Sohnes waren nicht ganz so gut erhalten. Immerhin wurden im Grab des jüngeren Mannes noch lesbare geschichtliche und philosophische Texte entdeckt. Auf jeden Fall zeigen all diese Funde, daß die Chinesen der Han-Epoche Meister der Konservierung von Leichen waren. Ein Vergleich ihrer „elastischen Toten" mit den starren, holzähnlichen Mumien des alten Ägypten beweist dies deutlich genug, und nur die Moorleichen Nordeuropas können als Vergleichsobjekte herangezogen werden. Leider wurden bisher detaillierte Ausführungen darüber, wie die Präparation der Leichname tatsächlich erfolgte, den westlichen Archäologen und Kulturhistorikern bis heute nicht zugänglich gemacht.

5. AUSTRALISCHER KONTINENT UND BENACHBARTE INSELN

Bestattungsriten auf den Südseeinseln

Das Wohngebiet der Völker der Südsee oder Ozeaniens wird im Osten durch den 105. Längengrad begrenzt. In der Nord-Süd-Richtung reicht es vom 30. Grad nördlicher bis zum 50. Grad südlicher Breite, also von Hawaii bis Neuseeland. Im Westen wird die Südsee von Australien und Tasmanien begrenzt. Ihre Einteilung in Melanesien, Polynesien und Mikronesien beruht hauptsächlich auf geographischen Gesichtspunkten. Die Bewohner dieser Inselgruppen unterschieden sich voneinander nicht nur bezüglich ihrer Kultur, sondern auch der Rasse nach. Selbstverständlich kommt es auch zu einer Mischung der betreffenden Merkmale.

Polynesien

Polynesien beheimatet etwa 250.000 Menschen, welche eine kulturelle und ethnische Einheit bilden. Von allem Anfang an wurde zwischen gemeinem Volk, Adel und den meist aus dem Adel abstammenden Priestern unterschieden. Für die kultische Erhaltung von Körpern können die Tahiti-Inseln als für das gesamte Gebiet charakteristisch bezeichnet werden. Die Toten wurden primitiv konserviert und solange auf eigens errichteten Plattformen aufgebahrt, bis sie nach etwa einem Jahr in einem Sarg ihre endgültige Ruhestätte fanden.

Vor seinem Tod ließ das Familienoberhaupt die Angehörigen zu sich rufen und forderte den ältesten Sohn auf, symbolisch seine Lebensweisheit zu übernehmen. Dies ging so vor sich: Der Sohn mußte den letzten Atemzug seines Vaters im Augenblick von dessen Tod mit dem Mund aufnehmen, indem er seine Lippen auf die des Sterbenden legte. Nach erfolgtem Ableben feierte die Familie gemeinsam mit dem Priester das Leichenbegängnis. Meist blieb der Körper drei bis vier Tage lang geschmückt im Haus aufgebahrt, um den Hinterbliebenen die Möglichkeit zu geben, den Toten wiederzuerwecken. Frauen, die zu ihm eine besondere Beziehung hatten, schnitten sich mit Haifischzähnen Wunden und befleckten mit deren Blut kleine Schürzen, die sie aus diesem Anlaß trugen. Sie hinterließen diese dann der Familie des Verstorbenen als Zeichen der Zuneigung ihm gegenüber.

Im Anschluß daran wurde der Leichnam reichlich mit Öl getränkt, auf einen hohen Altar in eine eigens für diesen Zweck erbaute Hütte gelegt und von einem Priester bewacht. Alle Gegenstände, die der Tote im Verlauf seiner Krankheit bzw. im Augenblick seines Ablebens berührt hatte, wurden verbrannt, sie waren „tabu", was auch über die hygienische Komponente dieser an sich ritualen Handlung Aufschluß gibt.

Bei den sozial höherstehenden Bevölkerungsschichten war es üblich, daß man den Körper zur Zeit der Beerdigung in wohlriechende Tücher wickelte und ihn in einen Sarg legte, der aus einem ausgehöhlten Baumstamm bestand. Begraben wurden diese Toten in einer Grotte oder in einer Höhle in den Bergen, meist sitzend.

Der Schädel eines Verwandten wurde nicht selten von der Familie aufbewahrt. Man säuberte ihn, tränkte ihn in duftendem Öl und setzte ihn über längere Zeit der Sonne aus, um ihn austrocknen zu lassen. Auch die Fingernägel wurden den Leichen oft ausgerissen und, poliert und auf eine Schnur gefädelt, von jungen Mädchen als Glücksbringer getragen. Nur die Angehörigen reicher Familien konnten sich den Luxus einer Art Einbalsamierung leisten: Nach der Begräbniszeremonie wurde der Körper auf einen tragbaren Altar gelegt, und der Einbalsamierer entfernte zunächst durch den After den Inhalt der Bauchhöhle; ebenso wurde (wie bei den Ägyptern) das Gehirn durch die Nasenlöcher extrahiert. Die entnommenen Teile begrub man in der Ecke eines eigens dafür ausgesuchten Sumpfes. Die Haut wurde mit Sandelholzöl getränkt, die Körperhöhlen mit ebenfalls in Öl getränkten Tüchern ausgefüllt. Danach wurden die Glieder durch mechanische Einwirkungen, wie Kneten und Schlagen, beweglich gemacht. Nun entfernte der Einbalsamierer das Muskelgewebe durch zahlreiche Öffnungen in den Gelenken. Dann begrub man, gleichsam als Ersatz für den Toten, eine kleine Statue in einem Grab, in das man zuvor das Muskelgewebe des Toten gebracht hatte, mit den Worten: „Ei ona ra oe“ (jetzt bleib hier!).

Den so präparierten Leichnam setzte man einige Wochen lang der Sonnenbestrahlung aus. Mit seinem Austrocknen war der Mumifizierungsprozeß abgeschlossen. Anschließend wurde er in ein von einem Weidenrutenzaun umgebenes Haus gelegt, das eigens für diesen Zweck errichtet worden war. Meist hängte man ihm als Ausdruck der letzten Ehre einen schulterlangen Überwurf um. Ein Priester oder ein älteres Familienmitglied wurde nun mit der Pflege der Mumie betraut. Man brachte ihr täglich frische Blumen und getrocknete Nahrung, sprach zu dem Toten und informierte ihn gelegentlich über die Neuigkeiten aus der Familie und über das Geschehen im Dorf. Die ausgetrocknete Mumie zersetzte sich innerhalb etwa eines Jahres, ihre Überreste wurden in einen Sarg gelegt und zur endgültigen Grabstätte getragen. Auf diese Weise hoffte man, die Seele des Verstorbenen über eine gewisse Zeitspanne an den eigenen Körper („an sein Haus“) binden zu können, bis dessen Aggressivität gegenüber den Hinterbliebenen abgeklungen war.

Kopfpräparationen auf Neuseeland

Die *Maori* in den Bergen Neuseelands huldigten bis um 1830 noch dem Kannibalismus; das Präparieren von Köpfen pflogen sie auch noch später. Die totale Ausschaltung eines feindlichen Stammes und jedes einzelnen Gegners war oberstes Gebot ihrer Vernichtungszüge. Die üppigen kannibalischen Festessen, die im Anschluß daran veranstaltet wurden, waren ebenfalls nichts anderes als regelrechte Vernichtungsaktionen. Freilich herrschte auch bei den Maori der Glaube, sich auf diese Weise die Kräfte ihrer Feinde anzueignen. Die Reste der Mahlzeit und die Knochen wurden zerkleinert und im weiten Umkreis verstreut. Als besondere Erniedrigung des Gegners galt es, aus seinen Gebeinen verschiedene Gebrauchsgegenstände, wie Kämme, Löffel, Spielzeug und Trinkschalen, herzustellen. Eine weitere Schande für das ganze Volk war es, wenn der Kopf des Häuptlings den Gegnern in die Hände fiel. Dieser wurde nämlich aufgespießt und würdelos der Verwesung und aasfressenden Tieren preisgegeben. Selbst die Vorstellung, daß sein Schädel einmal seinem Gegner als Trinkgefäß dienen könnte, war für jeden Maori unerträglich. Um dergleichen Demütigungen eines ganzen Stammes zu verhindern, wurde der gefallene Häuptling nicht selten von den eigenen Leuten geköpft, sein Kopf präpariert und danach feierlich aufbewahrt. Es soll auch vorgekommen sein, daß sich ein Häuptling nicht selten in einem hoffnungslosen Kampf freiwillig von seinen Mitkämpfern töten ließ, damit sein Kopf in Sicherheit gebracht werden konnte.

Die Konservierung erfolgte meist durch rasches Austrocknen mit Hilfe fäulnishemmender Kräuter, die an Stelle des Gehirns in die Schädelhöhle eingebracht wurden. Selbstverständlich waren derartige Trophäen auch hier ein willkommenes Sammelobjekt für die Europäer, die hohe Geldbeträge für diese „Andenken“ bezahlten, welche auch die Gefährlichkeit ihrer Mission im Verkehr mit kannibalischen Barbaren dokumentieren sollten. Infolge der großen Nachfrage wurden Unmengen derartiger Trophäen angefertigt, wobei es heute nicht mehr zu eruieren ist, wieviele Menschen aus reiner Sensationsgier ihr Leben nicht bis zum natürlichen Tod genießen konnten. Das Abstoßende dieser ursprünglichen Kulthandlungen wird auch dadurch dokumentiert, daß die Maori, um höhere Gewinne zu erzielen, die Köpfe ihrer getöteten Sklaven durch Tätowierungen „veredelten“. Es gab aber auch Fälle, wo diese Tätowierungen sogar zu Lebzeiten vorgenommen wurden, wodurch eine „echtere“ Wirkung erreicht werden sollte. Die Kopftätowierung war nämlich ein Zeichen des Adels, und für solche Trophäen erhielten die Maori von den sensationssüchtigen Weißen weit mehr Geld.

Daß sie ungeachtet dieser grausigen Gepflogenheiten eine in mancher Hinsicht hochstehende Kultur hervorgebracht haben, beweist ihre komplizierte Mythik ebenso wie ihre Kunst, die mit ihren ornamentalen Holzschnitzereien völkerkundliche Sammlungen in vielen Museen bereichert. Auch das Völkerkundemuseum in Wien erfuhr 1985 eine derartige Bereicherung. Wie diese zustande kam, sei der österreichischen Tageszeitung „Kurier“ vom 12. März 1985 entnommen. Dort ist unter dem Titel „Maori bekamen den verehrten Toten zurück – Wien ‚lieferte‘ Häuptling aus“ folgende köstliche Geschichte zu lesen:

„Mit der Rückerstattung der sterblichen Überreste eines Maori-Häuptlings an Neuseeland konnte jetzt ein Jahrzehnte alter Konflikt zwischen Wien und Wellington, der Hauptstadt der fernen Insel, beigelegt werden. Der mumifizierte Leichnam, 1882 vom österreichischen Naturforscher Andreas Reischek aus dem Grab gestohlen und in die Donaumetropole geschickt, wurde vom Kustoden des Wiener Völkerkundemuseums, Hanns Peter, auf dem Luftweg nach Neuseeland zurückgebracht. Als Gegenleistung erhielt der Abgesandte aus Wien eine wertvolle Maori-Schnitzerei, die schon in den nächsten Wochen im Völkerkundemuseum ausgestellt werden soll.

Reischek hatte im 19. Jahrhundert zwölf Jahre in der Heimat des toten Häuptlings verbracht und dann in Wien die größte Sammlung von Kunsterzeugnissen der Maori, der Ureinwohner der Insel, außerhalb Neuseelands angelegt. Seine Sammlerwut war so groß, daß er auch die mumifizierten Leichenreste des im 17. Jahrhundert lebenden Häuptlings Tupahau aus dessen Grab entwendete. In seinen Memoiren beschrieb der Forscher später nicht nur diesen Diebstahl, er gab in ihnen auch zu, das Vertrauen seines damaligen Gastgebers, des Maori-Königs Tawhiao, mißbraucht zu haben. Als Reischeks ‚Geständnis‘ 1930 in Neuseeland bekannt wurde, verlangten die erbitterten Maori in einer Petition an das Parlament, von Österreich die Rückführung Tupahaus zu fordern. Bis dahin war den Ureinwohnern das geheimnisvolle Verschwinden des Toten unerklärlich gewesen. Vorstöße der Inselregierung in Wien blieben jedoch erfolglos, und auch die Maori-Königin Te Atairangikahu konnte anläßlich eines Österreichbesuches 1976 nichts erreichen. Erst im Vorjahr kam in Gesprächen zwischen dem neusee-

Leiche für Studienzwecke in einem anatomischen Institut *(Ullstein Bilderdienst, Berlin)*.

Der aufgebahrte Leichnam Lenins *(Ullstein Bilderdienst, Berlin)*.

Auf −90° C gekühlter Sarg des Erfinders der Kryologie, James H. Bedford *(Time Inc.)*.

ländischen Botschafter Hugo Judd, Wissenschaftsminister Heinz Fischer und dem Direktor des Völkerkundemuseums, Hofrat Hans Manndorff, eine Einigung zustande. Die Museumsleitung erklärte sich bereit, im Tausch gegen eine als wertvolle Ergänzung ihrer Maori-Bestände gedachten kunsthandwerklichen Holzschnitzerei Tupahaus Leichnam zurückzugeben.

Dieser Tage wurden die mumifizierten Knochenreste, die niemals ausgestellt, sondern im Wiener Pathologisch-Anatomischen Bundesmuseum aufbewahrt worden waren, in eine Spezialkiste verpackt und mit einem Verkehrsflugzeug, an dessen Bord auch Kustos Peter mitreiste, nach Neuseeland geflogen. Dort übernahm der Wissenschaftler aus Wien das Tauschobjekt, die Holzschnitzerei, und hielt über Einladung der Wellingtoner Regierung mehrere Vorträge über die Reischek-Sammlung. In Österreich wertet man diese Einladung als Friedensschluß nach der Tupahau-Affäre . . ."

Melanesien

Melanesien wird wohl zum Großteil von dunkelhäutigen Menschen bewohnt, doch haben auch die Träger anderer Rassen die Kultur dieser Inselgruppen entscheidend mitgeprägt. Parallel zum Niedergang der ursprünglichen Kultur läßt sich in Melanesien – wie zum Teil auch in den übrigen Gebieten der Südsee – ein Rückgang der Bevölkerungszahl feststellen.

Einige große Inseln der Salomongruppe sind heute ziemlich menschenleer, während sie in früheren Zeiten dicht besiedelt waren. Auch auf Neukaledonien etwa sank die Bevölkerungszahl von 41.874 im Jahre 1878 auf 28.043 (1933), und über die Gegenwart liegen (betreffend die Urbevölkerung) keine verbindlichen Informationen vor. Bei einem derartigen Bevölkerungsrückgang fallen die früheren Verluste an Menschenleben infolge Kampfhandlungen, Kannibalismus und Kopfjagden kaum ins Gewicht. Viel schlimmer war der Einfluß der weißen Rasse auf die Urbevölkerung, die durch das Einschleppen unbekannter Krankheiten, gegen die natürliche Abwehrkräfte fehlten, durch den Import von Alkohol und Feuerwaffen dezimiert wurde. Diese „Errungenschaften" der westlichen Zivilisation haben sich auf die Ureinwohner ebenso negativ ausgewirkt wie der Verlust der Bindung an die sozialen und geistigen Grundlagen ihrer alten Kultur und der damit Hand in Hand gehende Verfall des Lebenswillens der einzelnen Stämme. Die Kulthandlungen, früher ein essentieller Bestandteil des Glaubens, gerieten in Vergessenheit. Lediglich seit jüngerer Zeit werden die von den Europäern begehrten Kopftrophäen „auf Bestellung", wie üblich durch rasches Austrocknen über einer Feuerstelle mit Hilfe bakterientötender Kräuter, hergestellt.

Leichenmumifizierung auf Neuguinea

Den Überlieferungen nach war auch auf Neuguinea die Mumifizierung von Leichen gang und gäbe. Für unsere Zeit sei der Stamm der *Kukukuku* aus der zentralen Inselregion genannt. Wichtige oder besonders beliebte Personen werden in den Hütten wochenlang geräuchert, wobei kein Fett herabtropfen darf. Nach dieser Prozedur werden sie unter verschiedenen Zeremonien unter überhängende Felsen gelegt, damit sie ihren alten Lebensraum überblicken können.

Die *Moni,* ein Stamm, der in dem 1963 an Indonesien angegliederten West-Neuguinea wohnt, pflegen bis heute eine ungewöhnliche Bestattungssitte.

Allgemein kann gesagt werden, daß sie ihre Toten nicht in der Erde begraben, wie dies zum Beispiel im Osten und Süden Neuguineas üblich ist. Sie werden lediglich auf Plattformen aufgebahrt, denn ihre Geister, denen auf diese Weise eine uneingeschränkte Bewegungsfreiheit ermöglicht wird, spielen, zusammen mit Waldgeistern, in der Religion der Moni die wichtigste Rolle.

Durch Mumifizierung sollen die Geister der Verstorbenen längere Zeit an ihre Körper gebunden und für die Hinterbliebenen freundlich gestimmt werden. Die Vorgangsweise dabei ist ungewöhnlich und erscheint für unsere Begriffe makaber. Der Verstorbene wird drei bis sechs Wochen lang im Wohngebäude neben der Feuerstelle aufbewahrt und der konservierenden Raucheinwirkung ausgesetzt. Sein Körper wird an den Muskelansatzstellen aufgeschnitten und die durch Zersetzung entstehende Flüssigkeit regelmäßig mit trockenem Moos aufgesaugt. Es muß nicht betont werden, daß die übrigen Hausbewohner eine durchaus andere ethische Einstellung als wir haben. Daß es bei derlei Praktiken nicht zu folgenschweren Vergiftungen kommt, läßt sich nur damit erklären, daß diverse Kräuter, die dem Brennholz beigefügt werden, eine stark desinfizierende und das Wachstum der Bakterien hemmende Wirkung aufweisen und die totale Zersetzung des Gewebes verhindern. Nach diesen drei bis sechs Wochen wird der Leichnam aufgebahrt, in einen ausgehöhlten Baumstamm gebettet und in vertikaler Position fixiert. Auch jetzt wagt man es noch nicht, den Sarg vollständig zu verschließen, sondern deckt die Mumie lediglich mit Latten zaunartig ab. Andernfalls würde dem Geist zweifellos das Ein- und Austreten aus seinem Körper erschwert werden, und da die Hinterbliebenen nicht wissen, wie er darauf reagieren könnte, wagen sie es nicht, seine Bewegungsfreiheit einzuengen.

Mikronesien

Die Tatsache, daß Mikronesien aus etwa 1500 Inseln besteht, welche über eine gewaltige Wasserfläche verstreut sind, weist auch auf eine kulturelle Vielfalt der sonst ethnisch ziemlich einheitlichen Bevölkerung hin. Der Einfluß der sogenannten „zivilisierten Welt“ ist heute auf diesen Inseln dennoch nicht zu übersehen und führt zu den gleichen Symptomen wie auf Melanesien. Dennoch werden auch in unserer Zeit noch auf einigen Inseln die alten Bräuche, welche allerdings oft im Gegensatz zu den neuen Gesetzen stehen, gepflogen. So wurde vor nicht allzu langer Zeit zu besonderen Anlässen auf den Palau-Inseln die Kopfjagd ausgeübt. Als Waffen dienten Speer, Dolch und Haizähne. Bogen und Pfeil werden von den Eingeborenen lediglich bei der Tierjagd verwendet.

Sonstige Handlungen, die die Erhaltung von Leichnamen bewirken sollen, werden nicht mehr ausgeübt, obwohl dies im Zusammenhang mit der Ahnenverehrung eigentlich anzunehmen wäre. Doch haben der Verlust der geistigen Eigenständigkeit und eine zweifelhafte Aufklärung seitens der Einwanderer und ihrer Kolonialpolitik dazu geführt, daß derartige Rituale auf Mikronesien heute keine Rolle mehr spielen. Symptomatisch für den Einfluß der vorwiegend weißen Zivilisatoren ist auch hier die Tatsache, daß, wie überall in der Südsee, heute Kopfpräparate angefertigt werden, die allerdings nicht als Kultgegenstände anzusehen sind, sondern wegen ihres Sammelwertes ausschließlich der Vermarktung dienen.

Australien

Es wirkte sich auf das ungestörte Überleben seiner altertümlichen Eingeborenenkulturen positiv aus, daß Australien zu den isoliertesten Kontinenten gehörte. Neue Funde haben bewiesen, daß Australien schon während der letzten Eiszeit von Menschen besiedelt wurde, als die vom Entzug einer großen Wassermenge durch die polaren Eismassen herrührende Senkung des Meeresspiegels um fast hundert Meter große Küstengebiete freilegte und Landbrükken schuf. Dadurch wurde auch eine nahezu lückenlose Verbindung zwischen Südostasien und Australien hergestellt, die eine Besiedlung des fünften Erdteils fast ohne Seefahrt ermöglichte. Um 3000 v. Chr. fanden dort neue Kulturelemente Eingang, als die steinzeitliche Nautik die Menschen des indonesischen und melanesischen Raumes in die Lage versetzte, größere Distanzen auf dem Seeweg zu überwinden.

So ist das kulturelle Panorama der australischen *Aborigines,* der dunkelhäutigen Ureinwohner, recht uneinheitlich. Die Unterschiede in kultureller und zivilisatorischer Hinsicht, die zwischen den einzelnen Stämmen zu beobachten sind, resultieren natürlich auch aus den verschiedenartigen Gegebenheiten der Umwelt, die im Landesinneren mit ihren fast wüstenartigen Steppengebieten sehr lebensfeindlich wirkt. Andere Wohngebiete an den Küsten und den wenigen Flüssen erlaubten eine reichere Entfaltung des kulturellen Lebens.

Die meisten Uraustralier sind in den letzten Jahrzehnten zum Teil akkulturiert und zu meist wurzellosen, am Rande der Zvilisation ihr Leben fristenden Außenseitern der Gesellschaft geworden. Relativ unberührte Aborigines gibt es nur noch im Landesinneren; die genaue Anzahl der australischen Steinzeitmenschen unserer Tage ist unbekannt.

Religion und Magie spielen im Leben der Eingeborenen eine sehr große Rolle. Der tägliche Kampf mit der erbarmungslosen Umwelt läßt die Existenz nur mit Hilfe eines Einstiegs in überweltliche Erlebnisebenen erträglich werden. Jede wichtige Phase des Lebens – Geburt, Pubertät, Totemfeiern, Krankheit und vor allem der Tod – ist von phantasievoll gestalteten Ritualen begleitet. Auch die Fruchtbarkeit der Jagdtiere, der Regen und andere Naturereignisse, die für die Eingeborenen von unmittelbarer Bedeutung sind, werden in den Mythen behandelt und durch mannigfache Zeremonien beschworen. Es gibt auch Riten der magischen *Ferntötung,* wobei Feinde durch Bildzauber und ein „Ansingen des Todes“ so beeinflußt werden sollen, daß sie ihre Lebenskraft verlieren und sterben. Zumindest dann, wenn die Behexten von diesen Bestrebungen erfahren, soll es tatsächlich zu psychologisch bedingten Todesfällen gekommen sein (was übrigens auch von magischen Zeremonien in anderen Erdteilen behauptet wird).

Die Seelenvorstellungen sind von Stamm zu Stamm verschieden, werden aber in den Mythen immer klar zum Ausdruck gebracht und in Riten dramatisch dargestellt. Meist heißt es, daß die Seele im Schlaf und Traum den Körper des Menschen verlassen und umherwandern könne; dem Traumleben wird große Bedeutung beigemessen, und die mythische Urzeit, deren Ereignisse die Phänomene der Gegenwart hervorgebracht hat und die auf rätselhafte Weise weiterwirkt, wird als *Traumzeit* bezeichnet. Nach dem Tod wandern die Seelen gemäß dem Glauben der meisten Stämme in ein himmlisches Jenseitsland, wobei sie unterwegs gefährliche Abenteuer zu bestehen haben. Am südlichen Carpentaria-Golf etwa heißt es, ein Geist führe die Seelen der Abgeschiedenen in den Himmel zum „Kreuz des Südens“, das als eine Leiter angesehen wird, auf der sie zur Milchstraße, in das „Land des Künftigen“, gelangen.

Auch die Entstehung des Menschen wird durch bildhafte Mythen erklärt. Immer sind dramatische Ereignisse in der „Traumzeit“ damit verbunden. Die in älteren völkerkundlichen Werken verbreitete Ansicht, die Uraustralier wären zu primitiv, um den Zusammenhang von Geschlechtsverkehr und Geburt zu kennen, stimmt in dieser Form nicht. Hingegen ist richtig, daß die körperlichen Vorgänge im Vergleich zu den geistig-magischen kaum beachtet werden, daß also die „Zeugung der Seelen" in diesem Weltbild im Vordergrund steht. Naturwesen in Gestalt von Sippenschutzgeistern in Tier- oder Pflanzenform, besonders aber Ahnengeister und Sippengründer, spielen dabei die Hauptrolle. Diese Übernatürlichen sind es, die das eigentliche Leben vermitteln, und sie werden an heiligen Plätzen (an Wasserstellen und bei alten Felsmalereien, die oft erneuert werden) beschworen. Wir haben es also mit einer urtümlichen Art eines Seelenwanderungsglaubens zu tun, wobei die Wiederverkörperung (Reinkarnation) freilich von einer Kenntnis der Mythen und Riten abhängt. Die in verschiedenen Gebieten Australiens übliche Baumbestattung sollte es den Totenseelen ermöglichen, mühelos in eine Vogelgestalt einzugehen; die *Seelenvogel*-Vorstellung ist übrigens in vielen altertümlichen Stammeskulturen verbreitet und manifestiert bildhaft das freie, von der Erdenschwere losgelöste Schweben der körperlosen Seele.

Wenn diese jedoch zum Segen der Sippe weiterwirken soll, führt dies zu Bestattungsformen, welche den Körper an Ort und Stelle festhalten und ihn konservieren sollen. Wie in anderen Räumen, war auch in Teilen Australiens die Mumifizierung durch Räucherung üblich. Der Leichnam wurde auf einem Holzgerüst über der Feuerstelle aufgebahrt und einige Wochen hindurch der austrocknenden Hitze und dem Rauch ausgesetzt. Die sich dabei bildende Substanz Kreosot, ein aus Holzteer entstehendes Öl, wirkt antiseptisch und fäulnishemmend. Sie bewirkt eine zumindest vorübergehende Konservierung der auf diese Weise behandelten Körper. Dazu kommt die Verhärtung des Eiweißes durch Wasserentzug infolge der dauernden Hitzezufuhr. In trockenem Klima können „Dörrleichen" auch ohne im eigentlichen Sinn balsamierende Behandlung lange erhalten bleiben.

Der Urgeschichtsforscher *Hauser* schildert eine etwas andersartige australische Mumifizierungsmethode so:

„Man überläßt hier zunächst den Körper des Toten so lange dem Verwesungsprozeß, bis die Oberhaut (Epidermis) sich gelöst hat. Dann wird der Körper, nachdem vorher die Eingeweide entfernt worden sind, auf ein Gerüst gelegt und durch Feuer darunter getrocknet. Nach einiger Zeit ist der Körper zur Herstellung der Mumie fertig. Er wird nach vorn gebogen, die Knie werden zum Kopf emporgezogen, die Arme seitlich an den Kopf gepreßt und so mit Stricken aus Pflanzenfasern zusammengeschnürt. Vorher hat man die Körperöffnungen (Mund, Nase, Ohren, After) sorgfältig zugestopft, um die Entweichung der Seele zu verhindern. Solch eine Mumie – die Mumifizierung wird meist nur an den bei Lebzeiten schon besonders Angesehenen vorgenommen, die also auch als ‚Geister' besonders gefährlich sein können – wird von den Australiern wie ein Lebender behandelt; man nimmt sie überallhin mit, sie erhält den besten Platz am Lagerfeuer, und man spricht mit ihr."

Daß man im vorigen Jahrhundert die Trockenmumien von Häuptlingen der Uraustralier vielfach beschlagnahmt und, mit Namensschildern versehen, in Museen ausstellte, ist nur durch pietätlose Mißachtung einer altertümlichen Menschengruppe zu verstehen, die bis in die Gegenwart fortlebt und von uralten Formen der Daseinsmeisterung Zeugnis gibt.

Trockenmumie eines Häuptlings der Ureinwohner Australiens *(nach O. Hauser)*.

6. DIE ERHALTUNG VON KÖRPERN IN UNSERER ZEIT

Präparation von Leichen in der medizinischen Praxis

Die Präparation von Leichen ist für wissenschaftliche und vor allem für Zwecke des Studiums unerläßlich. Das Material für diese Forschungsarbeit, die einem durchaus humanen Zweck dient, wird nicht, wie irrtümlich vielfach angenommen, gegen Bezahlung oder durch die Beschlagnahme der Leichen von Mittellosen beschafft; vielmehr entschließen sich manche Menschen, ihren Körper der Wissenschaft nach dem Tod uneigennützig zur Verfügung zu stellen. Allerdings ist die rechtliche Basis dafür nicht immer hinreichend geklärt, so daß die betreffenden Institute auch den Willen der Hinterbliebenen nach einem ordentlichen Begräbnis, sozusagen „gegen den Willen" des Verstorbenen, respektieren müssen.

Die für die Konservierung eingelieferten Leichen werden zunächst gereinigt und am ganzen Körper rasiert. Danach wird die rechte Oberschenkelarterie geöffnet, und starke Kanülen in beide Richtungen, das heißt zum Herzen hin und in Richtung Fuß, werden eingeführt. Sie sind durch Schläuche mit einem Konservierungsmittel-Behälter verbunden. Da sich dieser in einer Höhe von ca. 2 Meter befindet und etwa 25 Liter Inhalt hat, entsteht ein starker hydrostatischer Überdruck, der das Eindringen der Konservierungsflüssigkeit in den Blutkreislauf bis in die peripheren Blutwege zur Folge hat. Die Dauer hierfür ist unterschiedlich und hängt nicht nur von der Größe der Leiche, sondern auch vom Zustand der Arterien ab. Verengte und verkalkte Arterien leisten selbstverständlich mehr Widerstand und verlängern den Prozeß, der normalerweise etwa zehn Stunden dauert, um das Doppelte. Die Zusammensetzung der Konservierungsflüssigkeit variiert; im allgemeinen kann aber gesagt werden, daß es sich um ein Gemisch aus Formalin und Phenol handelt.

Im Anschluß daran werden die Körper von den Einlaufkanülen abgehängt, in Tücher eingewickelt und in Boxen, die an Büro-Rollschubladen erinnern, liegend aufbewahrt. In jeder Box befindet sich eine Vorrichtung, die den ganzen Körper alle zwei Stunden für die Dauer von zwei Minuten mit der Konservierungsflüssigkeit besprüht. Erst nach sechs Monaten Aufbewahrung ist er zum Sezieren geeignet.

Selbstverständlich kommen auch andere Aufbewahrungsmethoden zur Anwendung; beispielsweise werden in vielen Instituten die unter hydrostatischem Druck behandelten Leichen in großen Behältern auf mehrfach aufgestockten Liegen befestigt und gelagert. In letzter Zeit werden sie auch oft in Plastiksäcke eingeschweißt. Dann fällt zwar die Notwendigkeit des Besprühens weg, das Hantieren bzw. die Kontrolle des Konservierungszustandes ist jedoch viel komplizierter. Alle erwähnten Methoden schützen praktisch unbegrenzt lange vor dem Zerfall; in der Praxis aber werden Leichen höchstens einige Jahre aufbewahrt.

Anders verhielt es sich mit den meist nur sehr oberflächlich konservierten Körpern, die zur Zeit der beiden Weltkriege die Institute regelrecht überfüllten. Die unbekannten Soldaten, die in ihrer Heimat oft als vermißt galten, mußten auf das Ende ihrer „körperlichen Existenz" oft Jahrzehnte lang warten. Erst dann wurden die Leichenteile nach Erfüllung ihrer wissenschaftlichen Dienste in einfachen Särgen in Massengräbern ordnungsgemäß bestattet.

7. ÜBERSCHAU UND RÜCKBLICK

Unser Streifzug durch die Welt der Unverwesten und aller, die nur teilweise zu Staub wurden, auf deren Körpererhaltung einst Wert gelegt wurde und die zu Lebzeiten darauf hofften, ihre Leibesgestalt auch nach dem Tod wiederzufinden, hat sicherlich manchen Leser zum Grübeln verleitet – zum Nachdenken darüber, ob in den alten und exotischen Kulturen, die nach Körpererhaltung strebten, wirklich völlig fremdartige Motive des Handelns vorherrschten. Die „Auferstehung des Fleisches" im alten Credo sollte ja offenbar auch die völlige Wiederherstellung der Individualität zum Ziel haben, die ohne körperliche Basis nicht vorstellbar war. Das ist eine völlig andere Geisteshaltung als das asiatische Sehnen nach dem *Nirwana,* in dem sich die Persönlichkeit auflösen soll wie eine Träne im Ozean.

Jedenfalls wurde überall dort, wo Menschenleiber konserviert wurden, bis in die neueste Zeit an eine Art des Fortlebens nach dem Tod geglaubt. Erst im 20. Jahrhundert scheint sich eine konsequent materialistische Weltanschauung mit ausgefeilten Mumifizierungstechniken verbunden zu haben – am Roten Platz in Moskau, der im *Lenin*-Mausoleum die kunstvoll balsamierte Leiche des Schöpfers des Sowjetstaates als Ziel zahlloser Pilgerfahrten beherbergt.

Ist es erstaunlich, daß trotz antispiritualistischer Grundhaltung der gesamte Rote Platz als so „heilig" gilt, daß dort seit Anfang 1985 Rauchverbot herrscht? Offenbar hat die Begegnung mit Menschen aus früheren Zeiten ihre eigene innewohnende Gesetzmäßigkeit; sie provoziert Ergriffenheit und Erschauern, wenn der Betrachter nicht völlig gefühllos ist. Die Begegnung mit Toten ist auch die Begegnung mit dem Phänomen des Todes, mit dem jeder Mensch selbst konfrontiert ist.

Die den Menschenleib konservierende Bestattung ist Ausdruck einer Rebellion gegen das Naturgesetz, das den Menschen dazu verurteilt, trotz aller seiner Talente, Gaben und Leistungen zu Staub zu werden. Freilich wird der Zerfall nie wirklich aufgehoben, sondern nur für längere Zeiträume verzögert. Wenn die Konservierungsmittel nicht erneuert werden und die äußeren Umstände sich ändern, werden auch die erstaunlichen Mumien Chinas, die Moorleichen aus Nordeuropa und der Körper von Wladimir Iljitsch Lenin der Auflösung nicht entgehen. Jene wissenschaftlichen Sammlungen, die Mumien zu Studienzwecken beherbergen, sind ständig Sorgenkinder der Direktionen, denn oft müssen eigene Klimakammern gebaut werden, um nicht den einst gebremsten Auflösungsprozeß auf peinliche Weise miterleben zu müssen. Dies ist vor allem bei Trockenmumien der Fall, die in Orte mit einem feuchteren Klima überführt wurden, um dort studiert oder bloß ausgestellt zu werden.

Daß von wissenschaftlicher Seite ein völlig legitimes Bedürfnis nach dem Studium der Menschenkörper aus vergangenen Jahrhunderten und Jahrtausenden besteht, ist nicht zu bestreiten. Beispiele dafür konnten in dem vorliegenden Buch wiederholt zur Sprache gebracht werden. Nicht zu leugnen ist freilich auch, daß in Museen nicht immer nur Informationsbedürfnis und der Wunsch nach Belehrung über vergangene Epochen zu beobachten sind, wenn Mumien ausgestellt werden, sondern oft auch Sensationsgier und das Streben nach makaberen Konfrontationen. In den Raritäten- und Wunderkammern der Renaissance und des Barock wurde dies auch gar nicht erst verbrämt und verhüllt.

Es gibt Sammlungen, in welchen Mumien sehr würde- und pietätlos ausgestellt sind, so daß der sensitivere Betrachter zu der Meinung veranlaßt wird, die Organisatoren derartiger Museen seien mit wenig Sinn für den Tod überdauernde Menschenwürde begabt. Tatsache ist, daß der ständige Umgang mit menschlichen Körpern und Körperteilen abstumpfend wirkt, was jeder Besucher eines anatomischen Instituts bestätigen kann. Ist aber dort die Notwendigkeit von Forschung und Lehre das Hauptargument, so trifft dies für Schausammlungen nur bedingt zu. Es ist schließlich nicht gänzlich zu vergessen, daß einst Menschen eine würdige Bestattung angestrebt haben, daß aber ihre Körper es sich nunmehr gefallen lassen müssen, einer anonymen Menschenmenge in Vitrinen präsentiert zu werden. In der Tat haben oft auch Archäologen und Prähistoriker ein etwas schlechtes Gewissen, wenn sie die Grabesruhe von Menschen (auch von solchen aus vergangenen Epochen) stören müssen. Die Sensationsgeschichten um wissenschaftlich unbestätigte „Pharaonenflüche“ beweisen immerhin, daß weite Kreise Verständnis für den Wunsch Bestatteter haben, die Nach-Tod-Existenz ihrer Körper nach ihrem eigenem Willen zu gestalten.

Daß Respekt vor den Resten von Menschen vergangener Zeiten nicht eine sentimentale Laune von Romantikern ist, sondern Ausdruck einer humanen Grundauffassung, soll auch das Zitat aus der „Dänischen Rundschau“ zeigen, in der *Palle Lauring* über den abgetrennten Kopf des Moormannes von Tollund (wir haben über ihn berichtet) einige schöne Sätze geschrieben hat:

„Die Archäologie steht hier einmal still. Nicht aus falscher Pietät und nicht aus Ungewißheit über Art und Charakter des Fundes, aus Gewißheit vielmehr: daß dieser Fund nicht nur ein Museumsstück ist, nicht nur ein Objekt, das typologisch, rassisch und psychologisch untersucht werden muß – sondern ein Mensch . . .“

Auch der früher als Erforscher von Hottentottengräbern erwähnte Anthropologe *Eugen Fischer* scheute sich nicht, ein Gefühl der Ergriffenheit zu äußern, als er in der Gruft der Freiburger Universitätskirche die wohlerhaltene Leiche eines Jesuitenpaters aus dem 17. oder 18. Jahrhundert betrachtete:

„Da lag ein stiller Mensch. Ein wachsgelbes, sehr mageres, aber edles Antlitz, stark vorspringende und scharf gebogene Nase, ein spitzes Kinn, ernster Frieden über den Zügen. Das Priesterbirett deckte das Haupt, schönes weißes Haar rechts und links vortreten lassend. Den Toten umhüllte sein schwarzes Priestergewand . . . Die vor der Brust gefalteten dünnen, wächsernen Hände hielten mit zarten, vornehmen Fingern ein Kreuz. Wir standen tiefergriffen vor dem schönen Bild dieser Grabesruhe, einer leibhaftigen Jenseitsnähe. Und wir deckten still und behutsam den Deckel wieder über den schlichten Sarg. Wahrscheinlich werden in all den zahlreichen Särgen der Gruft die Toten in diesem trockenen, mumifizierten Zustand ruhen.“

Leider war die Humanität dieser Einstellung nicht immer und überall vorhanden. Nicht selten wurden selbst die primitivsten Ansprüche an Respektierung einer den Tod überdauernden Menschenwürde mißachtet. Ein Beispiel dafür ist etwa das Schicksal des Körpers eines nordamerikanischen Indianers, der den Kampf des kleinen *Modoc*-Stammes gegen die Weißen angeführt hatte. In diesem „Modoc-Krieg“ von 1872–1873 mußten die Indianer unterliegen, und ihr *Captain Jack* genannter Häuptling wurde inhaftiert und gehängt. Später schickte man seinen konservierten Leichnam in den Osten der USA, wo er während einer Tournee den neugierigen Besuchern gegen Eintrittsgeld präsentiert wurde . . .

Erwähnen wir aber nun das – bisher letzte – Kapitel der „Rebellion der Lebenden“ gegen Tod und Verwesung. Vor allem in Nordamerika gab es in den letzten Jahrzehnten immer wieder Bestrebungen, dem Tod womöglich ein Schnippchen zu schlagen. Der Grundgedanke dabei war, daß heute noch als unheilbar angesehene Todesursachen für eine fortgeschrittene Heilkunst künftiger Zeiten heilbar werden könnten. Wenn es also gelänge, aus Verstorbenen unmittelbar nach dem Eintritt des Todes Eismumien zu machen, dann hätten diese Toten vielleicht die Chance, einst wiederbelebt und kuriert zu werden, um in einer „schönen neuen Welt" ein möglichst langes Leben zu führen.

All diese Tendenzen werden in der Literatur als *Kryobiologie* (Lehre vom eingefrorenen Leben) oder kürzer als *Kryologie* bezeichnet. Sie sollte zwar nicht der gesamten Menschheit, aber immerhin einer Anzahl von begüterten Leuten anstelle eines einfachen Grabes den Weg in eine schönere Zukunft eröffnen. Daß auch in dem völlig unwahrscheinlichen Fall der praktischen Realisierbarkeit dieses Unternehmens zahllose Probleme entstünden (wer hätte wohl in einer vermutlich übervölkerten Welt kommender Jahrhunderte großes Interesse an einer Re-Animation von Kranken aus unserer Epoche? Wer könnte die enormen Kosten der Wartung und Lagerung der Tiefkühlleichen aufbringen? Wie sollten sich diese menschlichen Fossilien in einer veränderten Umwelt zurechtfinden?), wurde dabei großzügig übersehen, wenn auch einzelne Science-Fiction-Autoren sich mit diesen und ähnlichen Fragen mehrfach auseinandersetzten. Ob gegenwärtig noch große Ambitionen bestehen, kryobiologische Bestattungen vorzunehmen, ist nicht bekannt.

Die praktischen Versuche auf diesem Sektor gehen auf die sechziger Jahre zurück; *Gordon Rattray Taylor* erwähnt in seinem zuerst im Jahr 1968 erschienenen Buch „Die biologische Zeitbombe" den Versuch eines Psychologen, Prof. Dr. *James H. Bedford*, der im Alter von 73 Jahren in Kalifornien an Krebs starb. Zuvor hatte er den Betrag von 4.200 Dollar eingezahlt und eine Summe von 200.000 Dollar als Gründungskapital einer „Bedford-Stiftung für Gefrierbiologische Forschung" hinterlassen. Ein Dr. *Rebault Able* führte unter Anleitung der Gesellschaft für Kältetechnik das kryobiologische Bestattungsexperiment durch. Zuerst wurde dem Körper das gerinnungshemmende Medikament Heparin injiziert, dann der Brustkorb geöffnet und das Herz massiert, um die Durchblutung des Gehirns nicht völlig stokken zu lassen. Dann wurde der Körper des Dr. Bedford an eine Herz-Lungen-Maschine angeschlossen und die Temperatur durch Eisbeutel auf 8° Celsius gesenkt. Das Blut wurde zum Großteil abgezapft und durch eine biologische Kochsalzlösung mit dem Lösungsmittel *DMSO* ersetzt (wir werden darauf noch zurückkommen). Anschließend wurde die Temperatur auf −79° Celsius reduziert und der Körper nach Phoenix (Arizona) geflogen, um dort bei über −190° Celsius in flüssigem Stickstoff eingebettet zu werden. Die jährlichen „Wartungskosten" wurden mit etwa DM 7.000,– veranschlagt.

„Dr. Bedford nahm nicht an, daß er keinen Gefrierschaden erleiden könnte; aber er glaubte, daß in kurzer Zeit Wissenschaftler eine Methode finden würden, solche Schädigungen zu heilen ... Da jedoch DMSO viele nachteilige Wirkungen hat, die sich bis jetzt noch nicht analysieren lassen, sind seine Chancen gering; ganz abgesehen von dem Problem der Schädigung durch die Konzentrierung der elektrisch geladenen Sekretionen in seinen Körperzellen. Dr. Stanley W. Jacob, a. o. Professor für Chirurgie an der Universität von Oregon, machte zu jener Zeit die Bemerkung: ‚Das Kapital des alten Mannes ist vergeudet worden, was seine eigenen Chancen anbelangt.' ... Prof. A. S. Parkes erklärt: ‚Schließt man Zukunftsromane aus, so ist die Aussicht eines unbegrenzten Scheintodes durch Unterkühlung beim Menschen weit entfernt ... aber wir haben gelernt, das Wort unmöglich mit Vorsicht zu benutzen! ...'" (G. R. Taylor).

Der vorsichtige Optimismus der sechziger Jahre wurde jedoch in neuerer Zeit offenbar ad absurdum geführt. Ein in der Presse ausführlich diskutiertes Experiment endete mit einem eklatanten Mißerfolg. Die für die Lagerung der tiefgekühlten Klienten verwendete Anlage funktionierte nicht, weil die Leiter des „kryologischen Bestattungsinstituts" darauf vergessen oder verzichtet hatten, die Stromrechnungen zu bezahlen und einfach verschwanden. Die Tiefkühlaggregate konnten nicht mehr arbeiten, und die eingefroren gewesenen Leichen waren, als eine Untersuchungskommission eintraf, bereits in Auflösung begriffen . . .

Die Theorie der Eismumien-Bestattung schildert J. v. *Buttlar* recht anschaulich: „In den USA begann man zuerst damit, Verstorbene mittels flüssigen Stickstoffes auf minus 196° Celsius einzufrieren . . . Bei den Kunden der Tiefkühl-Bestattungs-Institute beginnt der Prozeß des Einfrierens sofort nach dem Eintritt des klinischen Todes, jedoch bevor der biologische Tod, also der Zellzerfall, einsetzt. Der Körper wird bis kurz über dem Gefrierpunkt abgekühlt. Gleichzeitig hält eine Herz-Lungen-Maschine die Blutzirkulation aufrecht. Dann wird der Körper ausgeblutet und dafür [d. h. als Ersatz des Blutes] eine Mischung aus Dimethylsulfoxid (DMSO) und Glycerin eingepumpt, die eine Kristallisierung der Zellflüssigkeit zu Eis verhindern soll."

Doch auch dieses Verfahren, sollte es auch korrekt durchgeführt werden, kann in der Praxis die Kristallisation der Zellflüssigkeit und damit die Zerstörung der Zellwände nicht verhindern, und so könnte es auch für die Tiefgekühlten selbst im Optimalfall einer ununterbrochenen Kühlung und einer kooperationswilligen Medizin der Zukunft keine Auferstehung geben. Auch J. v. Buttlar weist darauf hin, daß der Erfinder der beschriebenen Prozedur – Prof. *Robert C. W. Ettinger* – nicht leugnet, „daß durch den Einfrierungsprozeß selbst vorläufig noch erhebliche organische Schäden verursacht werden". Versuche mit Tieren erbrachten keine zufriedenstellenden Ergebnisse.

Lediglich sehr niedrig organisierte Organismen konnten bisher aus einem langen Kälteschlaf wiedererweckt werden, so etwa mikroskopische Bärtierchen aus dem Permafrostboden Sibiriens oder auch Bakteriensporen, die im Darminhalt von über 10.000 Jahre im Boden Sibiriens eingebettet gewesenen Mammuten gefunden worden waren.

Ob nach dem schmählichen Ende der amerikanischen Gefrierbestattung noch andere Institute in Europa und Übersee Leichen in Aluminiumfolien verpacken und sie in rostfreien Särgen auf eine bessere Zukunft warten lassen, ist nicht zu eruieren. Auch die Idee einer Gefriermumifizierung Verstorbener im Weltraum wurde propagiert, jedoch ohne Hinweis auf die Möglichkeit, sie eventuell später einmal aufzuerwecken. So ist der „Immortalismus", das Streben nach einer Verlängerung der menschlichen Existenz, die sich der Unsterblichkeit nähern soll, offenbar eine Seifenblase geblieben. Die Todesangst und die Lebensgier begüterter Menschen waren offenbar für geschäftstüchtige Unternehmer eine Zeitlang der Motor dafür, mit ausgeklügeltem Apparat eine in der Praxis unerfüllbare Hoffnung zu nähren und damit reichen Profit zu erzielen.

Bei verantwortungsvollem Durchdenken der Gesamtsituation ist die in der Einleitung erwähnte Rebellion des Menschen gegen den Tod, sein Streben nach Verewigung durch konservierende Bestattungsformen, ein widernatürliches Unterfangen. Überall dort, wo neues Leben gezeugt und geboren wird, muß jenes der früheren Generation weichen und sein Ende finden. Viele Mythen der alten Kulturvölker und schriftloser Volksstämme unserer Zeit bringen daher Tod und Zeugung folgerichtig in einen

Sinnzusammenhang. In all diesen uralten Mythen, Märchen und Sagen liegt offenbar mehr Einsicht in die Ganzheit der Natur mit ihrem Gleichgewicht als in den heutigen Versuchen reicher Leute, ihr kostbares Leben durch komplizierte Vorrichtungen so weit als möglich zu verlängern und den Tod so lange als möglich zu vergessen.

So sind die vielen Unverwesten aus allen Teilen der Erde, die einst balsamiert und mumifiziert wurden, tragische Zeugen des unerfüllbaren Wunsches, dem Kreislauf des „Stirb und Werde" zu entrinnen und damit auch den unüberbrückbaren Gegensatz von zwei Grundtatsachen unseres Daseins aufzuheben – von Ewigkeit und menschlicher Existenz.

Das altägyptische ANCH-Kreuz (die Lebensschleife, das Henkelkreuz, crux ansata) – ein Symbol des ewigen Lebens *(Archiv Biedermann)*.

Literatur

Alden Mason, J., Das alte Peru. Eine indianische Hochkultur. Magnus, Essen 1975

Arrowsmith, W. u. M. Korth, Meine Worte sind wie Sterne. Trikont, München 1984

Balton, H. E., Coronado, Knight of Pueblos and Plains. The University of New Mexico Press, Albuquerque 1964

Benedict, R., Urformen der Kultur. rowohlts deutsche enzyklopädie, Bd. 7, Reinbek 1955

Bernatzik, H. A., Neue große Völkerkunde. Buch- und Zeitverlagsgesellschaft mbH., Köln 1968

Bernatzik, H. A., Südsee. Schroll, Wien 1944

Biedermann, H., Handlexikon der magischen Künste von der Spätantike bis zum 19. Jahrhundert. Akadem. Druck- u. Verlagsanstalt, Graz 1973

Biedermann, H., Die Spur der Altkanarier. Eine Einführung in die Altvölkerkunde der Kanarischen Inseln. Burgfried, Hallein 1983

Binder, K., Das Museum für Völkerkunde in Wien. Residenz, Salzburg 1980

Brew, J. O., One Hundred Years of Anthropology. Harvard University Press, Cambridge 1968

Brier, R., Zauber und Magie im alten Ägypten. Scherz, Bern-München 1981

Bodelsen, A., Brunos tiefgekühlte Tage. Science Fiction, Heyne SF Nr. 3356, München 1972

Burlandt, C., North American Indian Mythology. Paul Hamlyn, London 1965

Bushnell G. H. S., The first American. The Pre-Columbian Civilisations. Mc Graw Hill, New York 1968

Buttlar, J. v., Der Menschheitstraum. Wissenschaft auf den Spuren der Unsterblichkeit. Fischer-TB Nr. 1929. Frankfurt a. M. 1977

Cartier, R., Europa erobert Amerika. Deutscher Taschenbuch-Verlag, München 1962

Ceram, C. W., Der erste Amerikaner. Rowohlt, Reinbek 1972

Ceram, C. W., Götter, Gräber und Gelehrte. Rowohlt, Reinbek 1957

Champdor, A., Das Ägyptische Totenbuch in Bild und Bedeutung. Barth, München 1977

Cles-Reden, S. v., Die Spur der Zyklopen. Werden und Weg einer ersten Weltreligion. DuMont, Köln 1960

Coe, M. D., Die Maya (engl. The Maya, London 1966). Lübbe, Bergisch-Gladbach 1977

Daniel, G. u. J. Rehork (Hrsg.), Lübbes Enzyklopädie der Archäologie. Lübbe, Bergisch-Gladbach 1980

David-Neel, A., Zwischen Göttern und Politik. Brockhaus, Wiesbaden 1952

Dieck, A., Die europäischen Moorleichen. Neumünster 1967

Disselhoff, H. D., Oasenstädte und Zaubersteine im Land der Inka. Archäologische Forschungsreisen in Peru. Safari-Ullstein, Berlin-Frankfurt 1981

Disselhoff, H. D., Das Imperium der Inka und die indianischen Frühkulturen der Andenländer. Safari, Berlin 1972

Dondelinger, E., Der Jenseitsweg der Nofretari. Bilder aus dem Grab einer ägyptischen Königin. Akadem. Druck- u. Verlagsanstalt, Graz 1973

Dunn, J. T., The True, Moral and Diverting Tale of the Cardiff Giant or the American Goliath. New York History, 1948

Emory, W. B., Ägypten. Geschichte und Kultur der Frühzeit. Fourier, Wiesbaden 1964

Eppel, F., Die Wachau. Verlag St. Peter, Salzburg 1964

Fedden, R., Ägypten. Fünftausend Jahre Niltal. Prestel, München 1977

Filip, J., Enzyklopädisches Handbuch zur Ur- und Frühgeschichte Europas. Academia, Prag 1969

Fischer, E., Begegnungen mit Toten. Aus den Erinnerungen eines Anatomen. Schulz, Freiburg 1959

Frobenius, L., Erythräa. Länder und Zeiten des heiligen Königsmordes. Atlantis-Verlag, Berlin-Zürich 1931

Gehlen, A., Urmensch und Spätkultur, Athenäum-Verlag, Bonn 1956

Gehlen, A., Anthropologische Forschung. rowohlts deutsche enzyklopädie, Bd. 138, Reinbek 1966

Glob, P. V., Die Schläfer im Moor. Winkler, München 1966 (Mosefolket. Kopenhagen 1961)

Grahmann, R./Müller-Beck H., Urgeschichte der Menschheit. Kohlhammer, Stuttgart 1966

Grant, B., American Indians Yesterday and Today. A Profusely Illustrated Encyclopaedia of the N. American Indian. W. P. Dutton Co., New York 1958
Greenway, J., Verfluchte Wüste. Rowohlt, Reinbek 1974
Grzimek, B., Mit Grzimek durch Australien. Kindler, München 1966
Halm, J., Pioneers of American Anthropology. The Ures of Biography. University of Washington Press, Seattle 1966
Harrer, H., Geister und Dämonen. Ullstein, Berlin 1969
Hauser, O., Urmensch und Wilder. Eine Parallele aus Urwelttagen und Gegenwart. Ullstein, Berlin 1921
Hirschberg, W., Die Kulturen Afrikas. Athenaion, Fr. a. M.
Jandolo, A., Bekenntnisse eines Kunsthändlers. Ullstein, Berlin 1940
Jenkins, N., Das Schiff in der Wüste. Ägypten zur Zeit König Cheops. Umschau, Frankfurt/M. 1980
Koehne, C. E., Ägypten. Kohlhammer, Stuttgart 1966
Krickeberg, W., Altmexikanische Kulturen. Anhang v. G. Kutscher. Safari, Berlin 1966
Kutscher, G., Chimu. Eine altindianische Hochkultur. Gerstenberg, Hildesheim 1977
Lange, K., Fremdling zwischen Tier und Gott. Dem Menschen auf der Spur. Bertelsmann, Gütersloh 1959
Leicht, H., Indianische Kunst und Kultur. Ein Jahrtausend im Reiche der Chimu. Orell-Füssli, Zürich 1957
Lewis, J., Anthropology made simple. Doubleday Co., Garden City/New York 1961
Lindig, W., Die Kulturen der Eskimos und Indianer Nordamerikas. Akademische Verlagsgesellschaft Athenaion, Frankfurt/M. 1972
Lindig, W., Auch die frühen Amerikaner bauten Pyramiden. In: R. Pörtner u. N. Davies (Hrsg.): Alte Kulturen der Neuen Welt. Econ, Düsseldorf 1980
Lindig, W., Hohokam und Anasazi. In: R. Pörtner u. N. Davies (s. o.), Düsseldorf 1980
Lissner, J., Wir alle suchen das Paradies. Ullstein-Verlag, Frankfurt/M. 1969
Lister, F. C./Lister, R. H., Earl Morris and Southwestern Archaeology. The University of New Mexico Press, Albuquerque 1968
Lommel, A., Die Welt der frühen Jäger, Medizinmänner, Schamanen, Künstler. Callwey, München 1965
Lukan, K., Herrgottsitz und Teufelsbett. Wanderungen in die Vorzeit. Jugend und Volk, Wien-München 1979
Lurker, M., Götter und Symbole der alten Ägypter. Scherz, Bern-München 1974
Mans, P., Die Heiligen in ihrer Zeit. Matthias Grünewald Verlag, o. J.
Moerenhout, A., Voyages aus îles du Grand Océan. Ed. Princeps 1887
Mühlmann, W. E., Geschichte der Anthropologie. Universitätsverlag, Bonn 1948
Neubert, O., Tut-ench-Amun. Zsolnay, Wien-Hamburg 1972
Neumann, W., Die Berber. DuMont, Köln 1983
Plumley, J. M., Die Alten Ägypter. In: C. Blacker u. M. Loewe (Hrsg.): Weltformeln der Frühzeit. Die Kosmologien der alten Kulturvölker. Diederichs, Düsseldorf-Köln 1977
Pörtner, R. und Davies, N. (Hrsg.): Alte Kulturen der Neuen Welt, Neue Erkenntnisse der Archäologie. Econ, Düsseldorf 1980
Rolle, R., Das Reitervolk am Schwarzen Meer. In: R. Pörtner (Hrsg.): Alte Kulturen ans Licht gebracht. Neue Erkenntnisse der modernen Archäologie. Econ, Düsseldorf 1975
Rudenko, S. I., Vtoroj pazyryskyj kurgan, Leningrad 1948
Sanders, W. T./Marino J. P., New World Prehistory: Archaeology of the American Indian. Prentice-Hall /Englewood Cliffs/ New Jersey 1970
Sauneron, S. u. J. Yoyotte, Lexikon der ägyptischen Kultur. Löwit, Wiesbaden o. J.
Schindler, S., Das Problem des Nachweises der vorkolumbischen Entdeckung Amerikas anhand von vier angeblichen archäologischen Belegstücken. Magisterarbeit i. Fach Völkerkunde d. Univ. Freiburg i. Br., 1983
Schwantes, G., Der Mann von Tollund. In: „Kosmos", Stuttgart, Juli 1952
Snow, D., Die ersten Indianer. Archäologische Entdeckungen in Nordamerika. Lübbe, Bergisch-Gladbach 1976 (The American Indians, London 1976)
Stallings Jr. W. S., Dating Prehistoric Ruins by Tree-Rings, University of Arizona, Tucson 1960
Stoeher, W., Die altindonesischen Religionen. Brill, Leiden-Köln 1976
Tenira, Henry, Tahiti aux temps anciens. Musée de l'Homme, Paris 1968
Terra, H. de, Urmensch und Mammut. Alte Kulturen im Boden Mittelamerikas. Brockhaus, Wiesbaden 1954

Wedemeyer, I. v., Sonnengott und Sonnenmenschen. Kunst und Kult, Mythos und Magie im alten Peru. Wasmuth, Tübingen 1970
Wells, H. G. The Outline of History. Prag 1936
Wiesner, J., Eurasische Kunst in Steppenraum und Waldgebiet. In: Ullstein-Kunstgeschichte, Bd. IV, Frankfurt a. M. 1963
Zedler, J. H. (Hrsg.), Grosses vollständiges Universal-Lexicon aller Wissenschafften und Künste etc., Leipzig-Halle 1732–54, Reprint Akadem. Druck- u. Verlagsanstalt, Graz 1961–64
Zerbst, F., Steinzeit heute. Böhlau, Wien/Köln/Graz 1983
Ziehr, W., Zauber vergangener Reiche. Stuttgart 1982
Ziock, H., Ägypten. Glock und Lutz Verlag, Nürnberg 1967

Register

(In den Kapitelüberschriften vorkommende Namen wurden in diesen Index nicht aufgenommen)